2018新版

中国股权投资基金手册

China PE and VC Industry Handbook 2018

（2018年版）

内含《中国股权投资基金行业指导原则（2018年版）》

Guiding Principles for China PE and VC Industry 2018

北京股权投资基金协会　编著

Beijing Private Equity Association（BPEA）

首都经济贸易大学出版社

Capital University of Economics and Business Press

·北　京·

图书在版编目(CIP)数据

中国股权投资基金手册:2018年版/北京股权投资基金协会编著. --北京:首都经济贸易大学出版社,2018.12

ISBN 978-7-5638-2888-3

Ⅰ. ①中… Ⅱ. ①北… Ⅲ. ①股权—投资基金—中国—手册 Ⅳ. ①F832.51-62

中国版本图书馆CIP数据核字(2018)第254849号

中国股权投资基金手册(2018年版)

北京股权投资基金协会　编著

Zhongguo Guquan Touzi Jijin Shouce

责任编辑　薛晓红

封面设计　

出版发行　首都经济贸易大学出版社

地　　址　北京市朝阳区红庙(邮编100026)

电　　话　(010)65976483　65065761　65071505(传真)

网　　址　http://www.sjmcb.com

E-mail　publish@cueb.edu.cn

经　　销　全国新华书店

照　　排　北京砚祥志远激光照排技术有限公司

印　　刷　北京市泰锐印刷有限责任公司

开　　本　710毫米×1000毫米　1/16

字　　数　286千字

印　　张　16.25

版　　次　2018年12月第1版　2018年12月第1次印刷

书　　号　ISBN 978-7-5638-2888-3/F·1591

定　　价　54.00元

前言

经过十多年发展，中国股权投资基金行业已经发展成为金融市场的重要组成部分，对于支持实体经济发展、促进产业升级发挥着积极的作用。十多年时间里，中国股权投资行业发展迅速，行业管理资金规模越来越大，行业参与者越来越多，来源日趋多元化，行业的监管政策和行业自律规范在这个过程中也在不断完善。2018 年以来，面对国际环境的复杂多变，中国经济转变增长方式，全面深化改革，任重道远。这对于股权投资行业而言，既是挑战也是机遇。股权投资引导资金投入实体经济，在这个过程中将承担着越来越重要的角色。

伴随股权投资基金行业的不断发展壮大，中国股权投资行业监管政策也在不断完善中。2013 年 6 月，根据中编办《关于私募股权基金管理职责分工的通知》的要求，中国股权投资基金行业监管权确定为证监会。随后，证监会陆续出台了一系列行业管理办法和行为指引，形成了以行业自律为主，以信息披露为核心，辅之以事中、事后的适度监管的监管与自律体系。鉴于股权投资基金的非公开性质，政府只能对股权投资基金采取有限监管的方式，因此，行业自律仍然是股权投资基金行业发展的关键。

为推动行业健康发展，自 2011 年起，中国股权投资基金协会专门组建了业界专家队伍，编撰出版《中国股权投资基金手册》，并在 2012 年、2014 年和 2016 年分别进行了第一、二、三次修订。两年过去，行业监管政策和市场环境均发生了不小的变化，监管政策趋于严格，行业内募资趋势、投资策略和退出渠道均发生了结构性变化。整体而言，股权投资行业野蛮生长时代结束，向着更专业、成熟的阶段发展。在这样的背景下，我们继续组织业界专家团队，在原有手册的基础上进行 2018 年版修订。全书全面收录了行业指导原则、基金架构图、核心法律文本要点、最佳实践指导原则、税务考虑要点、国际估值指引、相关法律法规等内容。我们希望此书继续成为股权投资基金领域相关人员手边随时翻阅的重要参考资料和必读经典，并由此推动完善行业标准，使更多人了解行业概貌、核心原则和国际标准，促进PE行业自律规范、理性发展。

本书第一部分为协会发布的《中国股权投资基金行业指导原则（2018年版）》，该文件是2011年11月协会发布的中国第一份具有约束力和惩戒性的行业自律文件之修订版。继2012年版、2014年版、2016年版修订发布以来，政府相关部门发布了一些新规定，协会特此又聘请了近三十位来自国内外律师事务所、会计师事务所的专业人士在2016年版行业指导原则的基础上进行了修订完善。

第二部分为股权投资基金架构图、核心法律文本要点和最佳实践指导原则。其中，在原有基金架构基础上增加了QDLP/QDIE基金架构图；最佳实践指导原则是2016年版新增加的章节，是根据股权投资基金的特点并参考国际实践提出的三项指导性原则，通过细化三项指导性原则的内容，给中国私募基金提供有益的借鉴。

第三部分和第四部分分别为股权投资基金税务考虑要点和《国际股权投资和创业投资估值指引（2015年12月版）》中文翻译版。这两部分分别从税务和估值两个角度，提供了国际股权投资业界的普遍经验。

除上述主要内容外，本书还收录了股权投资相关法律法规、行业规则列表，并总结了现行证监会监管下的中国股权投资基金行业的法规列表，为行业从业人员提供有益参考。本书收录的所有相关文件和资料，均来自从业多年、具有丰富经验的国内外专业机构和专家人士的贡献，对此我们表示衷心的感谢！

北京股权投资基金协会（英文：Beijing Private Equity Association，缩写BPEA）是由股权投资基金行业内人士自愿联合发起成立，经北京市社会团体登记管理机关北京市民政局核准登记的非营利性社会团体法人，成立于2008年6月20日。协会致力于积极推动股权投资优惠政策出台，服务股权投资机构，组织国内外业界活动，搭建行业交流平台，创办股权投资专业刊物，传递股权投资行业资讯等各方面工作，促进行业健康发展。

我们了解中国股权投资基金市场的创造性和复杂性，因此，该行业的自律性规范手册应当具有稳定和开放的特点，以不断适应政策变化和股权基金行业发展的需求。为此，我们期待更多投资机构和关心中国股权投资基金业健康发展的人士对本书提出更多建设性意见和建议。我们相信，通过您的关注和参与、业界和协会的共同努力，中国的股权投资基金行业定会健康发展！

邵秉仁 北京股权投资基金协会荣誉会长
方风雷 北京股权投资基金协会会长
衣锡群 北京股权投资基金协会副会长
2018 年 9 月

目　录

第一部分　中国股权投资基金行业指导原则（2018 年版）

第二部分　股权投资基金架构图、核心法律文本要点和最佳实践指导原则

第三部分　股权投资基金税务考虑要点

第四部分　《国际股权投资和创业投资估值指引（2015 年 12 月版）》中文翻译版

第五部分　附录

第一部分

中国股权投资基金行业指导原则

（2018 年版）

第一章　总则

股权投资基金（以下简称“股权基金”或“基金”），是以非公开方式向特定对象募集资金，由专门的基金管理机构管理基金资产，主要采取对企业进行股权或其他类股权工具投资并提供管理及其他增值服务的非证券类投资基金，一般包括创业投资基金、成长性投资基金、控股收购基金、产业投资基金和其他股权基金。股权基金可以依法采取公司制、合伙制、契约制等组织形式。股权基金的发展，有助于促使我国多样化投融资体系的完善，可以为资本市场输送更多优质的上市资源，有利于促进经济转型和结构调整，对实体经济发挥着重要的推动作用。

股权基金面向具备一定资产实力以及风险识别和承受能力的合格投资者，由具备一定资产管理能力的基金管理机构管理。股权基金的投资人（包括但不限于公司制下的股东、合伙企业制下的有限合伙人、契约制下的出资人等，统称为“投资人”）作为出资方，依据股权基金法律文件①的约定分享股权基金的投资收益，除非股权基金法律文件另有约定，投资人以其认缴的出资额为限对股权基金债务承担有限责任。股权基金的管理人（包括但不限于第三方受托管理机构、合伙企业制下行使管理权的普通合伙人及公司制下行使管理权的董事会（视具体适用情况）等，统称为“基金管理人”）以其专业的资产管理能力负责股权基金的投资运作，向投资人收取管理费并分享一定比例的股权基金的投资收益作为绩效奖励。有限合伙制股权基金的普通合伙人对股权基金的债务承担无限连带责任。

① 股权基金法律文件指投资人、股权基金、股权基金管理人等主体之间签署的股权基金的合伙协议、认购协议、股东协议、章程、委托管理协议（视适用情况）等文件，以及其他对股权基金管理人、投资人、股权基金等主体具有约束力的契约性文件。

第一条　目标与任务

基于股权基金的非公开发行性质，根据 2014 年 8 月 21 日公布生效的《私募投资基金监督管理暂行办法》，设立股权基金管理机构和发行股权基金不设行政审批。政府建立健全股权基金发行监管制度，切实强化事中事后监管，建立促进经营机构规范开展股权基金业务的风险控制和自律管理制度，以及各类股权基金的统一监测系统。股权基金协会可以在配合政府监督管理、保持行业活力、提升行业公信力、促进同业交流、保障投资人权益、培养本土基金管理人等方面发挥积极而重要的作用，以此促进行业的合法、稳健发展，引导股权基金行业的有序竞争，防范和控制行业风险，努力减少相关违法犯罪行为，维护投资人和公众对股权基金行业的信心，维护市场稳定。

股权基金行业的相关从业机构和个人，应依照本指导原则的规定，健全相关制度和机制，依法履行相关权利和义务，不断提高规范化运作水平，并逐步完善行业最佳实践标准。

第二条　理念与方法

（一）自律理念

立足投资人保护，促进基金管理人恪尽职守并履行诚实信用、谨慎勤勉的义务；积极配合政府的监督管理，防范和控制行业风险；增强行业活力，提升行业公信力，保持行业透明度。

（二）自律方法

出台本指导原则，作为相关从业机构和个人广泛认可并有效遵守的具有一定约束力和惩戒性的自律性规范。

在本指导原则的基础上，股权基金协会将积极总结行业良好实践经验，并借鉴国际上行之有效的标准和做法，针对重要问题出台行业最佳实践标准，鼓励、引导和监督相关从业机构和个人逐步落实。

不断加强股权基金协会的自身建设，完善自律措施，推行对从业机构的评介，逐步培养良好的自律文化。

第三条　良好的自律实践

股权基金协会作为行业自律性组织，敦促会员遵循并在全行业中倡导以下自律原则：诚实信用、公平、维护投资者合法权益、审慎尽职、避免利益冲突、信息披露和透明及合法合规。

通过不断提升行业的规范化运作水平，促进行业共同发展，努力提升中国股权基金行业在国际投融资体系中的竞争力，为国家经济发展发挥更大的促进作用。

积极配合政府监督管理，逐步落实和完善行业指导原则和最佳实践标准，促进股权基金行业的合法、稳健运行，鼓励公平竞争，反对无序竞争。

股权基金协会代表股权基金行业与政府监管机构有效沟通，协助完善相关法律法规，改善行业发展的外部环境。

股权基金协会不断加强自身建设和管理，设置科学、合理的自律措施，完善对相关从业机构和个人的监督和管理。

第四条　自律与监管的协作

随着《私募投资基金监督管理暂行办法》的公布生效，我国股权基金设立、运营、投资、退出的基本法律框架已初步成形。其主要涵盖设立及登记备案、募集对象、特定资产管理机构的要求、资金募集方式、投资运作、基金治理规则、出资和收益分配要求等多个方面。

股权基金应依法设立并接受相关监管机构的监督管理。基金管理人、投资人依法享有和履行《中华人民共和国公司法》（以下简称“《公司法》”）、《中华人民共和国合伙企业法》（以下简称“《合伙企业法》”）、《中华人民共和国合同法》（以下简称“《合同法》”）及其他适用于股权基金的法律规定的权利和义务。托管人、募资代理人、律师、会计师等为股权基金提供服务的第三方机构（以下简称“第三方服务机构”）应依照相关法律法规和行业惯例，为股权基金行业提供优质服务。

股权基金的特质在于：它仅面向有能力识别和控制风险并能够承担

损失的合格投资者募集资金。相对于公募市场中的中小投资者而言，股权基金的投资人具有更强的风险识别和控制能力以及承担损失的能力。因此，面向特定投资者的股权基金的监管应适度，这样既可以保障投资者的利益，又能够促进融资的效率。

股权基金协会将积极配合政府的监督管理，完善自律规范并逐步总结行业最佳实践标准，与监管机构有效沟通，不断完善自律措施，实现监管和自律的有效协作，促进股权基金行业的合法、稳健运行和长远发展。

第二章　投资人关系

第五条　受托责任

投资人通常不参与股权基金的管理及运营。股权基金的管理及运营一般有两种形式，即通过内部管理机构（如合伙制股权基金中的普通合伙人、公司制股权基金中的董事会等）进行自我管理或委托第三方基金管理人进行管理。股权基金通过内部管理机构进行自我管理的，该内部管理机构对投资人负有受托责任，接受投资人监督；股权基金委托第三方基金管理人管理的，该第三方基金管理人依据其与股权基金签署的委托管理协议对股权基金负有受托责任，接受内部管理机构的监督，但内部管理机构仍需对投资人承担最终受托责任。

在股权基金委托第三方基金管理人管理的情形下，基金管理人应当按照委托管理协议，履行下列职责：①制定和实施投资方案，并对被投资企业进行投资后管理；②积极参与制定被投资企业的发展战略，并为被投资企业提供相关增值服务；③定期或者不定期向投资人披露基金的经营运作等方面的信息；④定期编制并向投资人呈报基金的财务报告；⑤委托管理协议约定的其他职责。

股权基金的内部管理机构或第三方基金管理人应勤勉、忠实并且审慎、尽职地履行其职责。在股权基金的内部管理机构或第三方基金管理人发生重大变化（如合伙制的股权基金的普通合伙人或第三方基金管理人的经营状况发生变化、管理团队的重要成员发生变动等）或其他可能严重影响投资人利益的事项变化的情况下，股权基金的内部管理机构或第三方基金管理人应及时与投资人进行沟通，并根据相关股权基金法律文件的约定妥善处理该等事宜。

股权基金的内部管理机构或第三方基金管理人应当尽量避免与投资人之间产生任何利益冲突。如果任何利益冲突已经产生或者不可避免，股权基金的内部管理机构或第三方基金管理人应当充分、及时地向投资人披露相关信息，并应本着合理、公平的原则依照相关法律法规的相关规定和股权基金法律文件的约定及时处理该等利益冲突。

基金管理人应当完善内部治理机制，制定内部职业行为准则，明确要求其董事、高级管理人员和其他职员按照内部职业行为准则的要求，履行对股权基金的受托责任。

第六条　投资人资质

投资人应是具备一定资产实力以及风险识别和承受能力的合格投资者，并且应具备相关法律法规规定的资质，符合投资人自身行业主管部门的特定要求，并获得必需的投资许可。除非相关法律法规另有规定或相关协议另有约定，投资人应具备以下资质：每一位自然人合格投资者应拥有金融资产不低于 300 万元或者最近三年个人年均收入不低于 50 万元，上述金融资产不包括该自然人的常住住所的价值；各机构合格投资者的净资产不低于 1 000 万元并应符合其自身行业主管部门的规定（视适用情况）。根据《证券期货投资者适当性管理办法》，将投资者分为普通投资者和专业投资者。

符合下列条件之一的是专业投资者：

（1）经有关金融监管部门批准设立的金融机构，包括证券公司、期货公司、基金管理公司及其子公司、商业银行、保险公司、信托公司、财务公司等；经行业协会备案或者登记的证券公司子公司、期货公司子公司、私募基金管理人。

（2）上述机构面向投资者发行的理财产品，包括但不限于证券公司资产管理产品、基金管理公司及其子公司产品、期货公司资产管理产品、银行理财产品、保险产品、信托产品、经行业协会备案的私募基金。

（3）社会保障基金、企业年金等养老基金，慈善基金等社会公益基金，合格境外机构投资者（QFII）、人民币合格境外机构投资者（RQFII）。

（4）同时符合下列条件的法人或者其他组织：①最近 1 年末净资产不低于 2 000 万元；②最近 1 年末金融资产不低于 1 000 万元；③具有 2 年以上证券、基金、期货、黄金、外汇等投资经历。

（5）同时符合下列条件的自然人：①金融资产不低于 500 万元，或者最近 3 年个人年均收入不低于 50 万元；②具有 2 年以上证券、基金、期货、黄金、外汇等投资经历，或者具有 2 年以上金融产品设计、投资、风险管理及相关工作经历，或者属于本条第（1）项规定的专业投资者的高级管理人员、获得职业资格认证的从事金融相关业务的注册会计师和律师。前述所称金融资产，是指银行存款、股票、债券、基金份额、资产管理计划、银行理财产品、信托计划、保险产品、期货及其他衍生产品等。专业投资者之外的投资者为普通投资者。

根据股权基金的具体组织形式，投资人人数应相应符合中国《公司法》《合伙企业法》及其他相关法律法规的规定。

投资人应书面承诺其符合合格投资者条件。投资人应当保证用于投资股权基金的资金有合法来源且来源于自有资金，不得使用贷款、发行债券筹集的非自有资金出资，并保证运用该等资金对股权基金进行出资不违反对其适用的任何法律、法规和行业规范等的规定。投资人应保证其已充分理解股权基金法律文件的条款内容，了解相关权利义务，了解有关法律法规及所投资股权基金的风险收益特征，愿意承担相应的投资风险；投资人应承诺其向基金管理人提供的有关投资目的、投资偏好、投资限制、财产收入情况和风险承受能力等基本情况真实、完整、准确、合法，不存在任何重大遗漏或误导。前述信息资料如发生任何实质性变更，应当及时告知基金管理人或募集机构。股权基金应建立反洗钱和投资人资质审核机制，尽其最大努力协助相关政府部门防范及遏制非法集资、洗钱等扰乱社会金融秩序的违法活动。

投资人应当以书面方式承诺其为自己购买股权基金，不存在以非法拆分转让为目的购买股权基金。

第七条　投资人关系的一般原则

为优化股权基金行业的相关机制，保护股权基金参与各方的长远利益，股权基金的内部管理机构（特别是合伙制股权基金中的普通合伙人）或其委托的第三方基金管理人与投资人之间的关系通常遵循以下一般原则[①]：

（一）利益一致原则

就合伙制股权基金而言，普通合伙人与投资人之间的利益一致，体

① 一般原则旨在最大限度地优化股权基金投资架构的效率，是最优方案而非强制性选择。

现为普通合伙人以附带收益[①]和股权基金份额的投资收益作为其财富增长的主要来源。普通合伙人认缴股权基金的出资并承担风险，是促使普通合伙人与投资人之间利益一致的有效动因。同时，在规定普通合伙人的报酬机制时，对于不同的分配模式应当逐一分析，并就其对利益一致产生的影响进行评估。

（二）基金治理原则

股权基金的内部管理机构或其委托的第三方基金管理人拥有独立的投资决策权，投资人基于其对基金管理团队的信任以及对基金的投资策略和范围的了解，认同此种治理结构。股权基金应当通过建立有效的机制保护投资人的上述信赖。当管理团队成员发生实质性变化时，投资人应当有权依据相应的“关键人士”[②] 条款，获得重新考虑和确认其出资决定的机会。对于股权基金的投资策略和范围，基金管理人应当维持其确定性、稳定性及专业性。

（三）透明度原则

股权基金的内部管理机构或其委托的第三方基金管理人应当按照《私募投资基金信息披露管理办法》等法律、法规的要求，在股权基金募集及运作阶段及时向投资人披露与股权基金投资有关的财务、风险管理、运营、拟投资公司信息等细节，从而保证投资人能够有效地履行其勤勉义务，并就股权基金法律文件的修订等事项充分发表意见。同时，投资人应合理使用披露信息，并承担相应的保密义务。

第八条　投资人参与

股权基金法律文件应约定投资人的权利和义务。依照股权基金的内部管理机构或其委托的第三方基金管理人与投资人之间关系的透明度原则，股权基金法律文件应确保投资人的监督权和知情权，同时也可规定

---

① 附带收益，是指普通合伙人通过自身的服务，除日常管理股权基金的管理费与股权基金份额的投资收益之外，根据合伙协议的约定，在保证有限合伙人的有限回报的基础上，获得的一定比例的收益分配（通常为 20%）。

② “关键人士”指在基金的募集、投资与管理等重大决策中发挥关键作用的管理团队成员。

投资人的保密义务。

根据适用的法律法规，采用有限合伙制的投资人不应参与股权基金的管理及投资决策。除非股权基金法律文件另有约定，采用公司制的投资人通常也不得参与股权基金的管理及投资决策。

股权基金通常会设立一个由投资人代表组成的咨询委员会。咨询委员会设主席一名，委员若干名，咨询委员会的全部或大多数成员应由投资人委派。股权基金法律文件应明确约定咨询委员会成员的组成、任命、更换及其具体职责。咨询委员会的一般目标包括：①在不过分增加股权基金[①]和股权基金的内部管理机构或其委托的第三方基金管理人的负担的情况下，适当地履行咨询职责；②基于股权基金的内部管理机构或其委托的第三方基金管理人与投资者之间的相互信任，在保证信息安全的前提下，建立投资人可以参与讨论共同关注议题的开放性商议机制；③为投资人提供其合理要求的充分信息。

作为股权基金的咨询机构，咨询委员会主要职责通常包括：根据股权基金法律文件的约定，对基金管理人行使管理职权的情况进行监督，并就存在利益冲突的交易、拟投资公司的估值、投资豁免等有关投资人的权益的重大事项，以及基金管理人根据股权基金法律文件的约定提请讨论的其他事项向基金管理人提供咨询意见。

股权基金法律文件还应根据《私募投资基金监督管理暂行办法》《私募投资基金合同指引 1 号（契约型私募基金合同内容与格式指引）》《私募投资基金合同指引 2 号（公司章程必备条款指引）》《私募投资基金合同指引 3 号（合伙协议必备条款指引）》的规定明确约定投资人的关键权利及义务。例如，经代表多数股权基金权益的投资人同意，投资人可以更换普通合伙人、第三方基金管理人或提前解散和清算股权基金，或对股权基金法律文件（依具体情形，有限合伙协议或公司章程等）进行实质性修订；股权基金的普通合伙人、第三方基金管理人应及时、充分地向投资人披露和说明管理费和其他费用的收取、出资和分配、基金可能发生或已经发生的重大债务和责任或可能或已经面临的重大风险、政府调查以及其他有关投资人的权益的重大事项；投资人有义务保证投资资金的来源及用途合法，并应按照股权基金法律文件的要

① 咨询委员会的合理开支通常由股权基金承担。

求，承担股权基金的管理费、托管费及其他相关费用。

第九条 投资人收益

在遵循相关法律法规并合理控制风险的前提下，股权基金的运营应当坚持以投资人的收益最大化为宗旨和目的，通过运用管理团队自身积累的相关知识和资源为被投资企业提供增值服务，力求在退出投资时，实现投资人的回报和被投资企业价值增长的双赢。

股权基金法律文件应对投资人分享股权基金投资收益以及承担股权基金的债务和损失做出明确约定。投资人依照股权基金法律文件的约定分享股权基金投资收益，并以其实缴或认缴的出资额为限对股权基金的债务和损失承担有限责任。根据相关法律法规的要求，股权基金法律文件不得承诺向投资人返还出资或支付固定回报，投资人亦需声明其知晓如下事项：基金管理人、基金托管人及相关机构不应对股权基金财产的收益状况做出任何承诺或担保。但是，股权基金法律文件通常约定，在投资人的权益得到一定保证之前（如取得部分或全部的出资返还，或取得全部的出资返还并获得一定比例的优先回报等），基金管理人无权取得附带收益。

第三章　基金募集

第十条　基金募集的主体

股权基金的运作主要包括“募”“投”“管”“退”四个环节，资金募集作为第一个环节，在股权基金运行的地位非常重要。由于过去很长时间缺少法律规制以及行业监管，股权基金在资金募集方面存在不规范之处，比如公开募集、承诺保本保底、飞单、高比例提成甚至非法集资等，给股权基金行业的健康、有序发展带来很多负面影响。

根据《私募投资基金募集行为管理办法》，只有在基金业协会办理私募基金管理人登记的机构才可以募集其自行管理的私募基金，在证监会注册取得基金销售业务资格且已成为基金业协会会员的机构（以下简称“基金销售机构”）可以受私募基金管理人的委托募集私募基金，募集活动包含推介私募基金、发售基金份额（权益）、办理基金份额（权益）认/申购（认缴）、赎回（退出）等活动。除私募基金管理人和基金销售机构这两类主体（以下统称“募集机构”）及其从业人员之外，其他任何机构和个人不得从事私募基金的募集活动。

如果基金管理人拟自行募集基金，则在募集前应当在基金业协会完成私募基金管理人登记，否则不得从事基金的募集活动。如果基金管理人委托基金销售机构进行基金募集，受托机构必须符合两个条件：在证监会注册取得基金销售业务资格；已成为基金业协会会员。

基金管理人募集资金需注意以下事宜：首先，基金管理人不得为其他基金管理人发行的基金募集资金，只能为其自身发行的基金募集资金；其次，基金管理人只能委托基金销售机构募集、销售基金，即个人不得作为受托人从事私募基金募集活动，募集机构中从事基金募集业务的人员应当具有基金从业资格（包含原基金销售资格），必须与基金管理人或基金销售机构签署书面正式劳动合同；最后，基金管理人委托基金销售机构募集股权基金的，应当以书面形式签订基金销售协议，并将协议中关于基金管理人与基金销售机构权利义务划分以及其他涉及投资者利益的部分作为相应基金合同的附件。

此前，在股权基金行业中，因募集和管理权责不清，基金管理人和基金销售机构以及投资者之间很容易产生争议或纠纷。现《私募投资基金募集行为管理办法》通过明确和限定基金募集的主体，并且规定由基金管理人与基金销售机构签署基金销售协议明确双方的权责，将会在很大程度上减少基金募集中的乱象，使私募基金募集活动越来越规范。

第十一条　基金募集主体的责任和义务

募集机构在基金募集过程中的义务主要包括防止利益冲突、说明和信息披露、反洗钱等相关义务，同时承担特定对象确定、宣传推介、投资者适当性管理、合格投资者确认等责任。基金销售机构还应向投资者说明基金销售协议中关于基金管理人与基金销售机构的权利义务划分以及其他涉及投资者利益的内容。除此之外，募集机构还应遵守相应基金合同、销售协议等交易文件中所约定的合同义务。

此外，募集机构不得采取由投资者代持其他隐名投资者投资的方式增加投资额，规避私募基金单笔投资金额不得低于人民币 100 万元的要求；不得将股权基金的份额或其收益权进行拆分转让从而变相突破合格投资者标准；不得为了规避合格投资者标准而募集以股权基金份额或其收益权为投资标的的金融产品。

第十二条　基金的宣传推介

募集机构通过合法途径仅可公开宣传如下两类信息：①基金管理人的品牌、发展战略、投资策略、管理团队、高管信息；②已备案股权基金的基本信息。同时，上述可以公开宣传的信息中不得包含具体基金产品的内容。

基金管理人推介具体的基金产品，必须针对特定对象，并在进行推介前完成“特定对象确认”程序。基金管理人应自行或委托第三方对股权基金进行风险评级并根据风险评级结果，向投资者推介与其风险识别能力和风险承担能力相匹配的股权基金。基金的推介材料应由基金管理人制作，推介材料的内容包括：股权基金的信息、基金管理人的信息、基金托管、外包、风险揭示等内容。基金管理人需要对推介材料内容的真实性、完整性、准确性负责。

募集机构及其从业人员在基金产品的推介宣传中不得有如下行为：公开推介或者变相公开推介；推介材料虚假记载、误导性陈述或者重大遗漏；以任何方式承诺投资者资金不受损失，提供基金本金或本息回购承诺，或者以任何方式承诺投资者最低收益，包括宣传“预期收益”“预计收益”“预测投资业绩”等相关内容；夸大或者片面推介基金，违规使用“安全”“保证”“承诺”“保险”“避险”“有保障”“高收益”“无风险”等可能误导投资人进行风险判断的措辞；使用“欲购从速”“申购良机”等片面强调集中营销时间限制的措辞；推介或片面节选少于 6 个月的过往整体业绩或过往基金产品业绩；登载个人、法人或者其他组织的祝贺性、恭维性或推荐性的文字；采用不具有可比性、公平性、准确性、权威性的数据来源和方法进行业绩比较，任意使用“业绩最佳”“规模最大”等相关措辞；恶意贬低同行；允许非本机构雇佣的人员进行基金推介；推介非本机构设立或负责募集的股权基金以及法律、行政法规、证监会和基金业协会禁止的其他行为。

募集机构不得通过下列媒介或渠道推介私募基金产品：公开出版资料；面向社会公众的宣传单、布告、手册、信函、传真；海报、户外广告；电视、电影、电台及其他音像等公共传播媒体；公共、门户网站链接广告、博客等；未设置特定对象确定程序的募集机构官方网站、微信朋友圈等互联网媒介；未设置特定对象确定程序的讲座、报告会、分析会；未设置特定对象确定程序的电话、短信和电子邮件等通信媒介；法律、行政法规、证监会规定和基金业协会自律规则禁止的其他行为。

第十三条　基金募集的步骤和程序

基金募集的步骤和程序主要包括：

（1）确定募集途径，即基金管理人是自行募集基金，或是自行募集基金并同时委托基金销售机构募集基金；

（2）开立募集账户结算资金专用账户，用于统一归集私募基金募集结算资金、向投资者分配收益、给付赎回款项以及分配基金清算后的剩余基金财产等，确保资金原路返还；

（3）确定特定对象，募集机构在不特定对象群体中，通过投资者风险识别能力和风险承担能力调查筛选出特定对象作为潜在客户；

（4）投资者适当性匹配，即针对特定对象推介与其风险识别和承担能力相匹配的基金产品；

（5）制作及提供基金推介材料，基金推介材料由基金管理人制作，只有募集机构可以制作推介材料，其他任何机构不得更改推介材料；

（6）基金风险揭示，募集机构制作风险揭示书向投资者揭示基金产品的风险并履行签约前的说明义务；

（7）合格投资者确认，合格投资者是指具备相应风险识别能力和风险承担能力，投资于单只私募基金的金额不低于人民币 100 万元且符合相关标准的机构和个人；

（8）经合格资者实质审查后，募集机构方可与投资者签署合同；

（9）投资冷静期（至少为 24 小时），在此段期间内，募集机构不能主动联系投资者，投资者可以在投资冷静期解除基金合同，投资冷静期自基金合同签署完毕且投资者缴纳认购基金的款项后开始起算；

（10）投资回访，由募集机构从事基金销售推介业务以外的人员以录音电话、电邮、信函等方式对签署了基金合同的投资者进行回访，投资者在募集机构回访确认成功前有权解除基金合同。

社会保障基金、企业年金等养老基金、慈善基金等社会公益基金，依法设立并在中国基金业协会备案的私募基金产品、受国务院金融监督管理机构监管的金融产品、投资于所管理私募基金的私募基金管理人及其从业人员以及专业机构投资者不适用上述投资冷静期及投资回访的规定。

第四章　基金管理

第十四条　基金管理人登记及基金备案

根据《私募投资基金监督管理暂行办法》[①]，基金管理人应当依照中国证券投资基金业协会（以下简称“基金业协会”）发布的《私募投资基金管理人登记和基金备案办法（试行）》[②] 中的规定，向基金业协会申请登记；报送工商登记和营业执照正副本复印件、公司章程或合伙协议、主要股东或者合伙人名单、高级管理人员基本信息等相关基本信息并申请成为基金业协会会员。

在基金募集完毕后，私募基金管理人应当根据基金业协会的相关规定，办理基金备案手续并报送相关基本信息。

根据《中国基金业协会关于进一步规范私募基金管理人登记若干事项的公告》[③]，私募基金管理人应当依法及时备案私募基金，及时履行信息报送义务，按时提交经审计的年度财务报告。《私募投资基金备案须知》[④] 要求私募基金在投资运作中，不得向非合格投资者募集，严格落实投资者适当性管理制度，不得变相保底保收益，不得违反相关杠杆比例要求，严格履行相关信息披露要求。《私募投资基金备案须知》进一步规定，对于涉及特殊风险的私募基金，私募基金应当单独管理、

---

① 《私募投资基金监督管理暂行办法》指由中国证监会于 2014 年 8 月 21 日公布的中国证券监督委员会第 105 号令以及其之后的各修订版本。

② 《私募投资基金管理人登记和基金备案办法（试行）》指由基金业协会于 2014 年 1 月 17 日发布的《私募投资基金管理人登记和基金备案办法（试行）》以及其之后的各修订版本。

③ 《中国基金业协会关于进一步规范私募基金管理人登记若干事项的公告》指由基金业协会于 2014 年 2 月 5 日发布的《中国基金业协会关于进一步规范私募基金管理人登记若干事项的公告》以及其之后的各修订版本。

④ 《私募投资基金备案须知》指由基金业协会于 2018 年 1 月 12 日发布的《私募投资基金备案须知》。

单独建账、单独核算；涉及关联交易的，私募基金管理人应当在风险揭示书中向投资者披露关联关系情况，并提交相关证明材料及文件；私募基金管理人还应对投资人进行充分的风险揭示，并在风险揭示书中对基金所涉特殊风险进行披露。对于底层标的属于借贷性质的资产或其收益权的基金，自2018年2月12日起基金业协会将不再办理相关的新增申请和在审申请。

新申请私募基金管理人登记、已登记的私募基金管理人发生部分重大事项变更，需通过私募基金登记备案系统提交中国律师事务所出具的法律意见书。

根据《私募基金管理人登记法律意见书指引》[①]，①新申请私募基金管理人登记机构，法律意见书是必备文件；②已登记且尚未备案私募基金产品的私募基金管理人，在首次申请备案私募基金产品之前补充提交登记法律意见书；③已登记且备案私募基金产品的私募基金管理人，基金业协会将视具体情形要求其补充提交登记法律意见书；④已登记的私募基金管理人申请变更控股股东、变更实际控制人、变更法定代表人\执行事务合伙人等重大事项或基金业协会审慎认定的其他重大事项的，应提交《私募基金管理人重大事项变更专项法律意见书》。

对于出现异常经营情形的私募基金管理人，基金业协会规定了异常私募机构公示制度，并建立了异常经营机构快速处理机制及责任追究机制。

根据《关于建立“失联（异常）”私募机构公示制度的通知》[②]，出现以下情形的私募基金管理人，将被认定为“失联（异常）”私募机构：通过在私募基金登记备案系统预留的电话无法取得联系，同时协会以电子邮件、短信形式通知机构在限定时间内未获回复。存在上述情形时，协会通过网站发布“失联公告”，催促相关机构主动与协会联系，公告发出后5个工作日内仍未与协会联系的，认定为“失联（异常）”私募机构。针对上述机构，基金业协会将在官方网站的“私募基金管理人分类公示”栏目中予以公示；私募基金管理人被列入“失联（异

① 《私募基金管理人登记法律意见书指引》指由基金业协会于2014年2月5日发布的《私募基金管理人登记法律意见书指引》以及其之后的各修订版本。

② 《关于建立“失联（异常）”私募机构公示制度的通知》是指基金业协会于2015年9月29日发布的《关于建立“失联（异常）”私募机构公示制度的通知》。

常）”名单三个月之内未主动与协会联系的，基金业协会将“失联（异常）”情况记入相关机构诚信档案，并报告证监会。

根据《中国证券投资基金业协会关于进一步加强私募基金行业自律管理的决定》[①]，对于出现异常经营情形，且未能主动消除不良影响的私募基金管理人，基金业协会将要求其自行聘请律师事务所提交法律意见书，说明是否符合登记规定，并且，对于未能提交法律意见书或者法律意见书认定其不再符合登记的私募基金管理人，基金业协会将公告予以注销。对于存在重大经营风险，或者调查尚未完成的私募基金管理人，基金业协会将暂停受理其相关申请。对因重大违法违规而被注销的机构中的具有基金从业资格的高级管理人员一律取消从业资格，加入黑名单。同时，根据私募基金管理人登记法律意见书的责任追究机制，出具登记法律意见书一年内，相关私募基金管理人被公告注销的，基金业协会三年内将不再接受相关律师事务所和律师出具的登记法律意见书。

对于私募基金管理人在异常经营情形下提交专项法律意见书的要求，基金业协会进一步做出了规定。

根据《关于私募基金管理人在异常经营情形下提交专项法律意见书的公告》[②]，需要提交专项法律意见书的异常经营情形主要包括：被司法机关立案调查；被行政机关或人民法院列为严重失信人或失信被执行人；被证券监管部门或交易所给予严重处罚或处分，或因严重违法违规行为被建议采取自律管理措施的；多次受到投资者实名投诉且涉嫌违法违规并未能向基金业协会和投资者合理解释等严重违反法律法规或自律规则的情形。

此外，基金业协会发布了《私募基金登记备案相关问题解答》（一）至（十五）[③]，解答私募基金登记备案的相关问题。

① 《中国证券投资基金业协会关于进一步加强私募基金行业自律管理的决定》是指基金业协会于 2018 年 3 月 27 日发布的《中国证券投资基金业协会关于进一步加强私募基金行业自律管理的决定》。

② 《关于私募基金管理人在异常经营情形下提交专项法律意见书的公告》是指基金业协会于 2018 年 3 月 27 日发布的《关于私募基金管理人在异常经营情形下提交专项法律意见书的公告》，以下简称《异常经营情形下提交专项法律意见书的公告》。

③ 《私募基金登记备案相关问题解答》指基金业协会发布于其官方网站（http://www.amac.org.cn）的《私募基金登记备案相关问题解答》以及其之后的各修订版本。

特别是根据《私募基金登记备案相关问题解答（十四）》[①]，私募基金管理人存在以下情形基金业协会将不予办理登记：

（1）违反《中华人民共和国证券投资基金法》《私募投资基金监督管理暂行办法》关于资金募集的相关规定，在申请登记前违规发行私募基金，且存在公开宣传推介、向非合格投资者募集资金行为的；

（2）提供或与律师事务所、会计师事务所及其他第三方中介机构等串谋提供虚假登记信息或材料，提供的登记信息或材料存在误导性陈述、重大遗漏的；

（3）兼营民间借贷、民间融资、配资业务、小额理财、小额借贷、P2P/P2B、众筹、保理、担保、房地产开发、交易平台等与私募基金业务相冲突业务的；

（4）被列入国家企业信用信息公示系统严重违法失信企业名单的；

（5）高级管理人员最近三年存在重大失信记录，或最近三年被中国证监会采取市场禁入措施的；

（6）中国证监会和中国证券投资基金业协会规定的其他情形。

第十五条　基金管理人资质

基金管理人的主要职责是负责股权基金的管理、投资及运营。

根据《中国基金业协会关于进一步规范私募基金管理人登记若干事项的公告》，从事非私募证券投资基金业务的各类私募基金管理人，至少应有 2 名高管人员取得基金从业资格；其法定代表人\执行事务合伙人（委派代表）、合规\风控负责人应当取得基金从业资格。各类私募基金管理人的合规\风控负责人不得从事投资业务。

私募基金管理人的高管人员符合以下条件之一的，可取得基金从业资格：（a）通过基金从业资格考试；（b）最近三年从事投资管理相关业务并符合相关资格认定条件，这里所指的情形主要为最近三年从事资产管理相关业务，且管理资产年均规模 1 000 万元以上；（c）已通过证券从业资格考试、期货从业资格考试、银行从业资格考试并符合相关资

① 《私募基金登记备案相关问题解答（十四）》由基金业协会于 2017 年 11 月 3 日发布于其官方网站（http：//www. amac. org. cn）。

格认定条件；或者通过注册会计师资格考试、法律职业资格考试、资产评估师职业资格考试等金融相关资格考试并符合相关资格认定条件；（d）中国基金业协会资格认定委员会认定的其他情形。拟通过上述（b）（d）情形的认定方式取得基金从业资格的私募基金管理人的高管人员，还应通过基金从业资格考试科目一《基金法律法规、职业道德与业务规范》考试，方可认定取得基金从业资格。

基金管理人应符合现有法律法规有关管理人的资质要求。以公司形式设立的基金管理人应遵守《公司法》的相关规定。以合伙企业形式设立的基金管理人应遵守《合伙企业法》的有关规定。依照《外商投资创业投资企业管理规定》① 或《创业投资企业管理暂行办法》② 等规章设立的基金管理人，还应遵守相关规章的要求，如：资本规模、管理人及专业管理人员的从业经验等。此外，基金管理人还应遵守《信托公司私人股权投资信托业务操作指引》《保险资金投资股权暂行办法》及国家和地方相关法规、规定中关于登记、注册、备案的要求。基金管理人的资质要求还包括基金管理人应接受行业自律，以及其管理团队应遵守职业道德。

第十六条　管理团队建设

基金管理人应招募具有专业知识和相关行业投资经验的专业人士作为管理团队，并在基金的管理和运营过程中，加强管理团队的建设。

《私募投资基金管理人登记和基金备案办法（试行）》规定，基金管理人应该确保管理团队拥有应该具备的私募基金从业资格。基金管理人的高级管理人员应当诚实守信，最近三年没有重大失信记录，同时未被中国证监会采取市场禁入措施。基金从业人员应当定期参加基金业协会的职业培训。

具体而言，管理团队建设主要体现在以下几个方面：（a）注重建

① 《外商投资创业投资企业管理规定》指 2003 年 3 月 1 日起颁布并施行的《外商投资创业投资企业管理规定》以及其之后的各修订版本。

② 《创业投资企业管理暂行办法》指 2005 年 11 月 15 日颁布并自 2006 年 3 月 1 日起施行的《创业投资企业管理暂行办法》以及其之后的各修订版本。

立合理的薪酬和激励机制，以便吸引和留住最好的基金管理人才，尤其是关键人才；（b）应建立完善的关键人才制度，保证基金运营的稳定性和持续性；（c）注重对管理团队的职业培训，增强管理团队的专业技能和团队精神；（d）建立健全内部风险控制机制，按照相关法律法规和基金组织性文件的规定和要求管理和运营基金；（e）落实本指导原则第十章第三十六条要求的行业职业道德。

根据《私募投资基金管理人内部控制指引》[①]，私募基金管理人应当按照指引的要求，结合自身的具体情况，建立健全内部控制机制，明确内部控制职责，完善内部控制措施，强化内部控制保障，持续开展内部控制评价和监督；私募基金管理人最高权力机构对建立内部控制制度和维持其有效性承担最终责任，经营层对内部控制制度的有效执行承担责任。私募基金管理人应当遵循专业化运营原则，主营业务清晰，不得兼营与私募基金管理无关或存在利益冲突的其他业务；私募基金管理人应当建立完善的财产分离制度，私募基金财产与私募基金管理人固有财产之间、不同私募基金财产之间、私募基金财产和其他财产之间要实行独立运作，分别核算。

第十七条　基金管理人报酬

股权基金管理人的报酬通常分为管理费与附带收益。

管理费通常是基金管理人就其投资和投资组合管理服务按照基金募集金额的约定百分比定期向投资人收取的管理费用。一般情况下，一支股权基金每年的管理费在投资期内相当于该股权基金募集金额的1.5% ~2.5%，在投资期后相当于未退出投资项目的投资成本的1.5% ~2.5%。

附带收益通常是基金管理人按照与投资人的约定从股权基金运营利润中提取的一定比例的报酬。该报酬不与基金管理人对股权基金的实际出资比例挂钩，其目的在于激励管理团队提高股权基金的业绩表现。一般情况下，附带收益相当于股权基金运营利润的20%。

---

① 《私募投资基金管理人内部控制指引》指由基金业协会于 2014 年 2 月 1 日发布的《私募投资基金管理人内部控制指引》以及其之后的各修订版本。

此外，基金管理人和投资人还可根据市场通行做法，在股权基金法律文件中约定向基金管理人提供项目跟投收益和项目退出收益分成等其他形式的报酬，其目的亦在于将管理团队、基金管理人与其所管理的股权基金、基金投资人的利益整合一致，激励和保障基金管理人及其管理团队能够为股权基金及投资人提供高效、优质的管理与运营服务，并为投资人更好地创造资本增值。

在合伙企业解散时，如果普通合伙人根据附带收益的计算条款取得了超出根据基金总体交易情况所应该分配的普通合伙人附带收益，普通合伙人应该向基金退还超出部分。

股权基金法律文件关于报酬的约定应符合行业规范和行业职业道德的有关规定，公平合理，一般不高于市场通行的报酬标准。基金管理人应充分尊重投资人的知情权，按照股权基金法律文件的约定，向投资人真实、准确、完整、及时地披露相关信息，确保正确计算和提取各项报酬。

第十八条　基金资产

基金管理人应保障基金资产的安全性，采取合理措施妥善管理基金资产，保护基金利益，并实施严格的风险隔离制度，保证基金资产与基金管理人自有资产、基金管理人发起或受托管理的不同基金的资产和其他委托资产实行独立运作、分别核算。

基金管理人应建立健全风险控制机制，确保基金资金的运用符合股权基金法律文件的规定，合理分散投资，降低投资风险，并应根据有关投资协议，定期对被投资企业的经营情况进行检查和评估。基金管理人应公平对待其所管理的不同基金的财产，对不同基金应设置不同的账户，实行分账管理，并为基金聘请专业的法律、财务和税务顾问，就基金的资金募集、投资和退出获得独立、客观的专业服务。

遵循透明度原则是保障基金资产安全有效的方法之一。基金管理人应尊重投资人的知情权，根据股权基金法律文件的约定，及时向投资人充分披露被投资企业及基金自身的财务状况和其他重要信息，接受投资人的监督，以便维护基金资产的安全性。同时，基金管理人还应依照相关法律法规的要求，完善有关基金备案制度，接受相关主管机关和社会的监督。根据《私募投资基金信息披露管理办法》[1]，信息披露义务人，指私募基金管理人、私募基金托管人，以及法律、行政法规、基金业协会规定的具有信息披露义务的法人和其他组织；信息披露义务人应当按照基金业协会的规定以及基金合同、公司章程或者合伙协议的约定，向投资者进行信息披露；信息披露义务人、投资者及其他相关机构应当依法对所获取的私募基金非公开披露的全部信息、商业秘密、个人隐私等信息负有保密义务。

① 《私募投资基金信息披露管理办法》是指基金业协会于 2016 年 1 月 4 日发布的《私募投资基金信息披露管理办法》以及其之后的各修订版本。

第五章　投资管理

基金管理人在履行投资管理职能时，应当符合《私募投资基金监督管理暂行办法》等相关法律法规的规定以及基金业协会不时制定的自律规则的要求，并符合股权基金法律文件关于股权基金的投资方向、投资领域、投资策略、投资方式、投资限制、投资集中度、共同投资、投资后对拟投资企业的持续监控、投资风险防范、投资退出等方面的约定，并履行股权基金法律文件确定的投资决策程序。

第十九条　投资原则

（一）合规性

基金管理人应确保股权基金的投资活动符合法律法规和监管规则的要求，确保股权基金的投资方向符合国家产业政策、投资政策和宏观调控政策，符合办理基金备案手续时所报送的主要投资方向。基金管理人应确保股权基金的投资领域限于非公开交易的股权，闲置资金应存放于银行或用于购买国债等固定收益类投资产品，并不得将其固有财产或者他人财产混同于股权基金财产从事投资活动。此外，对于所管理的外资股权基金，基金管理人还应确保其投资领域符合《外商投资准入特别管理措施（负面清单）》及其他相关的外资法律法规的规定。

（二）专业性

股权基金的投资活动是具有极强专业性的活动。基金管理人应当配备与股权基金所投资行业、领域和方向相适应的专业团队。遇到基金管理人团队的专业能力难以胜任的专业性工作时，应当聘请相应的专业机构提供意见或服务。

股权基金的投资管理应由基金管理人亲自负责。如果基金管理人委托其他机构提供投资管理服务，该机构应当具备相应的资格要求、专业能力和经验。该等委托并不免除基金管理人对股权基金及投资人负有的勤勉义务和受托责任。基金管理人应当监督受托管理机构的投资管理活动。

基金管理人应当按照相关监管规则和市场惯例，设置投资决策机构和制定投资决策流程，以保证投资决策的专业性。对于专业性较强的行业领域，基金管理人可以在基金内部设立由行业专家组成的专家顾问委员会或其他专业咨询机构，以增强投资决策的专业性。

（三）避免利益冲突

基金管理人应根据第二章第五条的规定履行职责，避免利益冲突。基金管理人不得利用股权基金财产或基金管理人职务之便，为基金管理人或投资人以外的人牟取利益，进行利益输送。如果基金管理人同时管理多支投资方向相同或类似的股权基金，基金管理人应按照股权基金法律文件的约定处理和分配投资项目机会，或者在股权基金法律文件没有约定的情况下，在各个股权基金之间公平合理地分配投资项目机会；此外，基金管理人还应按照股权基金法律文件的约定如实向投资人披露可能存在的利益冲突情况以及可能影响投资人合法权益的其他重大信息。如果有共同投资的机会，基金管理人应当按照股权基金法律文件的约定处理和分配共同投资机会，在股权基金法律文件没有约定的情况下，基金管理人应当秉承公平和公正的原则向投资人分配共同投资机会。此外，基金管理人应避免在未向投资人披露和履行内部决策程序的情况下，在共同投资机会中取得优于股权基金的投资条件（如价格、股权优先权等）。

基金管理人应在股权基金法律文件中明确规定存在利益冲突情况下的决策机制和流程，例如利益相关人员的回避表决制度、设立有限合伙人组成的咨询委员会并就利益冲突事宜征询其意见等。

（四）避免恶意竞争

股权基金在对外投资过程中，如遇到与其他投资机构共同竞争同一投资机会，应当秉承公平竞争原则，不得采取诋毁对手、过度承诺、恶意降低投资条件等手段。

（五）避免商业贿赂

股权基金向为其介绍项目的机构或个人支付的介绍费等报酬，应当列为股权基金的管理费用成本，并要求对方开具合法发票，不应在账外以现金形式向该等机构或个人非法支付报酬。

除非已向拟投资企业披露并获得其同意，股权基金不得为获取投资机会而向拟投资企业的高级管理人员或员工支付介绍费、中介费或任何其他报酬。

股权基金应建立健全反商业贿赂的内控制度和内部职业行为准则，禁止其从业人员或其被投资企业索取或接受任何非法现金回扣、物质报酬以及其他不正当利益。

第二十条　投资程序

基金管理人应制定合理的投资程序，其每一投资都应严格按照投资程序做出，以降低投资风险、提高投资决策质量和专业性。投资程序一般包含：项目搜寻、项目筛选、项目立项、尽职调查、项目谈判、投资决策、签约投资、投后管理、投资退出。以上程序可以划分为几个阶段：投资项目筛选、投资决策、投后管理以及投资退出。

在整个投资程序中，基金管理人应当贯彻《私募投资基金管理人内部控制指引》第十九条下的投资原则，并按照该指引以及基金业协会不时制定的其他内控要求，落实内控制度和措施，以提高股权基金风险防范能力，保障投资人的利益。

第二十一条　投资项目筛选

基金管理人在筛选拟投资项目时应遵循客观性原则。基金管理人应根据经济、财税和法律等各方面因素，对拟投资企业所在行业的发展态势做出客观判断，并根据所掌握的拟投资企业的相关材料及市场信息，客观综合分析拟投资企业在行业内的优势及投资价值。

基金管理人在筛选拟投资项目时应遵循审慎性原则。基金管理人应以充分保护投资人利益为重要目的，在选择拟投资项目时，应对拟投资项目进行尽职调查，包括实地考察拟投资企业并与有关人员进行必要的访谈，以了解拟投资企业的管理情况、财务状况、经营风险、退出渠道等任何可能影响拟投资企业良好运营的因素，并应充分调查拟投资企业是否存在违法违规等任何可能导致投资人利益遭受损害的潜在不利因素。在综合考虑成本以及基金管理人自身管理团队专业能力的基础上，基金管理人应尽可能聘请法律、财务等第三方专业机构对拟投资企业进行独立的尽职调查。

基金管理人应当逐步建立项目储备制度，将符合基金投资方向、投资领域但投资时机尚未成熟的项目作为储备项目，以供股权基金未来投资之用。

第二十二条　投资决策

（一）投资估值方法及标准

合理的企业估值是股权基金投资的重要前提之一。基金管理人选择估值方法应结合被投资企业所在行业的特点和业务模式、被投资企业发展阶段、被投资企业财务状况等相关情况，并且符合行业惯例。基金管理人可选择不同的估值方法对被投资企业进行估值。对被投资企业进行估值时，基金管理人应同时避免因估值虚高而引起的估值泡沫问题。

（二）决策机构

基金管理人应设立专门的投资决策委员会，负责分析并对运用股权基金资金对外投资等相关事宜进行决策。

1. 投资决策委员会成员

投资决策委员会由基金管理人委派的人员组成。投资人不应担任或委派人员担任投资决策委员会的委员，但是经基金管理人同意，投资人可以委派一定数额的无表决权的观察员，以提高投资决策对投资人的透明度。投资决策委员会的所有成员应具备以下条件：①遵守国家法律法规，恪守诚实守信、客观公正原则，忠于职守，能够为维护投资人权益积极开展工作；②具有与投资决策委员会职责相匹配的专业知识及行业经验；③能确保投入足够的时间履行其委员职责。

2. 投资决策委员会会议

投资决策委员会会议召开前，基金管理人需对决策事项进行充分调研，并准备相关调研分析的文件资料，以作为投资决策委员会决策的基础。投资决策委员会会议应对决策事项进行充分讨论，必要时可聘请外部专家参与讨论。投资决策委员会会议应确保全面听取与会人员意见，对各方意见均应进行必要的论证及分析，以最终确保做出专业和合理的投资决策。

投资决策委员会做出的项目投资决策，应当严格遵守国家相关法律法规的规定以及股权基金法律文件有关投资目标、投资范围、投资策略、投资组合和投资限制等的规定，不得违反与投资人约定的投资原则和要求。

（三）投后管理

股权基金对被投资企业投资后，基金管理人应在投资协议约定的权限范围内积极参与对被投资企业的监督和管理，以维护股权基金的利益，防范投资风险。基金管理人应通过其在被投资企业的知情权，及时获取和了解被投资企业的经营和财务信息，及时了解被投资企业的发展动态和潜在风险。对于提交股东会和董事会决策的重大事项，基金管理人应认真进行分析、判断和决策，并行使表决权。在发现被投资企业拟通过的决议损害股权基金利益时，应及时通过行使其享有的否决权或其他法律法规或投资协议赋予的权力维护股权基金的利益。此外，基金管理人还应督促其委派或提名的被投企业的董事、观察员、管理人员等，积极履行其职权，参与被投企业的运营和管理，及时识别和反馈可能给投资造成风险的事件，并根据基金管理人的指示做出合理的行动以维护股权基金的利益。

另一方面，基金管理人应通过各种方式保持与被投企业之间的顺畅和经常的交流，理解被投企业的业务模式、业务逻辑、发展理念和文化等，避免因为信息了解不充分、沟通不畅而带来的企业管理上的内耗和对抗。此外，基金管理人应对被投资企业提供必要的协助和支持，协助被投资企业发展，以提升被投资企业的价值，实现投资双方利益的一致和最大化。在被投资企业整体发展方面，基金管理人应凭借自身的专业优势，对被投资企业的发展战略、市场定位、盈利模式等提供意见和建议，并在条件允许的情况下为被投资企业引入其他优质战略投资者，以协助被投资企业提高其综合实力及市场竞争力；在被投资企业日常管理方面，基金管理人应凭借其专业能力在被投资企业的财务管理、合规、人才引进、风险控制等运营、管理方面，协助被投资企业进行完善和提升，以提高被投资企业运营效率并优化其管理模式。

第二十三条　投资退出

在投资退出阶段，基金管理人应提前关注和评估投资的退出方式、退出时机等，并在退出条件成熟时及时按照投资协议约定的退出机制行使退出权利，以实现投资的安全退出。根据客观情况，在投资协议约定的原有退出机制已经无法实现的情况下，基金管理人应积极与被投资企业及其管理团队沟通，商讨其他可以最大限度保护股权基金利益的替代解决方案，并及时向投资人披露相关进展和潜在风险。

在维护基金利益、保证基金收益的同时，亦应考虑被投资企业的长远发展。基金管理人在选择退出方式、决定退出时机时，不应仅为基金利益考虑而要求被投资企业接受显失公平的退出要求。

第二十四条　投资信息披露

股权基金、基金管理人与被投资企业之间应通过定期及不定期报告制度，建立畅通的信息渠道。基金管理人应及时了解和掌握被投资企业的财务信息。基金管理人与被投资企业之间的保密安排应能够允许基金管理人向股权基金传递有关被投资企业的信息。基金管理人应按照《私募投资基金信息披露管理办法》及基金业协会不时制定的相关监管规则的要求，向投资人披露与股权基金投资有关的信息。

第二十五条　选聘第三方服务机构

第三方服务机构作为股权基金行业的重要参与者，应依照相关法律法规和行业惯例为股权基金行业提供优质服务。

基金管理人应建立第三方服务机构的选聘程序，并按照该程序选聘第三方服务机构为股权基金提供优质的专业服务。基金管理人选聘第三方服务机构应综合考虑其声誉、资质、专业胜任能力和行业经验，以及项目复杂程度和规模等因素。基金管理人应建立对第三方服务机构的评价机制。

基金管理人不得助长第三方服务机构之间的无序竞争，不得采取有悖避免利益冲突原则的第三方服务机构服务费用分担方式。

第六章　利益冲突、关联交易与信息披露

第二十六条　利益冲突

基金管理人管理基金应当恪尽职守，履行诚实信用、谨慎勤勉的义务。

私募基金管理人应当遵循专业化运营原则，主营业务清晰，不得兼营与私募基金管理无关或存在利益冲突的其他业务，这是私募基金管理人在申请管理人登记过程中对于基金管理人提出的基础要求。对私募基金管理人提出专营化的要求，一方面是为提高基金管理人的专业管理能力，促进基金管理人的专业化发展，另一方面，也是为了避免基金管理人从事与基金管理业务无关甚至是存在冲突的其他业务而可能产生的损害投资者利益的行为。

基金管理人应建立健全相关机制，防范管理的各私募基金之间的利益输送和利益冲突，公平对待管理的各私募基金，保护投资者利益，这是对于私募基金管理人内部制度建设的要求。私募基金管理人应该通过建立健全及落实内部制度，实现对可能存在的利益输送及利益冲突行为的有效约束。

私募基金管理人应当健全治理结构，防范不正当关联交易、利益输送和内部人控制风险，保护投资者利益和自身合法权益，这是对私募基金管理人治理结构的基本要求。完善治理结构，能够确保基金管理人决策的科学性和公平性，降低利益冲突发生的概率并保护投资者及其自身的合法权益。

私募基金管理人的组织结构应当体现职责明确、相互制约的原则，建立必要的防火墙制度与业务隔离制度，各部门有合理及明确的授权分工，操作相互独立，这是对于私募基金管理人组织结构的基本要求。私募基金管理人应当在组织结构方面贯彻权责分明和相互制约的原则，以

部门间相互约束和监督的组织结构防范利益输送及利益冲突行为的发生。

通常而言，由于私募基金在运作过程中的利益冲突是投资者较为关注的事项，因此，私募基金通常会在基金合同中对于可能存在利益冲突的行为予以明确约定，以使投资者对于可能发生利益冲突的情况提前予以了解并且通过与私募基金管理人的谈判与协商对该等情况予以规范。除本章后文中介绍的“关联交易”可能引致利益冲突的情形以外，还有下列几种主要的情形通常会被认为属于利益冲突的情况：

（1）基金管理人或其关联方发起募集后续基金：由于发起后续基金可能造成投资机会分配的问题，影响基金投资者的利益，通常而言，基金管理人应承诺在本基金一定比例的认缴出资额用于投资前，基金管理人或其关联方不得发起与本基金的投资方向相同的基金。

（2）关联基金的投资机会分配：若基金管理人或其关联方在一段时间内同时管理若干只基金，并且该等基金的投资方向存在交叉，则可能存在对于同时符合若干只基金的投资防线的投资机会将如何在关联基金之间分配的问题。通常而言，投资者将结合对关联基金尽职调查的情况，与基金管理人协商确定关联基金之间的投资机会分配的原则。

（3）管理人或其雇员由于基金对被投资企业的投资、投资完成或投资终止而收到的包括财务顾问费、董事津贴、交易终止费或类似形式的补偿（通常称为“费用收入”），通常而言，投资者将要求全部费用收入应归属于基金的可分配收入，或要求将部分费用收入作为基金的可分配收入，其余部分可由管理人保留。

（4）管理人的雇员将本属于基金的投资机会以个人名义进行投资，该情况不局限于管理人的雇员发现的新的投资机会，也可能存在于基金已经投资的项目产生的需要基金行使优先购买权及优先认购权的投资机会。由于管理人的雇员可能是基于基金的品牌及资源获取的投资机会，特别是对于管理人的高级管理人员，还应该对于管理人尽到忠实勤勉义务，因此应将该等投资机会优先推荐给基金投资。

（5）其他可能产生利益冲突的情形。除此之外，管理人还可能从事其他可能产生利益冲突的情形。

对于前述利益冲突的情形，通常管理人会在基金的合伙协议中予以约定，参照前述标准对可能发生利益冲突的行为予以限制，若投资者对于约束利益冲突存在特别的需求，亦可能在与管理人签署的附属协议中予以约定。

第二十七条　关联交易

在判断基金的关联方时，通常参考《企业会计准则》中对于关联方的判断标准，但是由于基金的情况与一般企业的情况存在不同，因此，基金关联方的判断标准与《企业会计准则》中的标准亦存在着差别。通常而言，基金的关联方的范围应在基金合同中明确约定。

通常而言，基金的关联方通常包括基金管理人，基金的普通合伙人，基金的关键人士，以及按照惯常的控制或施加重大影响标准认定的前述主体的关联方，比如，基金管理人或关联方管理的其他基金或集合投资载体、由基金的关键人士控制的投资载体等。对于基金的投资管理团队是否均应一概被认定为基金的关联方，由于较低级别管理团队成员难以满足用于认定关联方的控制或施加重大影响的标准，因此，通常而言较低级别的管理团队成员不会被认定为基金的关联方。但是，如果是较高级别的管理团队成员（尤其是基金的关键人士），由于该团队成员在基金的募资、投资、投后管理方面均可能对基金施加重大影响，结合不同项目的情况，上述管理团队成员（尤其是基金的关键人士）可能会被认定为基金的关联方。

通常而言，关联交易的范围亦应参考《企业会计准则》对于关联交易的判断标准，及基金与关联方之间可能转移利益、资源、劳务或义务的行为。通常而言，基金的关联交易包括：①基金向关联方购买或出售投资项目（例如，同一管理人管理的基金之间购买或出售投资项目）；②基金向关联方已经投资的项目进行增资（例如，基金向关键人士控制的投资载体参股的项目进行增资）；③基金与关联方共同投资（例如，管理人管理的两支基金对同一项目共同投资）；④基金聘请关联方提供服务（例如，管理人的关联方向基金提供部分咨询服务）

有些关联交易属于基金运作中需包含的必备要素，因此通过基金合同的约定已经取得投资者的认同，比如，基金向管理人支付管理费。但是，大部分关联交易仍可能存在利益输送的嫌疑，或者可能损害基金或投资者的合法权益，因此，通常而言，基金合同中会对关联交易的行为进行明确的限制，通常而言采取下列不同的方式：①在基金合同中约定，任何关联交易行为均需要取得合伙人会议/由合伙人组成的咨询委员会（“咨询委员会”）的批准，否则不得实施。②在基金合同明确列出需要取得合伙人会议或咨询委员会的批准的关联交易，对该等关联交易而言，未经批准不得实施。通常而言，明确列出的关联交易属于存在较大利益输送嫌疑的关联交易，例如，基金向关联方出售或向关联方购买投资项目；但是，对于未明确列出的关联交易，则可以由普通合伙人/基金管理人本着善意原则，在合理、不损害投资者利益的基础上自行决定。③在基金合同中约定，对于关联交易而言，普通合伙人/基金管理人均应本着善意原则，在合理、不损害投资者利益的基础上自行决定。上述第①种方式是对于投资者而言较为安全的方式，但是可能加重投资者的决策负担，也可能对基金管理人管理基金造成较多的限制，上述第③种方式是对基金管理人而言较灵活的处理方式，但由于第③种方式给基金管理人的权限过大，因此在实践中多数投资者无法认同这样的条款。上述第②种方式类似于两种不同方式的折中。

在基金募集阶段，基金管理人应在基金募集说明书将可能涉及关联交易的有关情况向投资人充分披露，并应在股权基金法律文件中明确约定相关处理方式。

第二十八条　信息披露

（一）一般规定

信息披露应真实、准确、完整并且及时，并应明确信息披露的内容、披露频度、披露方式、披露责任以及信息披露渠道等事项。

基金管理人应向投资人和相关监管机构进行必要的信息披露，并应配合相关监管机构对基金信息披露情况进行的定期或不定期检查。基金管理人应建立健全信息披露管理制度、指定专人负责管理信息披露事务，并按要求在私募基金登记备案系统中上传信息披露相关制度文件。同一基金存在多个负有信息披露义务的基金管理人时，应在相关协议中约定信息披露相关事项和责任义务。披露形式可以包括定期、不定期报告，可以采用各方约定的披露格式和事项。根据必要性原则，投资人可以进一步要求基金管理人做出更具体的披露。基金管理人、投资人和相关监管机构应当依法对所获取的基金非公开披露的全部信息、商业秘密、个人隐私等信息负有保密义务。基金管理人和投资人均认同信息披露有可能违反对第三方的保密义务，各方可就信息披露程度和保密要求制定更具体的机制。基金管理人委托第三方机构代为披露信息的，不得免除基金管理人法定应承担的信息披露义务。

基金管理人披露基金信息，不得存在以下行为：

（1）公开披露或者变相公开披露；

（2）虚假记载、误导性陈述或者重大遗漏；

（3）对投资业绩进行预测；

（4）违规承诺收益或者承担损失；

（5）诋毁其他基金管理人、基金托管人或者基金销售机构；

（6）登载任何自然人、法人或者其他组织的祝贺性、恭维性或推荐性的文字；

（7）采用不具有可比性、公平性、准确性、权威性的数据来源和方法进行业绩比较，任意使用“业绩最佳”“规模最大”等相关措辞；

（8）法律、行政法规、中国证监会和基金业协会禁止的其他行为。

（二）基金募集阶段

基金募集阶段，基金管理人应通过募集说明材料，向潜在投资人详细披露拟设立基金的基本信息（如基金名称、基金架构与类型、基金注册地、基金募集规模与期限、基金的申购与赎回安排等）、基金管理人的基本信息（如基金管理人名称、组织形式、登记备案情况、最近三年的诚信情况说明等）以及基金的投资信息（如基金的投资目标、投资策略、风险收益特征等）等信息。

基金管理人还应在募集说明材料中披露基金合伙协议、股东协议等股权基金法律文件的重要条款，包括但不限于：①出资方式；②收益分配和亏损分担方式；③估值政策、程序和定价模式；④基金费用承担方式；⑤基金管理人如何管理基金的资金和其他资产；⑥基金业务报告和财务报告提交制度；⑦可能存在利益冲突的情形以及在基金管理过程中拟采取的应对措施；⑧基金投资的退出策略等。此外，募集说明材料应详细披露基金管理人收取管理费和提取利益分成的规则。在募集阶段，股权基金的投资人和基金管理人应签订合法的股权基金协议。

（三）基金运作期间

根据基金业协会的监管规定，信息披露半年度报告应在当年 9 月底之前完成，信息披露年度报告应在次年 6 月底之前完成。基金业协会鼓励基金管理人向投资者披露季度报告（含第一季度、第三季度），但季度报告不做强制性要求。基金管理人应当参照《私募投资基金信息披露内容与格式指引 2 号——适用于私募股权（含创业）投资基金》编制信息披露报告。

（四）具体项目的投资后管理

在具体项目的投资后管理中，基金管理人应按照相关法律规定和股权基金法律文件的约定向投资人披露被投资企业的运营状况，包括但不限于项目进展状况和项目收益状况等信息，确保具体项目信息的透明度，以便投资人对基金管理人进行合理的监督。

第七章　风险管理与合规管理

第二十九条　风险管理

基金管理人应按照全面性、相互制约、执行有效、独立、成本效益和适时性原则，结合自身具体情况，建立健全内部控制机制，明确内部控制职责，完善内部控制措施。基金管理人应当健全治理结构，防范不正当关联交易、利益输送和内部人控制风险。基金管理人的内部控制应当覆盖各项业务、各个部门和各级人员，并涵盖资金募集、投资研究、投资运作、运营保证和信息披露的主要环节。

基金管理人应促使基金的重大事项决策、投资管理、资金监管和投资监督独立并互相制约，与银行、审计、评估及法律等专业机构分工协作并彼此监督，充分利用各类专业知识以及累积的经验规避风险。

基金管理人应组建具有风险管理经验的管理团队，包括独立于基金投资管理部门的专门风险管理部门，主要负责以下事项：①风险管理制度制订和实施；②独立履行对基金内部的控制监督、检查、评价、报告和建议的职能。风险管理部门可由多名人员组成，并设置负责人以进行统一的管理和评估。必要时，风险管理部门应寻求内部机构（如咨询委员会）或外部专业顾问的意见，协助完成风险管理工作。

基金管理人应在章程或者合伙协议等基金设立文件中明确约定资金运用模式及限制，以合理分散投资，降低投资风险。该等基金设立文件还应明确约定关联交易限制及相关表决机制，以科学表决，降低道德风险。基金还应与基金管理人或其关联方签署委托管理协议，以约定基金管理人对基金运营的权限及风险约束机制，并约定相关投资运作的决策程序。

风险管理情况应当作为基金管理人向投资人和其他相关方披露基金

管理情况的主要内容之一。基金管理人应根据股权投资基金法律文件，向投资人及监管机构通报基金的运营情况，向其披露基金经营运作等方面的信息。根据以上披露信息，风险管理能力可以作为监督和评价基金管理人的主要指标之一。

第三十条　合规流程

基金管理人应建立合规流程制度，并保障合规流程介入基金日常运营的各个关键环节，并通过日常培训等机制，提高管理团队合规意识，培养合规操作的经营理念。

基金管理人应通过内部评估等机制，对管理团队的投资行为进行定期和不定期的考核评估，揭示合规流程的具体执行状况，明确管理团队的责任。基金管理人还应通过相关奖惩机制，促使管理团队自觉按照合规流程开展业务。

如果条件允许，基金管理人的合规流程操作指引应包括以下内容：①合规部门的人员设置和职责，包括负责人及其权限，合规事项的检查程序及执行人员等；②管理团队应遵守的相关法律法规和职业操守；③合规部门对管理团队实施和遵守操作指引的情况进行评估的机制和程序；④管理团队如对合规流程存在疑问或建议，或者在进行投资的过程中遇到合规性问题时，应与合规部门就相关事项进行特别沟通；⑤合规部门人员应有权审核投资交易过程和文件的合法合规性，对违反合规操作流程的人员和投资行为及时进行纠正和辅导；⑥应有合规部门根据法律法规或基金管理人自身情况对合规流程操作指引进行更新和修订的程序。

对于可能发生的重大合规风险，必要时，基金管理人应寻求外部法律顾问的协助，将该等风险降至最低。

第三十一条　估值管理

基金管理人应建立完善的投资估值政策，在股权基金法律文件约定的报告期末选用适当的估值方法对投资的价值进行评估，并保存完备的估值记录及估值支持文件。

基金管理人可以委托专业的估值机构对股权基金法律文件约定的报告期末的投资进行价值评估。对于成熟的机构投资人，基金管理人可考虑给予其监督权以进行独立的评估及审计。

第八章　第三方服务机构

第三十二条　一般规定

第三方服务机构是股权基金行业的重要参与者。第三方服务机构包括托管人、募集代理人、律师、会计师等机构。

设立和运作一支基金通常涉及不同市场、行业和管辖区域方面的专业知识和经验，基金和基金管理人为完成其职责，应当听取相关市场、行业和管辖区域的专家建议。

基金管理人应完善内部选聘第三方服务机构的程序和标准，尽最大努力确保选聘的第三方服务机构能配合项目进程及时、公正、客观、审慎地完成其所应当承担的全部工作。基金管理人应主持和协调第三方服务机构的活动并促使不同第三方服务机构之间的信息流动，从而使基金管理人和基金获得及时、综合、客观和完整的服务。

第三方服务机构应在遵守各自的职业操守和行为准则的基础上，诚实守信，勤勉尽责，按照相关法律法规和行业惯例，保护股权基金和投资者财产安全，维护投资者合法权益，为股权基金行业提供优质服务。第三方服务机构应合理收费，避免无序竞争。

第三方服务机构及其从业人员不得有以下行为：①将其固有财产或他人财产混同于基金财产从事投资活动；②不公平地对待其管理的不同基金财产；③利用基金财产或者职务之便，为本人或者投资者以外的人牟取利益，进行利益输送；④侵占、挪用基金财产；⑤泄露因职务便利获取的未公开信息，利用该信息从事或者明示、暗示他人从事相关的交易活动；⑥从事损害基金财产和投资者利益的投资活动；⑦玩忽职守，不按照规定履行职责；⑧从事内幕交易、操纵交易价格及其他不正当交易活动；⑨将已承诺的私募基金服务业转包或变相转包；⑩法律、行政法规和中国证券监督管理委员会规定禁止的其他行为。

第三十三条 各类机构的具体要求

（一）托管人[①]

从遵守托管职责、避免非法集资、欺诈行为、规范资金运用和保护投资人利益的角度，除非投资人一致同意免于托管，基金管理人应聘任合格的资金托管人。资金托管人根据托管协议的约定承担一定的资金监管义务。基金管理人应与托管人签订托管协议，为其管理的每一支基金设立独立的账户进行独立托管。

托管人由依法设立并取得基金托管资格的商业银行或其他金融机构担任。商业银行从事基金托管业务应当经中国证券监督管理委员会和中国银行保险监督管理委员会核准，依法取得基金托管资格。其他金融机构从事基金托管业务，应当经中国证券监督管理委员会核准，依法取得基金托管资格。托管人应具备以下条件：①净资产和风险控制指标符合有关规定；②设有专门的基金托管部门；③具有从事股权基金业务资格和经验的专业人员达到法定人数；④有安全保管股权基金财产的条件；⑤有安全高效的清算、交割系统；⑥有符合要求的营业场所、安全防范措施以及与股权基金托管业务有关的其他设施；⑦有完善的内部稽核监控制度和风险控制制度；⑧法律、行政法规规定的经国务院批准的国务院证券监督管理机构、国务院银行业监督管理机构规定的其他条件，能够依照相关法律规定履行资金托管和监督职能。

托管人应履行以下职责：①安全保管股权基金财产；②按照规定开设股权基金的资金账户；③对所托管的不同基金财产分别设置账户，确保基金财产的完整与独立；④保存基金托管业务活动的记录、账册、报表和其他相关资料；⑤按照基金合同的约定，根据基金管理人的投资指令，及时办理清算、交割事宜；⑥办理与基金托管业务有关的信息披露

---

① 根据其运营需要，基金还可以聘任基金行政事务管理人。基金行政事务管理人系指为股权投资基金行政管理事务提供专业服务的机构，其服务事项与托管人有所差异。基金行政事务管理人的主要职能包括：维持基金的财务账目和股权登记注册，确保基金的净资产计算和收入分配准确无误，进行反洗钱审查，管理基金注册文件，充当基金总秘书等。基金行政事务管理人在提供上述服务时，应遵守相关法律法规和会计准则的规定，提供专业、高效的基金行政事务管理服务。

事项，包括但不限于：按照合同约定，如实向投资者披露基金投资、资产负债、投资收益分配、基金承担的费用和业绩报酬、可能存在的利益冲突情况以及可能影响投资者合法权益的其他重大信息，不得隐瞒或者提供虚假信息；⑦对基金财务会计报告、中期和年度基金报告出具意见；⑧按照规定监督基金管理人的投资运作；⑨定期向基金管理人出具资产托管报告；⑩对股权基金财产投资信息和相关资料负保密义务，一般不得向任何机构或者个人泄露相关信息和资料；⑪国务院证券监督管理机构规定或托管协议约定的其他职责。

基金托管人应履行监督义务：基金托管人发现基金管理人的投资指令违反法律、行政法规和其他有关规定，或者违反基金合同约定的，应当拒绝执行，立即通知基金管理人，并及时向中国证券监督管理委员会报告。基金托管人发现基金管理人依据交易程序已经生效的投资指令违反法律、行政法规和其他有关规定，或者违反基金合同约定的，应当立即通知基金管理人，并及时向中国证券监督管理委员会报告。

（二）募资代理人

募资代理人是接受基金管理人的委托，以股权投资基金的名义，以非公开的方式向合格投资者募集基金份额的第三方机构。募资代理人应当由依法设立并具备相关经验的机构担任。募资代理人在资金募集过程中应严格遵守相关法律法规，协助基金管理人以非公开发行的方式，面向具备一定资产实力以及风险识别和承受能力的合格投资者募集资金。募资代理人不得向合格投资者之外的单位和个人募集资金，不得通过报刊、电台、电视、互联网等公众传播媒体或者讲座、报告会、分析会和布告、传单、手机短信、微信、博客和电子邮件等方式，向不特定对象宣传推介。合格投资者应当符合本指导原则第六条的标准。募资代理人不得利用商业贿赂等非法手段募集资金，不得从事非法集资等违法活动。

募资代理人及其从业人员在从事业务的过程中应遵守以下行为准则：①应以高度的诚信和专业标准以及其建立的适当性管理制度来从事业务活动；②对其客户（即基金管理人）和潜在投资人进行合理的尽职调查；③应与寻求股权投资的投资人维持合法及专业的关系；④不得

向投资者承诺投资本金不受损失或者承诺最低收益，不得为募集资金向投资人支付或承诺支付费用或其他对价，或向基金管理人收取不合理的高额代理费或要求其他变相收益[①]；⑤不得公开推介或者变相公开推介；⑥不得采用不具有可比性、公平性、准确性、权威性的数据来源和方法进行业绩比较，不得恶意贬低同行；⑦不得允许非本机构雇佣的人员进行股权基金推介或推介非本机构负责募集的股权基金；⑧应保存其履约行为的记录，保存期限自股权基金清算终止之日起至少 20 年，并允许相关客户进行查阅。募资代理人应将其客户的基金募集说明材料及时、完整地提供给潜在的投资人，向潜在的投资人全面、如实地披露投资风险及可能的投资损失，基金募集说明材料的内容应与基金合同的主要内容一致，不得隐瞒任何重要信息或提供虚假信息，不得对募集说明书中的信息作出任何误导性陈述，亦不得向投资人承诺确保收回投资本金或获得固定回报。

（三）律师

股权基金在设立、募集、投资、管理以及最后的退出阶段和退出后阶段涉及诸多法律问题，因此，律师在股权基金运作过程中起着非常重要的作用。基金管理人和基金应聘请具有良好信誉、具有专业知识技能及行业经验丰富的律师团队，在每一相关管辖区域为其提供相关法律服务。鉴于基金投资的专业性，投资人亦可视情况聘请独立的法律顾问。

基金管理人的律师应遵守诚实守信、勤勉尽责及审慎原则，根据相关法律法规、职业道德规范和行业惯例，按照基金管理人的委托，在基金运作的各个阶段为基金管理人提供专业优质的法律服务。

在股权基金的设立及资金募集阶段，基金管理人的律师应根据相关法律规定，履行以下职责：①协助基金管理人设计基金的组织形式及内部结构；②根据基金管理人与投资人的商务安排，起草相关的股权基金法律文件；③在基金管理人委托的范围内，对投资人的资质进行审核；④协助基金完成工商注册登记及其他相关法律法规要求的政府登记备案工作，并按照法律法规要求或基金管理人的不时委托，出具相应的法律意见书。

律师依据基金业协会的相关规定出具法律意见书时，应当在尽职调

① 要求变相收益包括募资代理人向基金管理人要求参与基金收益分配等行为。

查、核查和验证所依据的文件资料内容的真实性、准确性、完整性的基础上，并在适当假定前提下，对依法应由律师发表意见的相关法律事项的合法性和有效性等内容，发表审慎的书面意见。基金管理人应当向律师提供真实、完整的有关材料，不得拒绝、隐匿、谎报或存在虚假记载、误导性陈述及重大遗漏等情况。

在股权基金进行投资及管理阶段，基金管理人的律师应根据相关法律规定，履行以下职责：①就股权基金的投资领域、投资方向的限制向基金管理人提供咨询服务；②在初步确定拟投资企业后，律师应按照基金管理人的委托，收集拟投资企业的基本情况、财产状况、员工情况、经营状况、知识产权、法律纠纷等各方面信息，在此基础上进行信息整理和分析，综合研究相关法律法规，考查有无重大法律障碍影响投资活动，勤勉审慎地对拟投资企业进行法律尽职调查，提交法律尽职调查报告或法律意见书，协助基金管理人分析投资涉及的法律问题和风险；③勤勉尽责地协助基金管理人起草或审阅与基金投资有关的法律文件；④在投资后的管理阶段，按照基金管理人的委托，根据投资法律文件的约定，保护基金在拟投资企业中的合法权益。

在基金投资退出和退出后阶段，基金管理人的律师应按照基金管理人的委托，研究基金投资的退出结构及方式，并根据适用的企业上市、收购兼并及清算等方面的法律规定，起草相关法律文件，参与谈判，协助基金管理人最大限度地获取合法投资收益或减少投资损失的扩大。

另外，相关业务机构申请登记成为私募基金服务机构时，亦应聘请律师事务所出具相应的法律意见书。

（四）会计师

会计师事务所在股权基金的设立、募集、投资与管理以及最后的退出过程中提供多方面的专业服务，包括财务报表审计、财务和税务尽职调查、财务会计咨询、税务咨询、内部控制咨询、估值等。基金管理人应聘请具有良好信誉、专业知识技能及丰富行业经验的会计师事务所为基金和基金管理人提供相关专业服务。

担任基金或基金管理人的审计机构的会计师事务所由基金管理人委任，按照与基金或基金管理人签订的协议对基金或基金管理人的财务报表进行审计。基金管理人应将基金的审计机构的委任情况及时告知投资人。会计师事务所应按照审计适用的法律法规、执业准则和职业道德规范的要求组织实施审计工作。

除因会计师事务所的服务质量出现重大缺陷、审计人员人力和时间安排难以保障基金按期披露财务报告以及会计师事务所要求终止对基金的审计服务等情况外，基金的审计机构不应随意更换。在确实需要更换基金的审计机构的情形下，基金管理人应向投资人说明更换基金的审计机构的理由。如基金的审计机构单方面终止接受委托，亦应向基金管理人及投资人陈述其理由。

会计师事务所及其执业人员应遵守独立、客观、公正的原则，根据相关法律法规、职业道德规范和行业惯例，在基金管理人的委托下为基金和基金管理人提供优质的专业服务。

接受基金管理人委任为其提供审计服务的会计师事务所，应根据相关法律法规和行业惯例的要求，在接受基金管理人委任为其提供其他专业服务时保证其独立性。

除接受基金管理人的委托外，会计师事务所还将接受私募基金服务机构的委托，对私募基金服务业务的内部控制与业务实施情况进行审计并出具审计报告。

第九章　社会责任与行业发展

第三十四条　社会责任

（一）负责任投资原则

股权基金行业在进行资本增值的商业运作过程中，应当勤勉尽职地履行为投资人资产保值增值的责任，并在投资管理过程中秉持创造价值和可持续发展的投资观念，遵循自愿、公平、诚实、信用原则，促进经济、社会及环境的可持续发展，不得损害国家利益和社会公共利益。

（二）履行社会责任的具体方式

股权基金行业履行其社会责任的具体方式，主要体现为：①在基金募集阶段，股权基金应建立健全严格的反洗钱、反避税和投资人适当性管理机制，防止非法集资等违法活动，保障社会金融秩序的稳定。②在项目筛选阶段，股权基金应当运用价值投资和社会责任投资的理念，考虑与拟投资企业相关的环境、公共健康、安全及社会问题，选择有社会责任感的拟投资企业。③在投资管理阶段，股权基金应采取可持续发展原则，致力于改善拟投资企业的公司治理结构，促使拟投资企业遵守国家有关法律，依法纳税，保障劳动者的合法权益，建立严格的反商业贿赂制度，公平参与市场竞争，保护环境，促进产业升级和产业结构调整。④在行业建设及自律方面，包括股权基金在内的整个私募基金行业应建立促进经营机构规范开展私募基金业务的风险控制和自律管理制度，以及各类私募基金的统一监测系统；就股权基金行业而言，应在符合私募基金行业统一规范的前提下，在行业内酌情统一投资任务、监督程序、绩效指标与激励机制，致力于建立网络与信息平台以分享工具及汇总资源，并合作处理新出现的相关问题，拟订或支持适当的集体举措。

第三十五条　职业道德

股权基金行业的职业道德通常包括：

（一）诚信原则

基金管理人应奉行高标准的诚实守信原则，为投资人争取合法收益。基金管理人应基于诚信原则进行投资和商业活动，向投资人和拟投资企业提供真实准确的交易信息和市场评价。基金管理人不得有误导、欺诈或内幕交易等行为，不得谋取不正当利益，不得进行违法违规的利益输送。

（二）公平原则

在遵守相关法律法规的前提下，基金管理人应遵循股权基金法律文件的约定，根据具体情况公平对待其管理的不同基金财产及基金投资人。每一个投资人均有权根据股权基金法律文件的约定享有基金财产带来的收益，并应履行股权基金法律文件约定的义务。

（三）诚信管理人原则

基金管理人应履行诚信管理人的职责，恪尽职守，履行诚实信用、谨慎勤勉义务，采取合理措施妥善管理基金资产，保护投资人的利益，并提供可能的最佳投资管理服务。基金管理人不得为自己或其他方谋取不正当利益。诚信管理人应遵循以下具体原则：

1. 审慎尽职原则

基金管理人应持最大化审慎尽职之态度，履行谨慎行事的义务。基金管理人在投资之前，应对拟投资企业的安全性与收益性进行充分的尽职调查与综合评估，必要时还应征求相关专家的意见，作为投资参考。基金管理人应具有一致且明确的投资原则和方向，实施有效的内部控制机制，采用资产与负债匹配、风险与收益制衡的投资方法，以最佳资产配置实现投资回报。

2. 专业原则

基金管理人从事股权基金运作事务必须履行合理的谨慎义务，客观上还须具备专业上的知识、经验和技能以及利用可获得的信息资源的能力。私募基金管理人应当坚持专业化管理原则，管理与其业务类型一致的私募基金。如果基金管理人未具备足够的知识、经验和技能而使其处理的基金事务陷入不合理状态的，应属于违背了其专业人士的尽职义务。基金管理人的高级管理人员及其他员工还应持续进行后续培训，充实专业技能，并将其有效运用于投资管理分析，树立专业的投资管理形象。

3. 勤勉原则

基金管理人应勤勉地运用其专业技能进行股权基金的投资决策和管理，否则应对未尽勤勉义务而引起的损失承担责任。基金管理人应在谨慎投资的前提下为基金取得尽可能高的投资回报，如有多种具体途径或方法可以实现投资目的，基金管理人应选择最快捷、最有效的途径或方法。

4. 避免利益冲突原则

基金管理人对投资人负有忠实义务。基金管理人处理基金事务时，应优先考虑投资人的利益，避免利益冲突发生[①]。基于此项义务，基金管理人不得开展与私募基金业务存在冲突的业务，应当维护和确保投资人利益和自身利益的一致性，不得利用基金财产或者职务之便，为本人或者投资人以外的人牟取利益，不得进行利益输送。基金管理人管理可能导致利益输送或者利益冲突的不同私募基金的，应当建立防范利益输送和利益冲突的机制。基金管理人有义务向投资人如实、充分、及时地披露利益冲突，并根据具体情况和各方意愿，公平合理地处理各项利益冲突。

5. 保密原则

基金管理人和投资人应对在投资和管理过程中获取的有关各方的非公开信息（包括潜在投资对象及拟投资企业的知识产权和商业秘密等）进行保密，除非相关法律文件另有约定，不得对任何第三方进行披露或擅自利用。

6. 信息披露和透明度原则

基金管理人应尊重投资人的知情权，本着信息披露及透明度原则，与投资人保持通畅的信息沟通，应当按照合同约定和自律监管要求如实

① 利益冲突包括但不限于投资人之间的利益冲突，基金管理人与投资人之间的利益冲突，基金管理人管理团队的个人交易与基金交易的利益冲突等。

向投资人披露基金投资、资产负债、投资收益分配、基金承担的费用和业绩报酬、可能存在的利益冲突情况以及可能影响投资人合法权益的其他重大信息，不得隐瞒或者提供虚假信息，并使投资人能够就股权基金法律文件的修订等事项充分发表意见。

第三十六条　行业公信力建设

行业公信力由基金管理人诚信累积而成，基金管理人应恪尽职守，共同促成公平、公正、公开和透明的行业风气，通过合理的行业自律、内部监控和公众监督约束基金管理人及其从业人员。股权基金协会将关注行业公信力的培育与扶植，加强信息交流，公布对公信力有重大影响的事件，建立奖惩和评价机制。

（一）内部监控

基金管理人应加强内控制度的建设，应当遵循全面性、相互制约、执行有效、独立性、成本效益和适时性原则。基金管理人各部门要有明确的授权分工，通过划分职权界限，促使基金管理人保持投资活动和交易决策的客观性和独立性，从而防止基金从业人员进行利益输送或不正当关联交易，导致投资人遭受不公平待遇。

（二）行业记录

股权基金协会将通过提供各种信息以增加市场信息的对称，从而促使股权基金及基金管理人市场更好地发挥作用，包括但不限于建立股权基金运行信用记录、基金管理人信用记录等。

（三）公众监督

基金管理人应接受投资人监督，遵纪守法、诚实守信，建立基金行业良好的公众形象，从而提升行业自身的公信力。股权基金协会将营建良性的公众及舆论监督环境，对基金管理人进行监督，推进股权基金行业的专业化和规范化。

第三十七条　行业交流与发展

股权基金协会致力于构建有效的信息共享网络。基金管理人可以通过这一网络开展信息互补和联合投资，获得更多关于潜在投资项目和机会的信息。股权基金协会也将通过这一平台，致力于股权基金投资环境的优化，包括经济环境、政策环境和文化环境等。基金管理人将通过这一多方参与、资源共享、平等交流、精诚合作的业内平台，不断提高专业素养、加强行业自律，共同追求更高的行业服务水平。

第三十八条　行业自律组织：基金业协会

2012 年 6 月，中国证券投资基金业协会正式成立。2012 年 12 月，修订后的《证券投资基金法》专门增添了一章“基金行业协会”，赋予基金业协会特定的职责，并规定，基金业协会是证券投资基金行业的自律性组织，是社会团体法人。基金管理人、基金托管人、基金销售机构及其他基金服务机构应当加入基金业协会成为会员，其他相关机构可以在基金业协会同意接纳的前提下自愿加入成为会员。

第十章　附则

第三十九条　适用范围

本指导原则适用于北京股权投资基金协会会员。非会员及股权投资基金行业相关从业人员可参照适用。

第四十条　解释权

本指导原则的解释权归北京股权投资基金协会。

第四十一条　生效

本指导原则（2018 年版）自发布之日起生效。

第二部分

股权投资基金架构图、
核心法律文本要点和最佳实践指导原则

第一章　股权投资基金架构图

一、典型合伙制股权投资基金

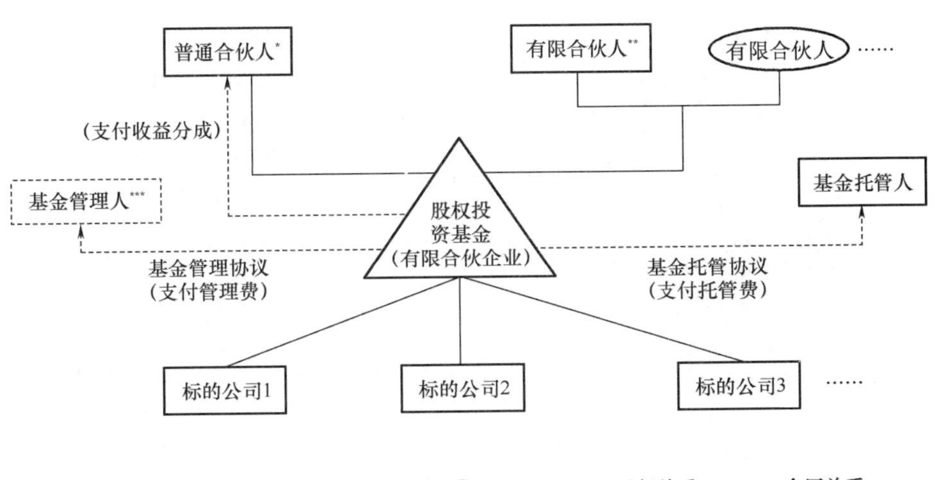

* 普通合伙人可以采用公司制或合伙制。

** 有限合伙人可以是个人或机构投资者。

*** 基金管理人非必需，也可由普通合伙人同时担任股权投资基金之基金管理人。

（由奋迅律师事务所提供）

二、QFLP 基金

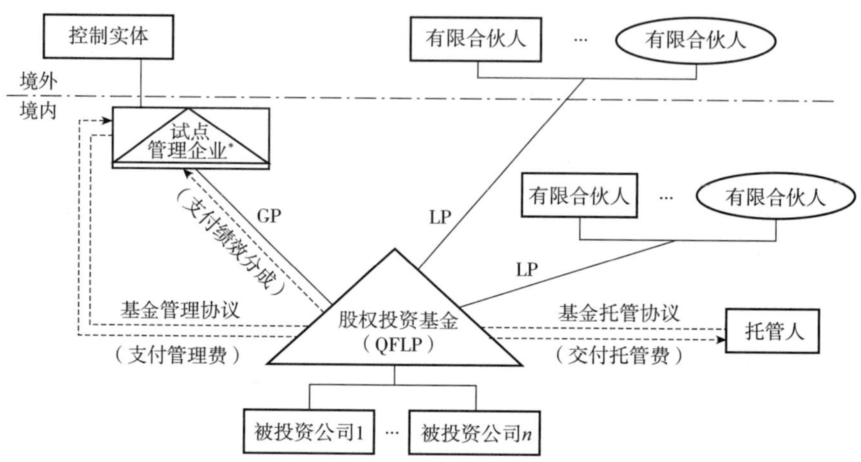

注：▭ 有限责任公司 △ 有限合伙企业 ◯ 自然人 —— 所有权关系 ---- 合同关系

*试点管理企业的法律形式和设立地点及资质要求受限于试点政策。受限于试点政策的要求，管理人大多由普通合伙人自行担任。

（由方达律师事务所提供）

三、外商投资创业投资企业

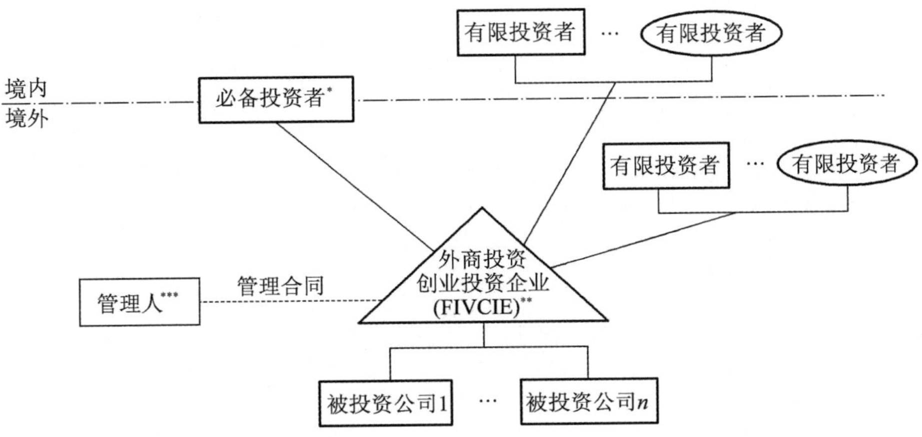

注：□ 有限责任公司　△ 有限合伙企业　○ 自然人　— 所有权关系　----- 合同关系

* 必备投资者可以采取公司制或非法人制组织形式，可以为外国投资者或中国投资者。

** FIVCIE可以采用非法人制或公司制，实践中典型的组织形式为非法人制。

***FIVCIE可将日常经营权授予一家创业投资企业或另一家FIVCIE。

（由方达律师事务所提供）

四、平行基金

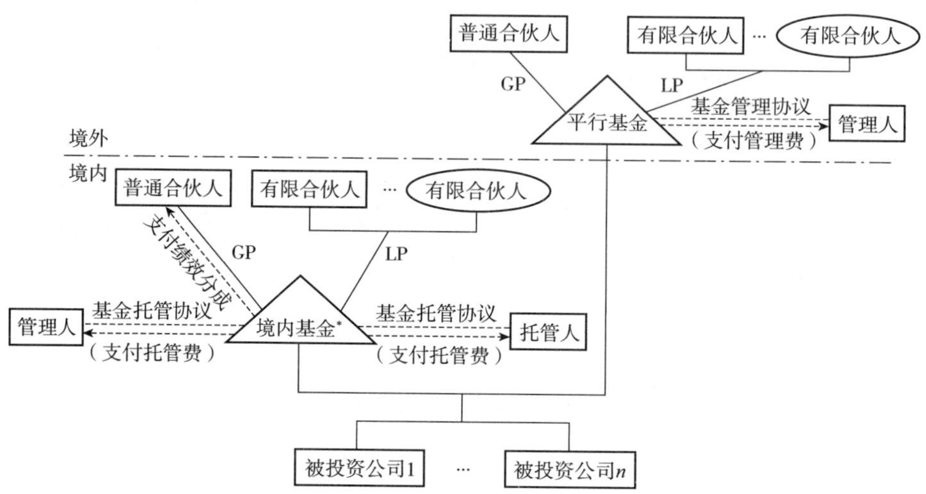

（由方达律师事务所提供）

五、QDLP/QDIE 基金

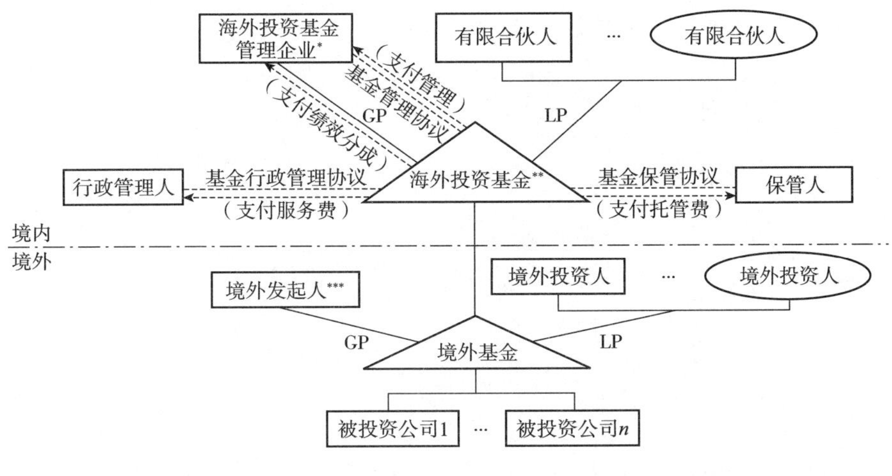

注：▭ 有限责任公司　△ 有限合伙企业　◯ 自然人　—— 所有权关系　----- 合同关系

*海外投资基金管理企业需经当地政府部门试点政策认可，通常可采用公司制、合伙制等形式，在经试点审批的额度范围之内，其管理的海外投资基金可将境内募集的人民币资金结汇为外币对外投资于境外基金。

**海外投资基金为经当地政府部门认可的主体，根据不同地区政策，可采用合伙制、契约制、公司制或专户等法律。

***境外基金的境外发起人通常为试点政策下海外投资基金管理企业的境外关联方。

（由方达律师事务所提供）

六、境内企业海外并购基金架构

（一）海外并购基金（投资人角度）

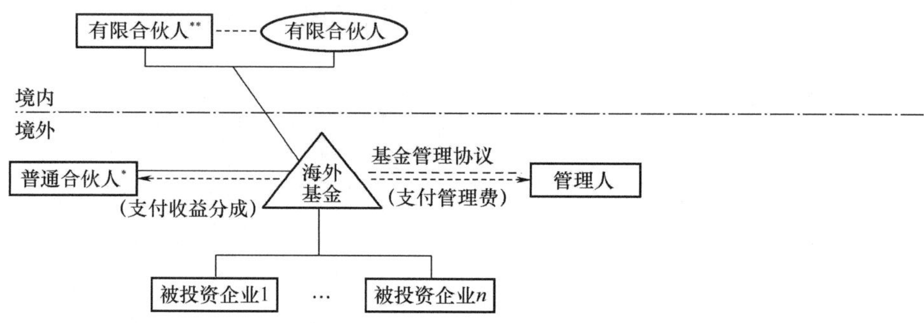

注：▭有限责任公司 △有限合伙企业 ◯自然人 — 所有权关系 ----- 合同关系

* 普通合伙人可以是公司制或合伙制。

**有限合伙人为合法在海外持有外币的个人或机构。

说明：境内机构境外投资，需经有关政府部门核准、登记或备案。

（由美国凯易国际律师事务所提供）

（二）境内人民币基金境外并购（投资人角度）

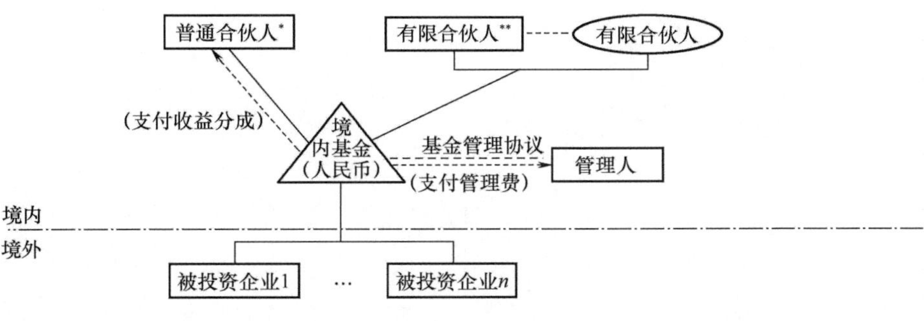

注：□ 有限责任公司 △ 有限合伙企业 ○ 自然人 —— 所有权关系 ----- 合同关系

* 普通合伙人可以是公司制或合伙制。

**有限合伙人可以是个人或机构。

说明：境内机构境外投资，须经有关政府部门核准、登记或备案。

（由美国凯易国际律师事务所提供）

（三）私募基金参与境内企业境外并购

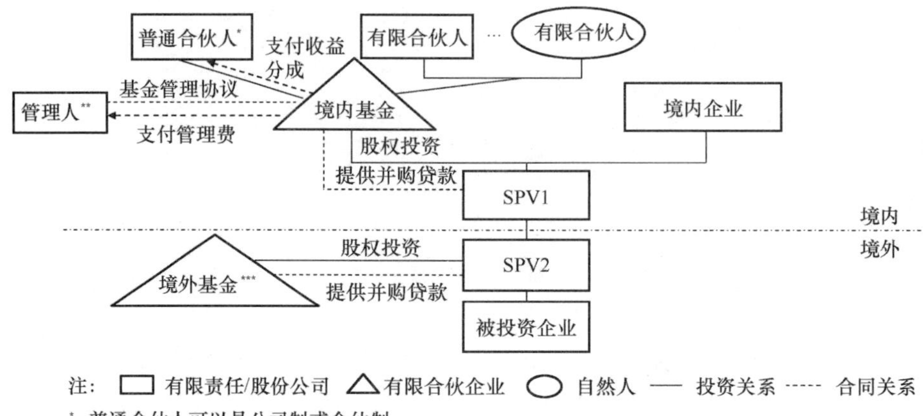

* 普通合伙人可以是公司制或合伙制。

** 基金管理人非为必需,可由普通合伙人担任。

*** 境外基金结构图可参考“海外并购基金”结构图。

说明：SPV1（境内）境外投资，须经有关政府部门批准、登记或备案。

（由柯杰律师事务所提供）

七、政府引导基金

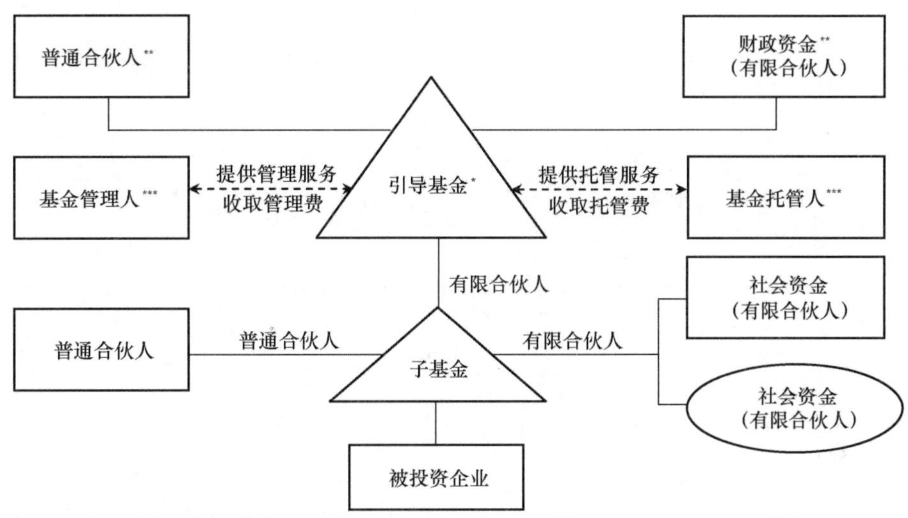

注：□ 有限责任/股份公司 △有限合伙企业 ○ 自然人 —— 投资关系 ----- 合同关系

* 引导基金可以为独立事业法人，可以为有限责任公司/股份有限公司，也可以为契约性基金。
** 基金的普通合伙人和有限合伙人均可以为有限合伙企业。
*** 基金管理人和基金托管人非为必需，其中基金管理人可由普通合伙人担任。

（由柯杰律师事务所提供）

八、PPP 模式

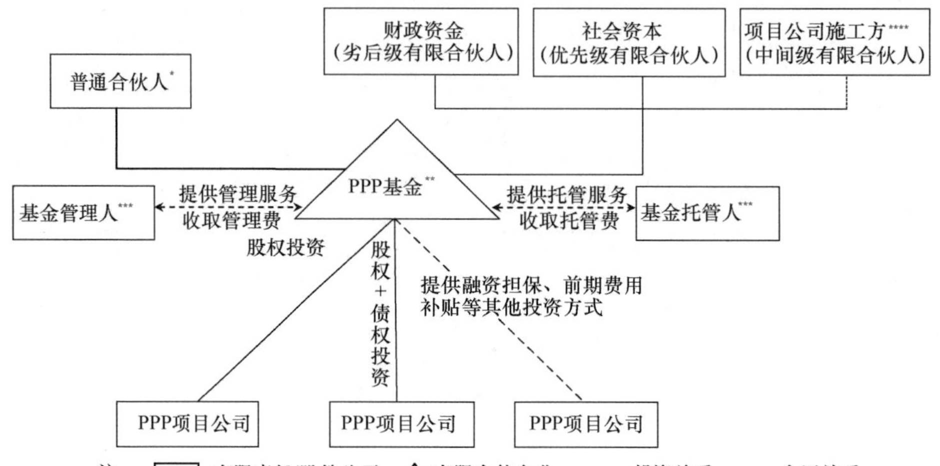

* 普通合伙人可以为有限合伙企业，有限合伙人可以为有限合伙企业或个人。
** PPP基金可以为有限责任公司/股份有限公司，也可以为契约性基金。
*** 基金管理人和基金托管人非为必需，其中基金管理人可由普通合伙人担任。
**** 项目公司施工方作为PPP基金的中间级有限合伙人非为必需。

（由柯杰律师事务所提供）

九、母基金

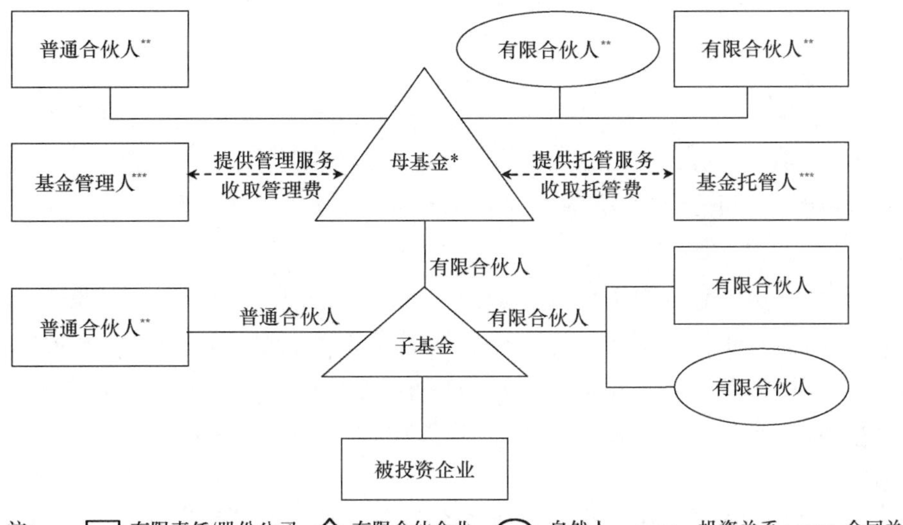

注：　有限责任/股份公司　有限合伙企业　自然人　—— 投资关系　----- 合同关系

* 母基金可以为有限责任公司/股份有限公司，也可以为契约性基金。
** 母基金和/或子基金的普通合伙人或有限合伙人均可以为有限合伙企业。
*** 基金管理人和基金托管人非为必需，其中基金管理人可由普通合伙人担任。

（由柯杰律师事务所提供）

第二章　核心法律文本要点

一、基金募集说明书要点[①]

募集说明书应当如实披露基金产品的基本信息，与基金合同保持一致，不得有任何虚假记载、误导性陈述或者重大遗漏。此外，募集说明书还应当明确载明此文件不得被转载或给第三方传阅。

根据基金业协会的要求，基金的募集说明书强制性要求具备下列要素：

（1）私募基金的名称和基金类型；

（2）私募基金管理人名称、私募基金管理人登记编码、基金管理团队等基本信息；

（3）中国基金业协会私募基金管理人以及私募基金公示信息（含相关诚信信息）；

（4）私募基金托管情况（如无，应以显著字体特别标注）、其他服务提供商（如律师事务所、会计师事务所、保管机构等），是否聘用投资顾问等；

（5）私募基金的外包情况；

（6）私募基金的投资范围、投资策略和投资限制概况；

（7）私募基金收益与风险的匹配情况；

（8）私募基金的风险揭示；

（9）私募基金募集结算资金专用账户及其监督机构信息；

（10）投资者承担的主要费用及费率，投资者的重要权利（如认购、赎回、转让等限制、时间和要求等）；

（11）私募基金承担的主要费用及费率；

① 由君合律师事务所提供。

（12）私募基金信息披露的内容、方式及频率；

（13）明确指出该文件不得转载或给第三方传阅；

（14）私募基金采取合伙企业、有限责任公司组织形式的，应当明确说明入伙（股）协议不能替代合伙协议或公司章程。说明根据《合伙企业法》或《公司法》，合伙协议、公司章程依法应当由全体合伙人、股东协商一致，以书面形式订立。申请设立合伙企业、公司或变更合伙人、股东的，应当向企业登记机关履行申请设立及变更登记手续；

（15）中国基金业协会规定的其他内容。

除上述必备内容以外，根据基金业协会的要求，基金管理人或募集机构在募集过程中不能够从事下列行为，因此，需注意在募集说明书中不能存在基金业协会禁止的内容：

（1）公开推介或者变相公开推介；

（2）推介材料虚假记载、误导性陈述或者重大遗漏；

（3）以任何方式承诺投资者资金不受损失，或者以任何方式承诺投资者最低收益，包括宣传“预期收益”“预计收益”“预测投资业绩”等相关内容；

（4）夸大或者片面推介基金，违规使用“安全”“保证”“承诺”“保险”“避险”“有保障”“高收益”“无风险”等可能误导投资人进行风险判断的措辞；

（5）使用“欲购从速”“申购良机”等片面强调集中营销时间限制的措辞；

（6）推介或片面节选少于6个月的过往整体业绩或过往基金产品业绩；

（7）登载个人、法人或者其他组织的祝贺性、恭维性或推荐性的文字；

（8）采用不具有可比性、公平性、准确性、权威性的数据来源和方法进行业绩比较，任意使用“业绩最佳”“规模最大”等相关措辞；

（9）恶意贬低同行；

（10）允许非本机构雇佣的人员进行私募基金推介；

（11）推介非本机构设立或负责募集的私募基金；

（12）法律、行政法规、中国证监会和中国基金业协会禁止的其他行为。

在符合前述要求的基础上，较为完备的募集说明书具备以下内容。

（一）目录

（二）正文

1. 基金合同主要条款概要

根据基金业协会的规定，简要描述基金合同中的主要条款及重要内容。

（1）基金概要（包括基金的名称和基金类型等）。

（2）基金管理人（包括基金管理人名称、基金管理人登记编码、基金管理团队等）。

（3）基金业协会基金管理人以及基金公示信息（含相关诚信信息）。

（4）基金托管人及外包情况（如基金无托管，应以显著字体特别标注）。

（5）基金的其他服务提供商及聘用的投资顾问。

（6）各方的出资。

（7）基金的投资信息（包括基金的投资范围、投资策略和投资限制概况）。

（8）基金收益与风险的匹配情况。

（9）基金募集结算资金专用账户及其监督机构信息。

（10）基金的收益分配。

（11）费用和支出（包括投资者和基金承担的主要费用及费率、投资者的重要权利等）。

（12）财务会计制度。

（13）信息披露（包括基金信息披露的内容、方式及频率等）。

（14）基金业协会规定的其他内容以及基金合同中的其他重要内容。

2. 市场机会

介绍与本次基金投资项目相关的市场情况，具体可包括宏观市场趋势或机会与挑战、全球和特定市场的规模、具体细分市场的潜力等。

（1）宏观概览。

（2）当前机会与挑战。

3. 投资策略和程序

介绍本次基金投资项目的具体投资策略和程序，可辅以往期基金操作数据进行说明，投资策略部分还可包括项目储备情况。

（1）投资策略。

（2）投资程序。

（3）项目寻找。

（4）投资决策。

（5）投资组合管理。

（6）风控和合规。

（7）退出。

4. 管理和组织

介绍基金的内部治理架构，具体安排取决于基金在商业上的策略。

（1）普通合伙人。

（2）投资决策委员会。

（3）咨询委员会。

（4）投资顾问（选择性）。

（5）风险控制委员会（选择性）。

（6）投资团队成员简历。

（7）组织结构图。

5. 投资业绩

（1）概览。

基金 I 的投资概要　　　　年　月　日

投资组合公司	投资日期	行业	投入资本	牵头/联席牵头	董事席位/观察员	变现价值	未变现价值	投资收益率	毛内部收益率

（2）案例概要。

所属行业		投入资本	
位置		变现收益	
交易类型		未变现价值	
投资日期		投资收益率	
投资状态		毛内部收益率	

公司描述	
背景/项目来源	
投资理由	
交易概述	
投后管理方案	
退出方式/预期退出策略	

6. 风险揭示

介绍基金投资中的主要风险，包括但不限于私募基金的特殊风险（如基金合同与基金业协会合同指引不一致所涉风险、基金外包事项所涉风险、基金未托管所涉风险、基金委托募集所涉风险、聘请投资顾问所涉风险、未在基金业协会履行登记备案手续所涉风险等）和一般风险（如资金损失风险、基金运营风险、流动性风险、募集失败风险、投资标的风险、税收风险、政策风险、市场风险、管理风险、信用风险等）。以下风险分类思路供参考。

（1）商业风险。

（2）基金管理风险。

（3）基金投资风险。

（4）法律和政策风险。

（5）潜在利益冲突。

7. 监管、税务、解散和清算及其他事项

（1）监管。

（2）税务。

（3）解散和清算。

（4）其他事项。

（三）附件——保密协议

（四）供潜在投资者签署的收悉函

二、有限合伙协议条款要点①

（一）声明与承诺

有限合伙协议首页应用加粗字体进行如下声明与承诺，包括但不限于：

私募基金管理人保证在募集资金前已在中国基金业协会登记为私募基金管理人，并列明管理人登记编码。私募基金管理人应当向投资者进一步声明，中国基金业协会为私募基金管理人和私募基金办理登记备案不构成对私募基金管理人投资能力、持续合规情况的认可；不作为对基金财产安全的保证。私募基金管理人保证已在签订本合同前揭示了相关风险；已经了解私募基金投资者的风险偏好、风险认知能力和承受能力。私募基金管理人承诺按照恪尽职守、诚实信用、谨慎勤勉的原则管理运用基金财产，不对基金活动的盈利性和最低收益作出承诺。

私募基金投资者声明其为符合《私募办法》规定的合格投资者，保证财产的来源及用途符合国家有关规定，并已充分理解本合同条款，了解相关权利义务，了解有关法律法规及所投资基金的风险收益特征，愿意承担相应的投资风险；私募基金投资者承诺其向私募基金管理人提供的有关投资目的、投资偏好、投资限制、财产收入情况和风险承受能力等基本情况真实、完整、准确、合法，不存在任何重大遗漏或误导。

（二）总则

1. 基金基本信息

有限合伙协议内容应包括企业名称、注册地址、经营范围、目的

① 由奋迅律师事务所提供。本文件旨在为境内的一般合伙制人民币基金提供有限合伙协议的主要条款及要点，以供参考之用。本文件起草时未考虑任何特定基金的情况，不能替代专业的法律意见。读者在参考时应结合具体的商业目的以及自身在基金中的地位和角色（如普通合伙人，有限合伙人或管理人等），并应咨询专业的法律意见。

等。经营范围中应含有“基金管理”“投资管理”“资产管理”“股权投资”“创业投资”等能体现私募投资基金性质的字样。

2. 合伙期限

（1）基金存续期限通常为 5 ~ 10 年，一般包括 18 个月至 5 年的投资期（参阅下文），基金在此期间进行投资；随后是 4 ~ 5 年的退出期（参阅下文）。

（2）实践中，很多基金允许普通合伙人有权在获得投资人咨询委员会同意或在有限合伙人投票赞成后延长基金的期限，每次延长 1 年，一般延长 2 ~ 3 次，这样可以实现基金的有序终止。

3. 投资期

（1）有限合伙人通常不会一次性缴纳全部出资，而是根据实际需要分批次出资。普通合伙人在投资期内为基金寻找投资机会，并按投资所需资金分项目要求或为了支付管理费和其他相关基金费用要求有限合伙人缴纳出资。

（2）投资期起始于首次交割日，但是其长度可自首次或最终交割日起算。

（3）封闭式基金的投资期一般为 18 个月至 5 年，取决于基金的投资策略和发起人已先期锁定的拟投资项目总额。

4. 退出期

（1）基金的投资通常不会一次性处置退出，而是在普通合伙人的管理下基于投资项目分别分批退出，通常会在投资期结束后 4 ~ 5 年的退出期内进行。

（2）投资期结束后，有限合伙人的出资义务解除，但须支付一定的必要款项，如：①继续发生的合伙企业费用，包括现有融资安排下的款项和管理费；②基金税项；③在投资期限截止时仍未完结的投资所产生的支出；④在投资期截止时对仍未退出的基金投资组合所作出的后续投资等。

5. 基金/合伙企业费用

有限合伙协议中应包含基金费用条款，包括但不限于：

（1）基金设立及组织费用，包括：①有限合伙协议中应包含相关条款，要求基金支付发起人在设立基金时产生的实际开支，以及任何相关的法律、会计、打印、差旅、备案费用和其他组织费用。基金设立及组织费用由基金承担，通常有上限金额。②向募资顾问支付的费用可以包含在组织费用中，但不应由有限合伙人承担。这类费用通常与本应向管理人支付的管理费/咨询费相抵消。

（2）基金运营费用，包括但不限于：①管理费；②收购、持有和处置基金投资产生的费用；③基金的第三方服务提供者（例如托管人、律师和会计师）的费用；④税收和政府对基金征收的其他费用；⑤赔偿金和诉讼费用。

6. 普通合伙人/投资管理人的费用

基金的普通合伙人/管理人应自行承担其自身在管理基金或为基金提供咨询服务时产生的正常性行政费用和经常性费用，包括工资和管理人的其他经常性费用。

（三）合伙人及出资

1. 合伙人信息

基金的普通合伙人及有限合伙人信息，如姓名或名称、住所等。协议可以对合伙人相关信息发生变更时应履行的程序作出说明。

2. 普通合伙人认缴出资额及出资比例

在货币出资的情况下，可采用固定金额，或认缴出资总额的固定比例，常见比例一般为1%～10%。

3. 有限合伙人最低认缴出资额

应按照基金的投资目标、策略，并在有关法律法规允许的范围内决定募集的总金额及每一有限合伙人的最低认缴出资额。合伙协议中可约定普通合伙人的相关权限，如是否有权自行决定接纳新有限合伙人入伙，在法律法规允许的范围内降低某一有限合伙人的最低认缴出资额，以及接受少于或超过约定数额的认缴出资总额等。

4. 交割

普通合伙人可在认缴出资总额达到符合基金近期资金需求时进行首次交割。后续交割时间一般由普通合伙人决定。

5. 缴付出资

协议可约定，根据基金潜在项目或支付管理费和其他基金费用的资金需要，普通合伙人可分若干次要求有限合伙人缴纳出资。

6. 免责条款[①]

一般而言，除非因其欺诈、故意不当行为、严重疏忽或违反勤勉尽职义务而给基金或有限合伙人造成损失的，普通合伙人、管理人及其员工等不应对基金或有限合伙人的损失负责。

（四）普通合伙人

1. 执行事务合伙人

有限合伙协议应约定由普通合伙人执行合伙事务，并列出执行事务合伙人委派代表的姓名。合伙协议应列明执行事务合伙人应具备的条件及选择程序。

2. 执行事务合伙人除名条件和更换程序

除名条件一般为执行事务合伙人因故意或者重大过失给有限合伙造成损失，或在执行合伙事务时有其他不正当行为；可规定除名需经有限合伙人的绝大多数或一致同意。

3. 执行事务合伙人的权限

除对有限合伙事务所拥有的排他的执行权外，还可约定执行事务合伙人享有某些特殊决定权，例如进行后续交割，同意有限合伙人向合伙人以外的人转让合伙权益等。

4. 关键人士

合伙协议应说明管理团队的关键人士。可约定在关键人士不再介入基金事务，或者不再在基金事务上投入其大部分或几乎全部的时间（通常称为“关键人士事件”）的情况下，投资期中止，即导致基金停止开展投资项目。如果中止期持续足够久的时间，有限合伙协议往往会要求清算基金。

5. 管理人

合伙协议中应明确管理人和管理方式，并列明管理人的权限及管理费的计算和支付方式。管理人可由普通合伙人担任，也可由普通合伙人将管理职能另行委托与普通合伙人有关联关系或没有关联关系的其他私募基金管理机构承担；如果普通合伙人与管理人不同，则应明确约定各自的权责。

① 管理人的责任与免责条款应主要规定于《投资管理协议》中，需确保《有限合伙协议》和《投资管理协议》中相关规定的一致性。

6. 管理费

根据有限合伙协议或《投资管理协议》，基金应按约定时间（例如每一季度或每半年）提前或在期满后向普通合伙人或管理人支付管理费，常见费率一般为1.5%～2.5%左右（基于认缴出资额计算）。通常情况下，在投资期结束后，管理费将降低，其计算基数改为尚未变现的投资项目的投资资本。

7. 利益冲突

有限合伙协议应考虑可能存在利益冲突的情形，并约定相应的冲突处理机制，如约定对普通合伙人及关键人士在投资期内发起设立类似基金的限制，如存在利益冲突的交易应得到咨询委员会同意，或按地区、行业、认缴出资总额的使用情况决定等。

（五）有限合伙人

1. 咨询委员会

（1）有限合伙协议中可创设咨询委员会，由有限合伙人代表组成，负责监督普通合伙人及其关联机构与基金之间产生的实际的和潜在的利益冲突。

（2）协议可约定咨询委员会以多数成员同意的方式审查、批准部分重大事项，例如利益冲突、关联交易及对重要合伙协议条款的修订或放弃。

2. 出资违约

（1）有限合伙人有义务在普通合伙人要求出资时按有限合伙协议规定的时限缴付出资。除选择法律规定的救济措施之外，普通合伙人也可选择其他方式，例如：①给予该有限合伙人宽限期，并就其延期出资额要求支付利息；②宽限期届满后，决定违约合伙人不再有权缴付后续出资，向其他合伙人转让违约合伙人就其认缴出资余额享有的权利，保留该违约合伙人的利润分配额用以支付管理费和其他相关费用。

（2）普通合伙人也可采取一定方式弥补有限合伙人迟延出资造成的出资不足，例如要求其他合伙人按比例增加出资，但一般设定一个上限，如各有限合伙人在未发生违约事件时应出资金额的125%。某一有限合伙人的累积出资义务以其认缴出资总额为限。

（六）有限合伙人及普通合伙人身份转变

有限合伙人及普通合伙人的身份相互转变程序，应在有限合伙协议中予以约定。有限合伙协议中无约定的，有限合伙人转为普通合伙人，或普通合伙人转为有限合伙人，需要全体合伙人的一致同意。

（七）投资

1. 投资范围及投资运作方式

协议应对基金的投资范围进行约定，例如单独用于投资某项目，或者投资某一种类型的项目，并应对基金的投资运作方式进行约定。

2. 投资限制

协议应明确约定基金的投资限制，例如不得投资某一类高风险资产，及/或分散投资，即基金对单个项目的投资额应满足分散投资的原则，可设定一个上限（一般为基金认缴出资总额的一定比例）。

3. 投资决策

协议应明确约定基金的投资决策程序，包括但不限于关联方投资的回避制度以及关联方的认定标准。

4. 资金托管①

基金财产进行托管的，应在合伙协议中明确托管机构的名称或明确全体合伙人在托管事宜上对执行事务合伙人的授权范围，包括但不限于挑选托管人、签署托管协议等。全体合伙人一致同意不托管的，应在合伙协议中明确约定本合伙型基金不进行托管，并明确保障投资基金财产安全的制度措施和纠纷解决机制。

5. 其他投资相关条款

如基金投资业务需要，可约定其他事项，例如共同投资、再投资、平行基金、替代投资工具等（参阅下文）。

6. 共同投资/跟投

跟投权允许有限合伙人在有限情形下与基金共同投资，例如基金由于规模有限或分散投资比例的限制不能作为单独的资金来源。有限合伙人是否需就其跟投的投资额支付全额管理费和参与绩效分成往往需通过协商确定。跟投的有限合伙人可能被要求与基金基于相同的商业条件同时进行投资和退出。

7. 再投资

有限合伙协议可以允许基金“循环”使用一部分在投资期内已返

① 有关托管银行的内容应主要规定于《基金托管协议》中，应注意相关协议之间的一致性。

还给有限合伙人的资金（如用来支付基金设立费用和其他基金费用的出资返还额），一般会将返还资金增加到有限合伙人剩余的认缴出资中。

8. 平行投资工具和替代投资工具

有限合伙协议可约定普通合伙人有权设立平行投资工具和替代投资工具，以解决税务、合规或有限合伙人的其他操作性问题。

9. 投资后对被投资企业的持续监控、投资风险防范

有限合伙协议应对于投资风险的防范措施做出明确约定，例如投资后如何对于被投资企业进行持续监控，以有效防范被投资企业的运营带来的投资风险等。

10. 投资退出

有限合伙协议应对投资退出方式予以约定，例如通过上市、并购、清算或项目公司资产处置等方式实现资金回收并退出。

（八）分配

1. 资本账目

基金应为每个合伙人建立和维护单独的资本账目。一般而言，所有项目的收入、利润、损失、扣除和负债将被分配到各个合伙人的资本账目。

2. 收益分配原则

（1）以下是基金收益分配的优先原则：

（a）向有限合伙人分配，直至有限合伙人获得其在产生分配的投资中的全部出资。

（b）向有限合伙人分配，直至有限合伙人对其就基金费用（包括管理费）的出资获得全部返还。

（c）继续向有限合伙人分配，直至有限合伙人就其在（a）和（b）项下的返还出资获得体现一定内部收益率的优先回报（一般为8%）。

（d）向普通合伙人支付收益，直至普通合伙人获得的收益等于基金在（a）（b）（c）（d）项下分配总额的一定比例（一般为20%）。（本该款通称“追补条款”）

（e）在进行完上述各步分配后，剩余部分向普通合伙人分配一定

比例（一般为 20%），向有限合伙人分配剩余部分（一般为 80%）。

（d）和（e）项下向普通合伙人分配的收益通称“绩效分成”。

（2）上述分配机制可基于每个项目分别进行，也可以基于“整支基金”（或这些基础的变量）进行。如果基于“整支基金”进行分配，必须在有限合伙人的所有已缴付出资全部被返还后才能给普通合伙人分配绩效分成。如果按项目进行分配，必须在有限合伙人在特定交易中的所有已缴付出资被返还后才能给普通合伙人分配绩效分成。

3. 普通合伙人的回拨/钩回

有限合伙协议经常包含“回拨”条款，即普通合伙人有义务在基金期限结束清算时向基金返还其被超额支付的绩效分成。

4. 有限合伙人的回拨

有限合伙协议往往包含相关条款，要求有限合伙人返还已获分配的收益以履行其对基金的责任，如承担与购买或退出投资有关的赔偿责任，但一般有基于分配时间的上限限制（例如分配三年后不会被要求返还）或基于分配收益总额的上限限制（例如返还不应超过该有限合伙人认缴出资额的一定比例）。

（九）信息披露

管理人应向全部有限合伙人和相关监管机构进行必要的信息披露。如应向有限合伙人定期提供经审计的年度财务报表（一般每年提供）、未经审计的财务报表及投资报告（一般每季度或每月提供）以及披露被投资企业的运营状况等。

（十）转让及后续募集

1. 权益转让和退伙

合伙协议中应约定合伙人之间（或合伙人向其关联方）转让财产份额的情形以及合伙人向合伙人之外的第三人转让财产份额时的要求，以及有关优先购买权的规定。

2. 后续募集

普通合伙人有权自行决定进行后续募集，方式为接纳新的有限合伙人以及允许现有有限合伙人增加认缴出资额。

（十一）终止、解散与清算

有限合伙协议应对有限合伙的终止、解散和清算做出明确约定。在有限合伙经营期限届满或有限合伙转让其全部或几乎全部资产，普通合伙人决定有限合伙解散并清算等情况下，有限合伙解散并开始清算程序。有限合伙清算一般可以选择普通合伙人作为清算人，负责处理清算事宜。

（十二）适用法律

适用中华人民共和国法律。

（十三）其他

合伙协议应包含其他标准条款例如财务会计制度、修订、争议解决、保密、通知、全部协议、可分割性等。

三、基金认购协议要点[①]

（一）序言

股权投资基金（“基金”）认购协议是直接约定有限合伙人认购基金权益的法律文件。[②] 认购协议通常由基金、基金普通合伙人（代表基金）和基金有限合伙人（“认购人”）签署，因此，序言部分应明确各签署方。

（二）正文

1. 认购基金权益

本条应说明认购人认购基金权益，及其具体的认缴出资金额。为简化文本，具体的认缴出资金额也可以在认购协议的认购人签字页中列明。

本条应约定，认购要约不可撤销且认购人应按照合伙协议和本认购协议的条款和条件履行缴纳认缴出资的义务。

本条可以约定，普通合伙人有权在本认购协议下的认购交易交割之

① 由美国威嘉律师事务提供，北京市金杜律师事务所修订。

② 本认购协议要点以常见的有限合伙制基金认购协议为例。如果基金采取公司制或其他组织形式，认购协议应相应调整。认购协议的主要目的在于明确基金、基金投资人之间有关基金认购的一些具体的权利义务，通常这些权利义务可能并未在有限合伙协议中得以完整的体现。

前单方决定是否接受认购人的全部或部分认缴出资。

2. 交割

本条应约定交割的日期（“交割日”）和地点，以及在认购人自交割日起成为基金有限合伙人。

3. 基金（与普通合伙人）的陈述和保证

基金（与普通合伙人）通常向认购人做出如下陈述和保证：

（1）基金按照所在法域的法律有效设立并存续，有权从事基金法律文件规定的业务。

（2）基金签署、交付和履行本协议均已得到所有必需的授权。

（3）基金签署、交付和履行本协议不违反任何适用的法律或法令、基金其他法律文件或其他对基金有约束力的协议。

（4）据基金（和普通合伙人）所知，基金募集文件无重大误导性内容。

（5）视具体情况做出其他陈述和保证。

4. 认购人的陈述、保证和承诺[①]

认购人通常向基金和普通合伙人做出如下陈述和保证：

（1）认购人就其身份、法律性质等做出陈述和保证。

（2）认购人为符合《私募投资基金监督管理暂行办法》《证券期货投资者适当性管理办法》等相关法律法规规定的合格投资者。

（3）认购人有法律要求的能力和资格签署、交付、履行本协议及合伙协议，并且已经获得必需的监管审批。

（4）若认购人拟用于出资的资金来自公募产品、资管计划、信托计划或其他金融计划的，应依法获得监管部门的登记、备案，并符合相关法律法规及监管要求。

（5）签署和履行本协议和有限合伙协议不会导致认购人违反任何法律或其组织文件，或任何其他协议项下的规定。

（6）认购人向基金缴纳出资的资金是合法的。认购人遵守了适用的反洗钱法、反腐败法、制裁法，其缴纳的出资并非来源于任何非法活动或非法渠道。

（7）认购人系使用自有资金认缴出资且为自己利益而持有基金权

① 认购人应满足《私募投资基金监督管理暂行办法》规定的合格投资者标准。

益，不存在使用贷款、发行债券等筹集的非自有资金出资的情形，对该等权益并未也不应做出任何委托、信托、名义持有或其他安排，除非事先得到普通合伙人书面批准。

（8）认购人就本次认购所提供的各种资料均为真实、有效、准确、完整，不存在隐瞒、误导、遗漏等情形。如果该信息发生任何方式的变化，认购人将及时通知普通合伙人。

（9）普通合伙人有权视需要要求认购人提供进一步的证明或信息，以评估其认购资格。

（10）认购人已审阅了基金募集文件，特别是其中与风险相关的内容，认购人已了解基金设立的目的是为从事符合法律规定的投资，其不同于银行储蓄及约定收益的债券等能够提供固定收益的投资工具，认购人投资基金既可能分享投资所产生的收益，也可能承担投资所带来的损失。认购人是在综合考虑自身的资产与收入状况、投资目的、投资经验、风险偏好的基础上决定投资基金。

（11）认购人已审阅了有限合伙协议，并有机会向普通合伙人、其关联机构和/或他们各自的相关人员就基金发售的条款和条件进行提问并获得答复。但认购人并未依赖普通合伙人或他们的任何合伙人、成员、高级人员、顾问、代理人或代表提供的法律、投资或税务意见。认购人已在其认为（对其决定认购基金权益而言）必要或适当的范围内，征询了独立的法律、投资和税务意见。

（12）除了根据有限合伙协议，认购人不会以任何方式转让、销售或分销任何基金权益。

（13）视具体情况做出其他陈述和保证。

5. 有关税务的陈述与保证

认购人通常需要向基金和普通合伙人做出有关税务的陈述与保证，包括有关认购人的税务信息是否正确，认购人是否是征税主体等。

6. 拒绝认购

本条可以约定，在特定日期之前（例如交割日或基金封闭之前）的任何时间，普通合伙人可因任何原因拒绝本次认购或仅接受少于认购金额的款项。如拒绝认购，本协议将不再具有效力。

7. 违反陈述、保证和承诺

本条可以约定，如果认购人违反其任何陈述、保证或承诺，除了任何其他适用的法律救济之外，普通合伙人有权根据有限合伙协议要求认购人退伙。

8. 赔偿

本条可以约定，一方违反其在本协议和其他相关文件中做出的陈述、保证、承诺或约定，给其他方造成任何损失、债务、索偿、损害和费用（包括律师费）的，应向其他方进行赔偿并使其免予承担法律责任。

9. 保密

各方就保密事项做出规定。

10. 适用法律

约定本认购协议应适用的法律。

11. 争议解决

约定争议解决的方式，例如仲裁。

12. 其他事项

（1）通常约定认购人不得转让或让与本认购协议。约定本认购协议对各方及其各自的继承人、继任者、遗嘱执行人、遗产管理人、受托人等均具有约束力。

（2）约定修订本认购协议的程序。

（3）说明本认购协议与合伙协议构成本认购协议各方关于本认购协议所述事项的全部协议。

（4）对联络、通知等事项作出约定。

（5）认购人应自己承担签署认购协议的成本和费用。

（三）签字页

以下为各方的签字页。（略）

四、投资管理协议[①]

投资管理协议是股权投资基金（“基金”）与管理人之间约定基金的资产管理与投资运作等事项的重要法律文件。以下是投资管理协议中常见的要点，供参考。

---

① 由方达律师事务所提供。

（一）协议当事人的名称、住所或主要经营场所等基本信息

（二）协议当事人的基本权利和义务

1. 明确管理人的职责

管理人的职责通常包括：

（1）遵循诚实信用、勤勉尽责的原则为基金提供投资管理服务。

（2）根据中国证券监督管理委员会（“中国证监会”）和中国证券投资基金业协会（“基金业协会”）的规定办理基金备案手续。

（3）制定和实施投资方案，并对所投资企业进行投资后管理。

（4）积极参与制定所投资企业的发展战略，为所投资企业提供增值服务。

（5）定期或者不定期向基金披露基金经营运作等方面的信息。

（6）在基金募集期间和基金运行期间，应当根据适用法律法规、监管规则和自律规则等的规定和有限合伙协议的约定，向投资者披露信息，包括：①基金合同；②招募说明书等宣传推介文件；③基金销售协议中的主要权利义务条款（如有）；④基金的投资情况；⑤基金的资产负债情况；⑥基金的投资收益分配情况；⑦基金承担的费用和业绩报酬安排；⑧可能存在的利益冲突；⑨涉及私募基金管理业务、基金财产、基金托管业务的重大诉讼、仲裁；⑩中国证监会以及基金业协会规定的影响投资者合法权益的其他重大信息。

（7）定期编制会计报表，经外部审计机构审核后，向基金报告。

（8）按照中国证监会和基金业协会的规定定期或不定期报送相关信息；管理人应当按照规定通过基金业协会指定的私募基金信息披露备份平台报送信息。

（9）妥善保存基金投资决策、交易和投资者适当性管理等方面的记录及其他相关资料，保存期限自基金清算终止之日起不得少于10年。

（10）投资管理协议约定的其他职责。

2. 基金的管理人应当公平对待其所管理的不同基金的财产

管理人对不同的基金应当设置不同的账户，实行分账管理，应当建立防范利益输送和利益冲突的机制。

3. 明确管理人不得从事的禁止性行为

基金管理人不得有以下行为：

（1）将其固有财产或者他人财产混同于基金财产从事投资活动。

（2）不公平地对待其管理的不同基金财产。

（3）利用基金财产或者职务之便，为本人或者其他投资者以外的人牟取利益，进行利益输送。

（4）侵占、挪用基金财产。

（5）泄露因职务便利获取的未公开信息，利用该信息从事或者明示、暗示他人从事相关的交易活动。

（6）从事损害基金财产和投资者利益的投资活动。

（7）玩忽职守，不按照规定履行职责。

（8）从事内幕交易、操纵交易价格及其他不正当交易活动。

（9）进行募集和推介活动时，披露基金信息不得存在以下行为：（a）公开披露或者变相公开披露；（b）虚假记载、误导性陈述或者重大遗漏；（c）对投资业绩进行预测；（d）违规承诺收益或者承担损失；（e）诋毁其他基金管理人、基金托管人或者基金销售机构；（f）登载任何自然人、法人或者其他组织的祝贺性、恭维性或推荐性的文字；（h）采用不具有可比性、公平性、准确性、权威性的数据来源和方法进行业绩比较，任意使用“业绩最佳”“规模最大”等相关措辞。

（10）法律、行政法规、中国证监会和基金业协会规定禁止的其他行为。

4. 基金应按照有限合伙协议或投资管理协议中约定的金额、时间和方式向管理人支付管理费

（三）基金的资产管理

基金的资产管理包括但不限于以下内容：

1. 投资领域

2. 投资方式

3. 投资限制

4. 投资决策程序

5. 利益冲突防范（包括关联方认定标准及对关联方投资的回避制度）

6. 投资后对被投资企业的持续监控

7. 投资风险防范

8. 投资退出

（四）基金的投资决策、风险控制相关制度，以及投资决策机构、风险控制机构的组成及成员应具备的条件

（五）基金资产会计核算工作的主体、内容、方法等

（六）管理人管理费的费率、计算方式及支付方式等内容

（七）管理人绩效分成的原则、比例、方案及实施程序

（八）基金应承担的除管理机构管理费和绩效分成之外的其他费用的种类、计算方法及支付方式等

（九）基金收益分配的原则、分配安排及实施程序等

（十）投资管理信息报告职责及报告程序

第一，基金可以在投资管理协议中约定定期或者不定期地对其管理人运用基金资本开展投资运作的情况进行检查和评估。

第二，管理人应当根据中国证监会和基金业协会的规定，及时填报并按季度更新基金的相关信息。基金运行期间发生重大事项的，应当在5个工作日内向基金业协会报告。

第三，基金的管理人应当于每个会计年度结束后4个月内，向基金业协会报送基金年度投资运作基本情况。

（十一）管理人的更换条件及程序

有下列情形之一的，管理人应当退任：①管理人解散、破产或者由接管人接管其资产的；②管理人丧失管理能力或者严重损害基金投资者利益的；③按照投资管理协议约定，持有一定比例以上基金权益的投资者要求管理人退任的；④投资管理协议约定管理人退任的其他情形。

（十二）管理人在基金清算中的职责

（十三）违约责任

（十四）投资管理协议的生效、变更和终止

（十五）保密

（十六）争议解决方式

（十七）适用法律

五、资金托管合同格式要点[①]

委托人：基金和/或基金管理人（基本信息）

托管人：商业银行或其他金融机构[②]（基本信息）

（一）托管资产

托管资产的定义。

（二）当事人的陈述与保证

当事人的陈述和保证，主要涉及当事人合法成立并有效存续，具备业务经营资格，拥有签署和履行资产托管合同的内部授权，披露信息真实准确等方面。

（三）委托人的权利和义务

1. 委托人的权利

主要涉及有权要求开立托管资产保管专户，对托管资产进行投资管理处置等，监督核查托管人对托管资产的托管情况和其他履行托管职责的情况，[③] 获取资产托管报告，调整预留印鉴、划款指令，更换托管人等方面。

2. 委托人的义务

主要涉及保证托管资产来源合法，提供的交易数据信息及相关合同文本均完整、真实、准确，按规定发出划款指令、支付托管费等方面；

---

① 由环球律师事务所提供。资金托管合同一般资金托管合同一般为基金和/或基金管理人与托管人就基金资产的托管事项签订的合同。实践中，因对托管人要求的不同，资金托管合同的内容可能存在较大的差异。我们仅根据资金托管合同中通常的条款，整理了一般合同条款的要点摘要，仅供参考。

② 根据 2015 年新修订的《中华人民共和国证券投资基金法》第 32 条，除商业银行外，其他金融机构亦可担任基金托管人。

③ 参考《证券投资基金信息披露内容与格式准则第 7 号——托管协议的内容与格式》（证监基金字〔2005〕203 号，自 2005 年 12 月 21 日起实施）第 14 条，订明基金管理人对基金托管人履行托管职责情况进行核查，核查事项包括但不限于基金托管人安全保管基金财产、开设基金财产的资金账户和证券账户、复核基金管理人计算的基金资产净值和基金份额净值、根据管理人指令办理清算交收、相关信息披露和监督基金投资运作等行为。

积极配合和协助托管人的监督核查[①]。

（四）托管人的权利和义务

1. 托管人的权利

托管人的权利主要涉及对托管资产的保管权，收取托管费，监督核查托管资产的投资运作等方面。

2. 托管人的义务

托管人的义务主要涉及开立托管账户，保管托管资产及相关重要文件，执行委托人的划款指令办理托管资产的划付，将托管资产同自有资产和其他托管资产严格分开，对不同基金分别设置账户，为托管资产设立会计账册，保存托管资产的会计账册、凭证及记录等资料，出具托管报告，监督委托人的资金运作等方面；积极配合和协助委托人的监督核查[②]。

（五）账户开立和托管资产保管

1. 托管账户开立

确定预留印鉴。

2. 托管资产保管

确定建立委托及托管关系，明确资产保管期限。

（六）划款指令

1. 委托人对发送托管资产管理运用指令人员的授权
2. 托管资产管理运用指令的内容
3. 托管资产管理运用指令的发送、确认和执行
4. 被授权人员及授权权限的变更
5. 托管人未能及时、正确执行有效划款指令的相关责任

（七）基金费用

明确托管人对从基金财产中列支的各类费用进行复核及支付的原则

---

① 与托管人的权利相对应，同时参考《证券投资基金信息披露内容与格式准则第7号——托管协议的内容与格式》（证监基金字〔2005〕203号，自2005年12月21日起实施）第13条“订明基金管理人应积极配合和协助基金托管人的监督和核查，包括但不限于在规定时间内答复基金托管人并改正，就基金托管人的疑义进行解释或举证，对基金托管人按照法规要求需向中国证监会报送基金监督报告的，基金管理人应积极配合提供相关数据资料和制度等”进行补充。

② 与委托人的权利相对应，同时参考《证券投资基金信息披露内容与格式准则第7号——托管协议的内容与格式》（证监基金字〔2005〕203号，自2005年12月21日起实施）第15条“订明基金托管人应积极配合基金管理人的核查行为，包括但不限于：提交相关资料以供基金管理人核查托管财产的完整性和真实性，在规定时间内答复基金管理人并改正”进行补充。

和程序。

（八）托管费用及税费

1. 托管费的支付

2. 托管资产划拨所发生的交易费、印花税、手续费等税费的支付

3. 委托人及托管人就各自所得的纳税

（九）托管报告的内容与格式

托管人向委托人出具托管报告的内容和格式由委托人决定，托管报告由委托人定期向其合伙人披露。

（十）信息披露

1. 双方的信息披露义务、披露的内容和时间

2. 双方信息披露的方式

（十一）基金的收益分配

1. 基金收益分配的定义

2. 基金收益的计算方法和分配原则

3. 基金收益的分配方案（包括管理费和绩效分成）及复核程序

（十二）委托人的变更、终止

委托人发生变更或终止时提前通知受托人的义务。

（十三）托管人的更换

托管人更换的条件和程序。

（十四）托管资产清算

1. 托管资产清算的情形

2. 托管资产清算前相关费用（如管理费、托管费、税费、清算费用等）的处理

3. 托管资产清算的程序

4. 托管人在清算中的职责

（十五）保密

1. 保密信息的定义及例外

2. 对保密信息使用的限制，如使用人员、使用范围等

3. 保密义务的期限

（十六）文件档案的保存

保存文件档案的内容（如有关原始凭证、记账凭证、交易记录等）

及保存期限。

（十七）禁止行为

明确委托人和受托人禁止从事的行为。

（十八）违约责任

1. 违约方应就其违约行为承担相应的违约责任

2. 双方均存在违约行为时，由各方分别承担各自应负的违约责任

3. 违约行为发生后协议的继续履行

4. 因第三方原因造成托管资产损失时对第三方的追偿责任

（十九）免责条款

1. 托管人免责的情形

2. 委托人免责的情形

（二十）不可抗力

1. 不可抗力的情形和通知

2. 不可抗力导致责任的豁免

（二十一）适用法律及争议解决

1. 适用法律

2. 争议解决

3. 继续履行

（二十二）合同生效、有效期、续约、变更及终止

1. 合同的生效及有效期

2. 合同期满后的续约

3. 合同的变更

4. 合同的终止及终止时各方的义务

（本合同的终止，不影响本合同项下的保密、档案保存、争端解决条款在本合同终止后的继续有效。）

（二十三）通知

1. 通知送达的方式

2. 各方的通知地址及地址变更时的通知义务

（二十四）其他事项

1. 未尽事宜的解决

2. 完整协议

3. 副本
4. 转让和继承
5. 标题
6. 弃权
7. 双方需加入的其他事项

六、PE FOFs 有限合伙协议条款[①]

（一）管理人及投资者标准声明与承诺[②]

（二）PE FOFs 的名称（标明“合伙企业”字样）、主要经营场所地址、合伙目的、投资目标、合伙经营范围（应含有“基金管理”“投资管理”“资产管理”“股权投资”“创业投资”等能体现私募投资基金性质的字样）等基本信息

（三）存续期限和投资期

通常情况下，考虑到 PE FOFs 主要投资于直接投资基金，PE FOFs 的存续期限和投资期均显著长于一般的股权投资基金。合伙期限往往在 10 年以上，其中投资期也往往在 5 年以上。普通合伙人一般有权对存续期限和投资期进行适当延长。

（四）基金规模

PE FOFs 一般规模较大，约 47% 的 PE FOFs 在管规模在人民币 20 亿元以上，人民币 100 亿元以上的 FOFs 也屡有出现[③]，特别是政府引导基金和国家级的产业基金 FOFs 往往规模较大。但基金规模也取决于 FOFs 拟投资的直接投资基金类型，例如专注于投资 VC 基金的 FOFs 也可能规模较小。

---

① 由方达律师事务所提供。本文件主要基于中国境内组建的市场化人民币 PE FOFs（股权投资母基金）的一般条款而编写，同时涵盖了部分运作较为接近市场惯例的政府引导基金的常见做法，并且本文件假设 PE FOFs 以有限合伙企业形式设立，未考虑公司型和契约型等其他形式。本文件强调了 PE FOFs 的特殊性，就 PE FOFs 与一般股权投资基金的共同条款，亦可参考前述《有限合伙协议条款要点》。本文件编写中未考虑特定基金的情况，不能替代专业法律意见。

② 与一般股权投资基金相同，PE FOFs 有限合伙协议应在首页以加粗字体列明标准声明与承诺。

③ 见《中国母基金全景报告》，2018 年 4 月 27 日由母基金研究中心发布. http：//www. china - fof. com/index. php/Home/Index/articleDetail/article_ id/603。

（五）合伙人

PE FOFs有限合伙协议应列明普通合伙人和有限合伙人的姓名或名称、住所、出资方式、出资数额、出资比例、缴付期限、基本权利和义务，同时可以对合伙人相关信息发生变更时应履行的程序作出说明。

1. 普通合伙人

普通合伙人由FOFs发起人或其关联方担任。通常FOFs发起人较之一般的股权投资基金发起人具备更丰富的股权投资及相关经验。

PE FOFs有限合伙协议应约定由普通合伙人担任执行事务合伙人，执行事务合伙人有权对合伙企业的财产进行投资、管理、运用和处置，并接受其他普通合伙人和有限合伙人的监督。

PE FOFs有限合伙协议还应列明执行事务合伙人应具备的条件及选择程序、执行事务合伙人的权限及违约处理办法、执行事务合伙人的除名条件和更换程序，同时可以对执行事务合伙人执行事务的报酬（包括绩效分成）及报酬提取方式、利益冲突及关联交易等事项做出约定。

2. 有限合伙人

有限合伙人多为境内机构投资人和自然人投资人，均应为符合《私募投资基金监督管理暂行办法》规定或其他适用法规或自律规则要求的“合格投资者”，且不得使用贷款、发行债券等筹集的非自有资金投资于PE FOFs。较之一般股权投资基金，PE FOFs可能提出更高的“最低投资额”和其他投资者适当性要求，例如最低认缴出资额不能低于人民币1 000万、投资者必须具备相当的投资于其他股权投资基金的经验等。

有限合伙人不执行合伙事务，不得对外代表合伙企业。①

---

① 有限合伙人的下列行为，不视为执行合伙事务：

- 参与决定普通合伙人入伙、退伙；
- 对企业的经营管理提出建议；
- 参与选择承办合伙企业审计业务的会计师事务所；
- 获取经审计的合伙企业财务会计报告；
- 对涉及自身利益的情况，查阅合伙企业财务会计账簿等财务资料；
- 在合伙企业中的利益受到侵害时，向有责任的合伙人主张权利或者提起诉讼；
- 执行事务合伙人怠于行使权利时，督促其行使权利或者为了合伙企业的利益以自己的名义提起诉讼；
- 依法为合伙企业提供担保。

PE FOFs 有限合伙协议可以对有限合伙人的权限及违约处理办法做出约定，但是不得做出有限合伙人以任何直接或间接方式，参与或变相参与执行合伙事务行为的约定。

（六）提款（实缴资本缴付）

一般为按需缴付，但市场上也有按固定时间和比例分期缴付或一次性缴付的情况。

（七）交割

PE FOFs 多进行多次交割。一般情况下，后续交割中加入的有限合伙人参与此前的投资项目，但须向届时的既存合伙人按照固定比例（如 8%/年）支付溢价或利息。

（八）管理人及管理费

PE FOFs 有限合伙协议中应明确管理人和管理方式，并列明管理人的权限及管理费的计算和支付方式。

1. 管理人

管理人由普通合伙人或其指定的关联实体担任。管理人负责就潜在被投资基金的发掘、调查、构建、收购、管理、退出等向 PE FOFs 的普通合伙人提供建议，但不代替普通合伙人作出投资决策。

2. 管理费

投资期内，管理费一般以各有限合伙人的认缴规模为基数，以固定年费率收取；投资期结束后，一般以各有限合伙人尚未退出的投资成本为基数，以固定年费率收取。该固定年费率一般低于直投股权投资基金的管理费费率，例如 0.5% ~1%/年。

管理费可以按季度或半年度预付方式收取。

（九）托管事项

如果适用法规或自律规则要求 PE FOFs 就有限合伙企业财产进行托管或合伙协议约定 PE FOFs 有限合伙企业财产进行托管的，则应在合伙协议中明确托管机构的名称或明确全体合伙人在托管事宜上对执行事务合伙人的授权范围，包括但不限于挑选托管人、签署托管协议等。全体合伙人一致同意不托管的，应在合伙协议中明确约定本合伙型基金不进行托管，并明确保障投资基金财产安全的制度措施和纠纷解决机制。

（十）投资范围和限制

PE FOFs 有限合伙协议应列明本合伙型基金的投资范围、投资运作方式、投资限制、投资决策程序、关联方认定标准及关联方投资的回避制度，以及投资后对被投资企业的持续监控、投资风险防范、投资退出、所投资标的担保措施、举债及担保限制等事项。

1. 投资范围

除投资于直投股权投资基金外，有些 PE FOFs 也保留了进行直接投资的灵活性（例如不超过 20% 的基金规模可用于直接投资）。

2. 投资限制

（1）多样性限制。例如，投资于单支直投基金的比例不超过基金规模的 20%。

（2）投资比例限制。例如，PE FOFs 对任一直投基金的认缴不超过该直投基金规模的 20%；PE FOFs 不做任一直投基金认缴出资最高的投资人等。

（3）举债限制。可包括 PE FOFs 本身的举债限制及其投资的直投基金的举债限制。

（4）其他。例如，不可投资于其他 PE FOFs，不可投资于可能导致 PE FOFs 违反适用的禁止嵌套规则的直投基金。

3. 投资决策委员会

投资决策委员会一般设立于普通合伙人，由投资管理团队的关键人士及其他核心人员组成。

（十一）基金费用

基金费用包括筹建费用和合伙企业营运费用，一般由合伙人缴付的实缴资本承担。

筹建费用如设上限，一般为基金规模的一个固定比例（如 1%）。

PE FOFs 有限合伙协议应列明与合伙企业费用的核算和支付有关的事项，具体可以包括合伙企业费用的计提原则、承担费用的范围、计算及支付方式、应由普通合伙人承担的费用等。

（十二）关键人士

与一般股权投资基金类似，PE FOFs 亦设关键人士条款。关键人士应服务于该基金并保证投入相应的工作时间。

（十三）利益冲突

与一般股权投资基金类似，对于相关利益冲突（例如后续基金设立、投资机会分配等）PE FOFs有限合伙协议应做出安排。

（十四）投资人咨询委员会

与一般股权投资基金类似，投资人咨询委员会由出资较多或具战略意义的投资人组成。投资人咨询委员会对利益冲突、投资限制豁免等问题作出决议。

（十五）分配

PE FOFs有限合伙协议应列明与合伙企业的利润分配及亏损分担方式有关的事项，具体可以包括利润分配原则及顺序、利润分配方式、亏损分担原则及顺序等。

1. Waterfall分配方式

通常仍采取股权投资基金常见的四步分配方式。普通合伙人取得的绩效分成比例一般低于20%，具体比例由普通合伙人和投资人商谈确定。

2. 绩效分成回拨

PE FOFs清算时，如普通合伙人取得的绩效分成超过比例或者有限合伙人未取得足额的优先回报，则普通合伙人对超额部分或差额部分承担回拨义务，但一般情况下以普通合伙人取得的绩效分成减去相关税项后的金额为限。

（十六）有限合伙人分配返还

除规定为了PE FOFs对普通合伙人、投资管理团队等承担的免责补偿义务而可能进行分配返还外，还包括在PE FOFs需按照直投基金相关文件承担分配返还义务时，PE FOFs的合伙人将相应返还分配金额的义务。

（十七）报告和年度会议

PE FOFs有限合伙协议应列明合伙人会议的召开条件、程序及表决方式等内容。鉴于直投基金向PE FOFs提供相关年报、季报等需要一定时间，PE FOFs向其投资人提供年报、季报及其他报告以及召开投资人年度会议的时间，一般会根据需要相应推迟或保留调整空间。

（十八）财务会计制度

PE FOFs有限合伙协议应对合伙企业的记账、会计年度、审计、查阅会计账簿的条件等事项作出约定。

（十九）信息披露制度

PE FOFs 有限合伙协议应对本合伙型基金信息披露的内容、方式、频度等内容作出约定。

PE FOFs 有限合伙协议还应订明全体合伙人同意私募基金管理人或其他信息披露义务人按照基金业协会的规定对基金披露信息进行备份。

（二十）份额信息备份

PE FOFs 有限合伙协议应订明全体合伙人同意私募基金管理人、份额登记机构或其他份额登记义务人按照基金业协会的规定，办理基金份额登记（全体合伙人）数据的备份。

（二十一）其他与一般股权投资基金类似的条款

与一般股权投资基金类似，PE FOFs 有限合伙协议应当包含适用法规和自律规则要求的必备条款。

PE FOFs 有限合伙协议应列明合伙人入伙、退伙、合伙权益转让的条件、程序及相关责任，税务承担事项，及有限合伙人和普通合伙人相互转变的程序。

PE FOFs 有限合伙协议还应列明合伙企业终止、解散、与清算有关的事项，具体可以包括合伙企业终止、解散的条件，清算程序，清算人及任命条件，清偿及分配，争议解决方式等。

PE FOFs 有限合伙协议应列明协议的修订事由及程序，还应明确规定当合伙协议的内容与合伙人之间的其他协议或文件内容相冲突的，以合伙协议为准。若合伙协议有多个版本且内容相冲突的，应以在基金业协会备案的版本为准。

附：PE FOFs 概述[①]

1. 私募股权投资母基金（PE FOFs）是什么?

私募股权投资母基金（PE FOFs）即通过对私募股权基金（PE）进行投资，从而对 PE 投资的项目公司进行间接投资的基金。FOF 同时扮演了普通合伙人（GP）和有限合伙人（LP）的双重角色：面对投资者时，FOFs 充当 GP 角色，为投资者管理资金并选择 PE 基金进行投

① 由尚高资本提供。

资；而当面对创投基金、并购基金和成长基金等 PE 基金时，FOFs 又充当了 LP 的角色，成为各类 PE 基金的投资人。

2. 为什么需要私募股权投资母基金（PE FOFs）?

FOFs 的优势在于，可以凝聚起所有散户成为机构投资人，聚集资金形成一定规模，由 PE FOFs 代表所有散户投资者与基金管理人商谈，汇聚众多分散的资本，通过信息获取优势，筛选出一群优秀的基金管理人团队（GP），通过投资组合策略勾画出在同等“风险 - 收益”水平上的黄金产出曲线。

对于那些对某些行业不太了解但又不想错失投资良机的投资人，投资 PE FOFs 是一种高效的选择。对于投资普通 PE 基金的投资人，往往在 6 ~ 8 年的投资期内只能等待基金经理的运作和投资结果，几乎没有太多的灵活性。而在 PE FOFs 的投资模式中，PE FOFs 管理人可以通过资产的再平衡以达到控制投资、保持增值等目的。同时，管理人可以随时代表投资人和 PE 基金经理保持沟通，为其提供资本支持，管理剩余现金；并向投资人及时提供信息，做出专业报告，评估资产组合风险。

3. 私募股权投资母基金（PE FOFs）运营上的专业性

从运营的角度看，FOFs 作为专注于私募股权行业的专业投资人，长期的投资经验有利于 FOFs 在关键条款的谈判中发挥积极作用，平衡 GP - LP 之间的利益关系。FOFs 一方面自身拥有比较成熟的 LP 沟通机制，另一方面由于投资众多优秀的子基金，可以借鉴行业的最优做法，为子基金建立沟通制度，并提供有效的建议。FOFs 能够为子基金提供有力的增值服务，扮演了 GP（相对于 FOFs 的投资人来说）和 LP（相对于子基金来说）的双重角色，对于 LP - GP 关系有着更全面的理解，为子基金 LP - GP 之间的良性互动奠定了良好的基础。

FOFs 作为 LP，在子基金投资建议委员会中占有席位，对于子基金投资战略的积极作用体现在两个方面：在宏观层面上，FOFs 在投资建议委员会上，为子基金投资战略方向提供专业的建议；在微观层面上，为子基金的项目来源和被投资公司提供行业人脉和资源。FOFs 作为私募股权行业的重要投资者，代表专业、优质的资金来源，能够在资金以外为子基金提供更多的增值服务。

4. 私募股权投资母基金（PE FOFs）的发展历程

PE FOFs 于 1975 年起源于美国，20 世纪 90 年代，PE 资本在美国的大规模兴起使 PE FOFs 迅速扩容。据统计数据显示，1990 年美国市场上仅有 16 只 FOFs，所管理的总资产为 14 亿美元，至 1999 年年底，FOFs 的数量已达到 213 只，管理总资产达到了 480 亿美元。

同时，PE FOFs 投资的领域也在逐渐放宽，尝试参与 PE 二级市场投资分散风险，逐渐形成了 FOFs 拓宽投资者特殊投资渠道、合理配置资产、利益风险制衡等优点。

近年来，FOFs 基金在世界范围内发展起来，除了美国之外，在欧洲、加拿大等国家也在飞速发展，并于 20 世纪 90 年代进入亚洲，起初发展十分缓慢，直至 2005 年才随资本市场的迅速发展兴起。

5. 国内的私募股权投资母基金（PE FOFs）

政府引导基金是按政府产业政策，对符合优先鼓励发展的技术创新和高技术项目给予相应支持的重要渠道。2001 年起国内市场上出现了最早成立的创业投资引导基金——中关村创业投资引导基金。尽管受到金融危机的冲击，但近几年来各类政府引导基金不断涌现，成为人民币 PE FOFs 市场上 90.0% 以上的参与者。不过，根据国内外运作经验来看，政府引导基金终将是一个过渡产物，市场上不会永远有引导基金，以色列、中国台湾的经验都证明了这点。此外，在国有企业参与设立的市场化 FOF 方面，则沿用了海外成熟市场采用的运作模式，FOFs 先从 LP 获取资金，然后母基金的专业团队负责管理运作资金，投向不同类型的 PE 子基金。目前，国开行和苏州创投集团是国内市场化运作 FOFs 的领军人。

近年来，市场上还出现了不少民间机构发起设立人民币 PE FOFs，这种本土民营资本 FOFs 的运作模式基本上沿用了海外成熟的市场化的运作。在流程上，由 LP 和 GP 同时对 FOFs 进行注资，并通过 FOFs 投资给不同私募股权基金。FOFs 与出资人（LP）及投资对象（私募股权基金）的关系是通过合约的形式来管理，以合约的形式来确定。目前，本土民营资本市场化运作的 FOFs 尚处于婴儿期。

除了人民币母基金外，外资机构管理的美元母基金在国内也比较常见，其表现出了两个主要特点：一是以老牌 PE FOFs 为主，拥有雄厚的资金及基金管理经验；二是以在中国市场上活跃的顶级外资 PE 基金管理人为主要投资目标。这类 PE FOFs 基金完全市场化运作，以投资回报最大化为导向，投资目标一般为经验丰富、历史业绩优良的 GP 设立的美元基金。

6. 私募股权投资母基金（PE FOFs）是如何选择 GP 和子基金的

私募股权投资母基金（PE FOFs）是通过投资子基金来间接覆盖项目和行业的，因此对子基金的选择也即是对行业的配置，从而把握未来经济发展趋势，分享经济发展的成果。选择优秀的 GP 和基金是私募股权投资母基金（PE FOFs）取得优秀业绩的关键，主要看以下五个方面：①GP 要具有独特和清晰的投资策略，该策略要符合经济技术和产业的发展大趋势，且和该 GP 的能力、资源和技能匹配；②GP 管理公司要有良好的治理结构和组织能力，有效的激励和稳定团队的机制；③符合投资策略的团队资源和能力，团队的能力、资源和经验要有高度互补性，团队成员的价值观相同；④团队的过往业绩在业界属上乘且具有一致性和稳定性；⑤GP 具有和投资策略一致的优质项目储备。

七、契约型私募基金合同要点[①]

契约型私募基金合同是基金管理人与投资者（有基金托管的情况下基金托管人也作为签约方）之间约定私募基金的募集、成立、当事人权利义务、投资、收益分配（资金托管，如有）等事项的法律文件。契约型私募基金合同应按照《契约型私募基金合同内容与格式指引》以及相关规定的要求，来确定合同的具体条款内容。主要条款如下：

（一）声明与承诺

基金管理人声明其已在基金业协会登记（列明管理人登记编码），勤勉尽责地管理运用基金财产，不对盈利性和最低收益做出承诺。保证在签订合同前已向投资者揭示了相关风险，并已了解其风险偏好、风险认知能力和承受能力。

托管人声明勤勉、尽责、安全地保管基金财产。投资者声明其为合格投资者，理解合同条款，愿意承担投资风险。

（二）私募基金的基本情况

列明基金的名称、运作方式、募集规模、投资目标和投资范围、存

① 由金诚同达律师事务所提供。

续期限、份额初始面值、结构化安排（如有）、托管事项（如有）、外包事项（如有）。

（三）私募基金的募集

有关资金募集的事项，包括但不限于募集机构、募集对象、募集方式、合格投资者人数上限、募集期限、认购费用、认购申请的确认、认购份额的计算方式、初始认购资金的管理及利息处理方式、基金份额认购金额、付款期限、投资冷静期、回访确认、私募基金募集结算专用账户。

（四）私募基金的成立与备案

明确私募基金成立的条件，在基金成立20个工作日内应向基金业协会进行备案，备案后方可投资运作，如备案不成功则按基金合同约定的募集失败处理方式处理（如将资金退还投资者等）。

（五）私募基金的申购、赎回与转让

明确基金运作期间，是否允许申购与赎回。如设置申购与赎回，则明确申购和赎回的开放日及时间，申购和赎回的方式、价格、程序、确认及办理机构，申购和赎回的金额限制，申购和赎回的费用，申购份额的计算方式，赎回金额的计算方式，巨额赎回的认定及处理方式，拒绝或暂停申购、赎回的情形及处理方式。约定基金份额转让的方式、程序以及基金管理人在转让中的职责。

（六）当事人及权利义务

1. 基金管理人的权利义务

主要包括：履行私募基金管理人登记和私募基金备案手续，勤勉尽责管理和运用基金财产，对投资者的风险识别能力和风险承担能力进行评估，向投资者充分揭示相关风险，保证所管理的私募基金财产与其管理的其他基金财产和私募基金管理人的固有财产相互独立，接受投资者和私募基金托管人的监督，向投资者提供基金定期报告，保存私募基金投资业务活动的全部会计资料及有关合同、交易记录、其他相关资料等。

2. 托管人的权利义务

主要包括：获得私募基金托管费用，监督私募基金管理人对基金财产的投资运作，依法保管私募基金财产，配备符合要求的营业场所及人数足够的合格专职人员，处理各项托管事宜，对所托管的不同基金财产分别设置账户，复核私募基金份额净值，办理与基金托管业务有关的信息披露事项等。

3. 投资者的权利义务

主要包括：如实承诺资产或收入情况，保证投资资金的来源及用途合法，取得基金财产收益，监督私募基金管理人以及私募基金托管人，缴纳基金份额的认购及申购款项，承担基金合同约定的管理费、托管费及其他相关费用，承担基金的投资损失，配合私募基金管理人或其募集机构的尽职调查与反洗钱工作等。

（七）私募基金份额持有人大会及日常机构

基金份额持有人大会可决议对基金份额持有人权利义务产生重大影响的事项，如决定延长、修改、提前终止基金合同，更换基金管理人及基金托管人，调整基金管理人、基金托管人的报酬标准等重要事项。

明确召开基金份额持有人大会的情形，并约定召集人和召集方式、召开会议的通知时间、内容及方式、出席会议的方式（现场召开或其他通讯方式召开）、议事内容与程序、决议形成的条件、表决方式、程序等。

持有人大会可选举产生日常机构，行使召集持有人大会、提请更换基金管理人或托管人等职权。明确持有人大会日常机构的人员构成及更换程序。

（八）私募基金份额的登记

明确基金管理人办理份额登记业务的各项事宜。

（九）私募基金的投资

说明私募基金财产投资的有关事项，包括但不限于：投资目标、投资范围、投资策略、投资限制、禁止或限制的投资事项、利益冲突及处理方式、业绩比较基准（如有）、投资经理的基本情况以及变更条件和程序、参与融资融券及其他场外证券业务的情况（如有）。

（十）私募基金的财产

私募基金财产应独立于私募基金管理人、私募基金托管人的固有财产，并由私募基金托管人保管。私募基金管理人、私募基金托管人不得违反法律法规的规定和基金合同约定擅自将基金资产用于抵押、质押，私募基金财产产生的债权不得与不属于私募基金财产本身的债务相互抵消，基金财产账户与私募基金管理人、私募基金托管人、私募基金募集机构和私募基金份额登记机构自有的财产账户以及其他基金财产账户相独立，私募基金未托管的，应当明确保障私募基金财产安全的制度措施和纠纷解决机制。

（十一）交易及清算交收安排

明确选择证券、期货经纪机构的程序（如需要）；清算交收安排；资金、证券账目及交易记录的核对；申购或赎回的资金清算。

基金由基金托管人托管的，明确管理人在运用基金财产时向托管人发送资金划拨及其他款项收付的投资指令的事项，包括但不限于：交易清算授权、投资指令的内容，投资指令的发送、确认及执行时间与程序，私募基金托管人依法暂缓、拒绝执行指令的情形和处理程序，管理人发送错误指令的情形和处理程序，更换被授权人的程序，指令的保管、相关责任等。

（十二）私募基金财产的估值和会计核算

明确基金财产估值的相关事项，包括但不限于：估值目的、估值时间、估值方法、估值对象、估值程序、估值错误的处理、暂停估值的情形、基金份额净值的确认、特殊情况的处理。

基金参照国家现行的会计政策独立建账、独立核算。基金管理人或其委托的外包服务机构应保留完整的会计账目、凭证并进行日常的会计核算，编制会计报表。基金托管人应定期与基金管理人就私募基金的会计核算、报表编制等进行核对。

（十三）私募基金的费用与税收

明确从私募基金财产中支付的费用种类、费率、费率的调整、计提标准、计提方式与支付方式、私募基金的管理费率和托管费率。私募基金管理人可以根据私募基金的管理情况提取适当的业绩报酬。为基金募集、运营、审计、法律顾问、投资顾问等提供服务的基金服务机构从基金中列支相应服务费。

（十四）私募基金的收益分配

包括但不限于：收益分配的基准、分配次数、分配时间；收益分配方案的确定与通知；收益分配的执行方式。

（十五）信息披露与报告

私募基金管理人应定期（每月、每季度或每年）向投资者披露：

基金投资情况、经基金托管人复核的基金份额净值、资产负债情况、投资收益分配、基金承担的费用和业绩报酬（如有）、可能存在的利益冲突、关联交易以及可能影响投资者合法权益的其他重大信息。

（十六）风险揭示

私募基金管理人应向投资者揭示私募基金的特殊风险，包括基金未托管所涉风险、基金委托募集所涉风险、外包事项所涉风险、聘请投资顾问所涉风险、未在基金业协会登记备案的风险等；并揭示私募基金的一般风险，包括资金损失风险、基金运营风险、流动性风险、募集失败风险、投资标的风险、税收风险等。

除了风险揭示条款之外，基金管理人还应单独编制《风险揭示书》，确保私募基金投资者充分了解并谨慎评估自身风险承受能力，并做出自愿承担风险的陈述和声明。

（十七）基金份额的交易过户和冻结

（十八）托管人对基金管理人的业务监督和核查

（十九）基金管理人对托管人的业务核查

（二十）基金合同的效力、变更、解除与终止

应明确生效日期、有效期限、变更的条件和程序、合同终止或解除等情形。

合同终止的情形包括但不限于：合同期限届满而未延期，基金份额持有人大会决定终止，基金管理人、基金托管人职责终止；在六个月内没有新基金管理人，新基金托管人承接。

（二十一）基金管理和托管人的更换

（二十二）私募基金的清算

1. 私募基金财产清算小组组成

成员由私募基金管理人和私募基金托管人组成，并可聘用必要的工作人员。

2. 私募基金财产清算小组职责

为私募基金财产的保管、清理、估价、变现和分配，可依法进行必要的民事活动。

3. 私募基金财产清算的程序

4. 清算费用的来源和支付方式

5. 私募基金财产清算剩余资产的分配

依据私募基金财产清算的分配方案，将私募基金财产清算后的全部剩余资产扣除私募基金财产清算费用后，按私募基金的份额持有人持有的计划份额进行分配。

6. 基金财产清算报告的告知安排

7. 私募基金财产清算账册及文件的保存

私募基金财产清算账册及文件由基金管理人保存10年以上。

8. 私募基金财产相关账户的注销

（二十三）违约责任

明确违反基金合同应承担的违约赔偿责任。

（二十四）争议的处理

明确发生纠纷后的处理方式。

（二十五）附件（如投资监督事项表、基金代理销售机构权利义务、投资人信息表）

第三章　最佳实践指导原则[①]

根据私募股权投资基金（“私募基金”）自身的特点并参考国际实践，我们提出和建议私募基金行业遵循和采纳以下三项指导性原则，有助于兼顾和保护私募基金各参与方的利益，为各参与方实现更好的投资回报，有利于私募基金的长远发展：①利益一致；②良好治理；③透明度。

以下将以有限合伙制私募基金为例对上述原则进行阐述，但这不妨碍其他形式的私募基金参考该原则。需要注意的是，下文所阐述的由该原则所引申的做法仅是建议和指导性的，而非强制性的，也并非是要就该原则的内涵提供一个详尽的清单。并且，对于立足于中国市场的私募基金，我们建议并倡导探索和发展一套适用于中国的私募基金的指导原则，这对于支持私募基金行业在中国长远和健康地发展意义重大。每一个私募基金的条款和最优做法，应当由其普通合伙人、基金管理人和有限合伙人根据私募基金的具体情况进行深入讨论后确定。

一、利益一致

当普通合伙人[②]的收益主要来自对私募基金的出资而取得的投资回报（如基础收益/门槛收益）而非管理费，并且采用在有限合伙人基础回报/门槛收益要求已经达到的基础上，普通合伙人额外提取特定百分比的收益提成（如超额收益）的分配方式时，有限合伙人和普通合伙人之间的利益一致达到最大化。

（一）出资

普通合伙人以自身的出资承担投资风险是利益一致的强大动因，因

---

① 由柯杰律师事务所和毕马威会计师事务所联合提供。

② 为讨论的方便，我们假设普通合伙人即为私募基金的管理人。

此普通合伙人应以现金认缴并缴付一定数量（比如基金总额的1%）的出资。而且，普通合伙人应当被限制转让其出资，以持续保证其与有限合伙人的利益一致。

（二）收益分配

在返还全部出资加有限合伙人优先回报后，由普通合伙人按合伙协议的约定提取一定比例的收益提成（即业绩报酬或超额收益），也有利于实现普通合伙人和有限合伙人之间的利益一致。当私募基金投资多个项目并按照项目进行收益分配时，设立回拨机制，可以保证有限合伙人在普通合伙人收到了其不该获得的收益提成时能够获得普通合伙人的退款（但前述退款一般以回拨账户中的金额为限）。

（三）管理费和私募基金的费用

管理费的数额应基于合理的运营支出和人员薪酬的需要以及普遍的行业实践与市场因素而确定，因为收取过高的管理费会降低利益的一致性。基于前述原则，在投资期结束后，或当私募基金存续期被延长时，管理费应当适当减低（包括基金的调整和收取比例的降低）。

普通合伙人在基金设立时应向潜在有限合伙人说明将作为其管理费收取的预算模型。管理费应当涵盖普通合伙人所有的运营支出和人员薪酬。需要由私募基金支出或承担的费用应当在私募基金协议中明确约定。应当避免将本应由管理费涵盖的费用，转嫁给私募基金额外支付或承担。

（四）普通合伙人的其他收费

普通合伙人或其关联方向私募基金或被投资企业收取的交易、指导、顾问及其他费用（管理费除外），应充分向有限合伙人或有限合伙人咨询委员会（“咨询委员会”）披露。除非获得咨询委员会的事先批准，前述普通合伙人额外收取的费用应用于冲抵管理费或归私募基金所有。

（五）避免利益冲突

利益一致原则要求普通合伙人应避免利益冲突。避免利益冲突要求普通合伙人尽可能遵循以下要求：

第一，普通合伙人的管理团队应将其全部的工作时间投入私募基金。

第二，在私募基金的投资期结束之前，或私募基金的资金已全部或大部用于投资、承诺投资之前，普通合伙人（有的情形中还包括其关联方）应被限制设立、募集与私募基金主要投资目标及主要投资策略实质相同的其他基金或担任该等基金的普通合伙人或管理人。

第三，普通合伙人应避免将私募基金的投资机会交由其管理的其他投资实体进行投资。对于私募基金设立前，普通合伙人已经管理多支基金的情况，普通合伙人应当充分向有限合伙人进行披露，且确保公平地分配投资机会。

第四，对于普通合伙人或其关联方与私募基金或被投资企业之间的交易或其他利益冲突事项，应当及时向有限合伙人或咨询委员会披露，并获得咨询委员会的事先批准（如需）。

二、良好治理

在私募基金的结构上，为保证投资决策的专业性和高效性，普通合伙人在私募基金管理和投资决策上拥有高度的自主性；同时，绝大多数私募基金又都具有长期性、非流动性的特点。有限合伙人基于其对私募基金管理团队的信任以及对私募基金的投资策略的了解而认同私募基金的此种结构。良好的治理一方面应当能保持私募基金投资决策的专业性和高效性，另一方面应能维护有限合伙人前述认同基础的持续存在。

（一）治理结构

私募基金的运营和投资决策应由普通合伙人及其管理团队负责。有限合伙人应当避免参与或干涉私募基金的运营和投资决策。普通合伙人应当设立投资决策委员会。一个具有专业权威的、机制化的决策方式，有助于提升投资决策的专业性。此外，私募基金可以设立由有限合伙人代表组成的咨询委员会，就利益冲突等重大事项进行讨论或批准。另外，私募基金还可以设立由行业专家组成的顾问委员会，就特定行业的专业问题提供咨询意见。

（二）团队

在有限合伙人作出认购私募基金份额的决定时，管理团队是非常关键的考虑因素。因此，当管理团队发生重大变化或者管理团队发生严重违反勤勉义务的情况时，普通合伙人应当及时告知有限合伙人，并且中止私募基金的投资活动，直到有限合伙人接受新的管理团队，或者给予有限合伙人选择退出私募基金或解散私募基金的机会。

（三）投资策略

投资策略是有限合伙人在作出认购私募基金份额的决定时考虑的另一重要因素。因此，普通合伙人在私募基金募集过程中所披露的投资策略或有限合伙人所认同的投资策略应当在私募基金协议中加以明确（如投资地域、手段、行业、集中度、投资产品等方面的限制或要求），并由普通合伙人在投资过程中遵守。

（四）勤勉义务

由于普通合伙人在私募基金管理和投资决策上拥有高度的自主性，因此，普通合伙人应负有高度的勤勉义务。勤勉义务无法具体列举和穷尽，但以下做法有助于促使普通合伙人遵守勤勉义务：

第一，普通合伙人应当将可能涉及的利益冲突事项向咨询委员会披露并寻求其事先的批准（如需）。

第二，当普通合伙人或管理团队发生重大违约，或因未尽到勤勉义务而给私募基金造成损失时，应承担赔偿责任。

第三，当普通合伙人违约或因未尽到勤勉义务而给私募基金造成重大损失时，有限合伙人有权利将普通合伙人除名（如有限合伙人中存在普通合伙人的关联方的，则建议明确此种情形的回避表决机制）。

（五）咨询委员会

私募基金应当设立由有限合伙人代表组成的咨询委员会。咨询委员会的目的和作用是就利益冲突事项进行审查和批准，同时就私募基金的运营与普通合伙人进行讨论并提供建设性的建议，但并非参与私募基金管理或投资决策。

（六）透明度

透明度是私募基金良好治理的应有之义。保持透明度有助于督促普通合伙人履行其勤勉义务，实现私募基金的良好治理（透明度原则见下文详述）。

三、透明度

由于有限合伙人不参与私募基金的运营和投资决策，保持私募基金运营和投资信息的透明度非常重要。但有限合伙人应当对其获得的信息承担保密责任。

（一）信息披露

透明度的实现首先依赖普通合伙人的信息披露。在信息披露方面，中国证券投资基金业协会已经制定了详细的规则，普通合伙人应当严格遵守和执行。

需要特别提出的是，私募基金的支出和费用以及普通合伙人向私募基金或被投资企业收取的费用，一直缺乏足够的透明度，这为潜在的利益冲突提供了空间。基于透明度的要求，所有私募基金支出或发生的费用、普通合伙人或其关联方向私募基金或任何被投资企业收取的费用均应当逐项定期向有限合伙人披露。

（二）信息查阅

除普通合伙人的信息披露外，有限合伙人应当被允许基于与自身利益有关的事由而查阅私募基金的财务和经营信息。查阅权的行使时间、行使方式和次数可以做出合理的限制，以避免给普通合伙人的管理带来过重的负担。

（三）审计

独立审计师的审计对于保证私募基金的透明度原则的实现非常重要。为保证独立性，审计师应由私募基金而非普通合伙人聘任；其人选可以由普通合伙人提出，但应当经过咨询委员会或合伙人会议的认可。在必要的情况下，应当允许经咨询委员会会议或合伙人会议批准，由私募基金聘请独立审计师对私募基金进行审计，费用由私募基金承担。

咨询委员会或有限合伙人应当有权接触审计师，并邀请审计师陈述其对于估值和其他问题的看法以及回答咨询委员会或有限合伙人提出的问题。此外，审计师应被邀请参加私募基金年度会议，并回答问题。

第三部分

股权投资基金税务考虑要点

第一章　设立基金税务指导原则

除了商业和法律上的考虑，税务也是许多有限合伙人和普通合伙人成立基金时关注及讨论的焦点。投资人主要关注的问题是税收会如何影响基金和有限合伙人的投资回报率。

另一个值得关注的问题是所设立基金的组织架构是否会使有限合伙人在一个投资地点（即他们并非税收居民的地方）产生纳税义务以及如何避免上述纳税义务。上述的讨论和考虑将决定应如何设计基金的组织架构。除了解决有限合伙人所关心的税务问题，管理和降低普通合伙人、基金经理及基金专业人员的管理费及附带权益的税款流失也是决定基金管理架构需要考虑的一部分。

境内和境外基金架构下的税务，考虑的问题各不相同。

一、设立境外（离岸）基金时考虑的主要税务问题

（一）在基金及其投资人层面上

基金的发起人需要考虑并积极筹划以下税务问题：

- 如何降低基金及其有限合伙人的投资收益的税务（包括流转税（如适用）、增值税等）成本。
- 如何管理及降低基金及其境外特殊目的公司在投资地点被视为常设机构（或被视为当地纳税居民）的税务风险。
- 避免有限合伙人在投资地点产生直接申报纳税义务。
- 若有限合伙人的股息、利息及收益所得需要纳税，尽可能确保有限合伙人能通过避免双重征税协定获得较为优惠的税率，以及确保前述税款当有限合伙人在本国纳税时能符合所在国境外税收抵免的要求。

（二）在普通合伙人、基金经理及其员工层面上

基金的发起人需要考虑管理费、绩效提成及员工收入等几方面的相关税务成本：

- 如何降低支付给普通合伙人及基金经理的管理费的税收成本。
- 如何有效管理并降低境外普通合伙人、基金经理在投资地点内被视为常设机构（或被视为当地税收居民）的税务风险。
- 如何降低支付给员工及/或基金发起人合伙人的工资薪金、奖励、合作投资收益及绩效提成的个人所得税税负。

二、设立境内基金时考虑的主要税务问题

对于境内基金，其税务目标与上述境外基金的税务目标相似，除了其不存在构成常设机构的风险。境内基金关注的重点在于如何降低基金、有限合伙人、普通合伙人和管理公司的流转税及所得税的税务成本。为了确保能建立一个有效的税务架构从而实现税收筹划的目标，在设立基金过程中，税务顾问应参与协助解决上述基金组织架构方面的税务问题。

（一）在基金及其投资人层面上

境内基金的发起人需要考虑并积极筹划以下税务问题：

- 如何设计境内基金架构，以减低国内各投资者通过投资境内基金取得的投资收益的税负（包括流转税，如增值税等）成本。
- 就私募股权基金目前税收执行上存在的税务不确定问题，取得税务顾问的协助并与基金设立地点的当地政府以及税务机关沟通，以尽量减低由于税收不确定性可能对投资人的投资收益产生的不利影响以及合规性影响。
- 披露相关税务风险，以及基金应对方案。

（二）在普通合伙人、基金经理及其员工层面上

境内基金的发起人需要考虑管理费、绩效提成及员工收入等几方面的相关税务成本：

- 如何降低支付给普通合伙人及基金经理的管理费的税收成本。
- 如何有效设计境内基金架构，以减低绩效提成收入需被征收流

转税的风险。

• 选择和了解境内基金的设立地点是否有鼓励扶持私募股权基金的财税优惠政策，以及基金实体是否适用有关政策，以减轻其实际税负。

• 如何降低支付给员工及/或基金发起人合伙人的工资薪金、奖励、合作投资收益及绩效提成的个人所得税税负。

（三）针对人民币基金

目前针对人民币基金，在税务上存在的不确定性主要包括：

• 合伙人对基金出资是否需缴纳印花税。

• 合伙企业向企业有限合伙人分配其取得的“股息、红利所得”，企业合伙人是否能享受企业所得税“免税”待遇。

• 基金层面发生的费用是否可以扣除，投资的不同项目产生的亏损是否可以扣除。

• 自然人有限合伙人适用的个人所得税税率，是按“股息、红利所得”适用20%的个人所得税税率，还是按“生产经营所得”适用5%～35%的个人所得税税率。

• 普通合伙人、基金员工取得的超额收益按何种性质收入适用的税率。

第二章　财务税务尽职调查

一、财务税务尽职调查的主要目标

基金设立后，基金管理人应对投资项目进行财务税务尽职调查，以确保没有重大财务及税务合规性问题以及税收风险。财务税务尽职调查的总体目标是通过审阅有关资料及访谈，发现会影响交易的重大风险，同时评估标的公司业务运营的财务实力及内控薄弱环节。

另外，尽职调查报告应提供目标公司的财务状况健康性及关键指标，例如运营状况及偿付能力，以协助投资者做出最终投资决策。若存在某些风险，需要将相关的赔偿或担保条款包括及反映在并购协议中。除此以外，尽职调查报告应提供改善财务状况的简要建议、内部控制程序及收购后的合规性要求等。

二、财务税务尽职调查需要考虑的关键问题及程序

（一）财务

- 通过基本的对账工作、审阅财务报告里调整项目及考虑会计政策的主观性，评价财务报告的质量。
- 考虑会计方法对可分配准备金及支付股息能力的影响。
- 计算关键表现指标及评估收入及支出的主要来源（包括它们的可持续性趋势和波动），以协助潜在投资者进行并购评估。
- 论证并总结目标公司在预测和推算其业务发展时所用的重大财务假设。
- 评价目标公司的业务和关联方关系对业务影响的重要性，并考虑投资者收购目标公司后业务对持续关联方业务安排及终止关联方业务

安排的影响。

- 个别资产负债表项目涉及的尽职调查执行程序范围取决于这些项目对公司业务的重要性（例如：若目标公司经营资本密集型业务，则会将重点放在成本计固定资产的使用率及所有权等）。

- 在任何情况下，财务尽职调查的重点会放在公司业务的现金流量及营运资金收取及支出方面。会特别检查营运资金的流向及控制其对现金流的影响，并且库存的具体情况、应收账款（及其可收回）和商业义务、资本承担、或有负债及其条款（例如：相关契约、抵押品、银行贷款、公司间贷款）将被全部记载，限制资产及现金的使用。同时，关注相关行业的特点及财务的特殊性。

（二）中国税务尽职调查的关注问题

- 审阅（通过讨论及记录分析），发现及量化目标公司涉及的由于不合规而产生的重要税务问题及未解决的纳税义务，主要包括企业所得税、增值税和代扣代缴个人所得税及社保。此外，还需根据目标公司的业务情况，对房产税、土地使用税、预提所得税和关税等税种进行关注，确保目标公司的合规性不会对交易产生重大影响。

- 考虑关联方交易的潜在税务影响，及收购完成后关联方交易对并购后业务的税务影响。

- 考虑目标公司享受税收优惠的适用性风险，以及对目标公司未来有效税率的影响。考虑如果税收优惠存在潜在风险，如何在未来解决和降低相应的合规性风险。

- 考虑如何解决及控制具体发现的包括存在历史性的及未来营运的税务风险，及考虑改变目标公司的商业和融资安排来减低有关税务风险是否可行。

- 发现目标公司的重大税务风险和可能需要在并购协议中提出需要转让方承诺的税务担保及赔偿（包括对标的估值的调整）。

- 了解目标公司管理架构上整体税务合规以及内控情况，包括税务人员情况、税务稽查/检查的情况、税务罚款的情况等是否对目标公司的持续经营带来重大隐患。

第三章　交易架构的税务考虑

从税收方面来看，交易架构的安排是通过实施一个量身定制的投资架构，针对并购交易产生的不利的税收影响，提出优化方案，消除或减轻利润分配及退出的税负。

投资控股架构本身和相应的融资架构均需要考虑。一般来说，投资架构由税务方面的考虑推动，财务方面的考虑因素居于其次。但是，在有些情况下，监管或合规考虑也可能对交易架构起主导作用。以下将强调一些交易架构中关键考虑的因素：

（1）在融资安排方面，要考虑目标公司所在地的税法规定是否允许税务抵免的融资策略。例如，资本弱化法规规定，若目标公司的负债比例过高，将限制其利息的税前抵扣（因债务权益比率限制的规定）。在一些目标公司所在地（例如中国），有法规限制以债务融资方式实现股权收购的目的，有可能对相关交易结构有所影响并需要作出相应的调整。

（2）在实施并购策略时，要注意商誉的减值将可能阻碍利润的分配。要考虑不同交易结构下对于汇回利润的税务影响，比如双边税收协定的适用性。此外，需注意目标公司所在国的法律法规对境外投资者收购当地企业的行业限制及境外架构可行性，如果目标公司持有限制类行业或很难获得的营业执照，境外并购目标公司对其可持续性经营可能有重大影响，这可能需要对交易结构做出相应调整。

（3）考虑不同交易或投资架构下未来退出的税务影响。包括未来退出时可能会涉及一些国家的反避税机制，比如被转让海外层面涉及间接转让中国公司的话，可能会涉及中国 7 号公告的申报和中国税的纳税义务。最终，选择一个税务有效的投资架构，以减低基金的税负。

（4）另外一个需要考虑的方面是，投资资本兑换成目标公司所在国当地货币的难易程度，以及利润分配和撤出投资时，收益是否能够最终结汇转换成之前的货币汇出投资国，这也是十分关键的。

（5）投资架构还要考虑基金投资者对持有期间的股息分配以及将来退出是否能申请税收协定减免税以及境外税收抵免。由于可能有多层控股架构，收入经过多层的控股公司，投资者申请境外税收抵免（外国税收抵免额度在投资者本国）有可能将受到限制。

（6）如果投资是通过收购已存在的境外架构，且该境外架构在收购后改变，则需考虑递延所得税负债是否需要资本化及其对交易价格的影响。

（7）同时也要考虑所有权/商业活动的性质改变是否可能导致目标公司被否定结转弥补以前年度税务亏损或（海外税收）剩余的税收抵免。

第四部分

《国际股权投资和创业投资估值指引（2015年12月版）》中文翻译版

关于发布《国际股权投资和创业投资估值指引（2015年12月版）》中文翻译版的说明

近年来，股权投资和创业投资基金在中国市场越来越活跃，并逐渐被越来越多的创业者、投资者认可和运用。

北京股权投资基金协会（以下简称“协会”）是由股权投资行业机构和从业人士联合发起成立的非营利性社会团体法人机构，协会的宗旨和主要工作之一即致力于建立行业自律监管机制，促进行业健康发展。针对近年来投资项目估值偏高、估值方法较单一、估值环节重视程度较低、过程较粗放等问题，协会专门聘请毕马威会计师事务所专家对国际业界估值原则和实践经验进行了研究，形成了翻译和出版此指引的最初意向。

继国际估值指引2012年12月版发布之后，2015年12月发布了修订版本，因此，我们将此部分更新为国际估值指引2015年12月版（后附该指引全文）。

目前，公允价值已逐渐成为业内普遍公认的最佳计量标准，以公允价值来衡量一个投资组合的阶段性表现能够为基金投资者提供更为有用的信息，而基金管理人是否能够客观、公允地对其所管理的基金的业绩进行评估并向投资者报告，无疑是考量其管理能力的重要因素之一。因此，对股权基金投资的估值越来越被业界广泛重视，建立行业统一的估值标准的必要性亦日渐突显。

在国际上，股权投资的估值标准已经非常成熟且被广为认可。国际股权投资和创业投资估值理事会（以下简称“IPEV理事会”）所发布的《国际股权投资和创业投资估值指引》（以下简称《估值指引》）已经被约40个国家或地区的创业/股权投资基金协会认可和接受。

协会与IPEV理事会就引入《估值指引》进行了沟通，IPEV理事会非常支持中国股权投资基金行业的发展，授权协会在中国引入《估值指引》。为此，协会组织专家团队将《估值指引》英文版本的主体内容翻译成中文，以提供获取股权投资公允价值的最佳实践，协助股权投资基金管理人和投资者做出更好的经济决策。我们希望通过该指引的发布，呼吁业界回归理性投资和合理估值，让股权投资行业真正得以健康发展。

《国际股权投资和创业投资估值指引》的中文翻译版如与 IPEV 理事会发布的英文版的内容存在差异，应以英文版为准。协会将及时了解 IPEV 理事会对《国际股权投资和创业投资估值指引》的修订情况，持续关注国内业界发展动态，必要时对中文翻译版进行解释和修订。

如想参考 IPEV 理事会及其英文版内容，可浏览以下网址：www. privateequityvaluation. com。

北京股权投资基金协会
二〇一八年九月

《国际股权投资和创业投资估值指引（2015 年 12 月版）》前言

国际股权投资和创业投资估值（International Private Equity and Venture Capital Valuation，IPEV）指引（Valuation Guidelines，估值指引）旨在基于当前的最佳实践就股权投资估值提出建议。本指引中提及的“股权投资”的含义较广泛，包括早期企业的投资、管理层收购（Management Buyouts，MBO）、管理层买进（Management Buyins，MBI），基础设施（Infrastructure）、夹层资本（Mezzanine Capital）及类似交易，以及成长或发展资本。

如第一章所述，本估值指引适用于所有类型的另类投资基金（种子和创业投资、收购、成长/发展资本、私募债权等，以下统称为股权投资基金）以及股权投资基金通常所运用的金融工具。本指引还为股权投资基金的其他主体提供了估值基础，包括基金中的基金。编制本估值指引的目的是根据本估值指引得出的公允价值计量结果与国际财务报告准则（International Financial Reporting Standards，IFRS）及美国公认会计准则（United States Generally Accepted Accounting Principles，US GAAP）一致。其他使用类似公允价值定义的地区，例如“意向购买方（willing buyer）和意向出售方（willing seller）”也可以参照适用本估值指引。需要注意的是，由于某些合理的原因，这些指引对非公开发行的用于薪酬激励的证券的估值可能与其他人发布的指引存在不同。

第一章列示了单个的估值指引的提纲。第二章以方框形式和粗体字列示了估值方法，同时以普通字体列示相关的辅助解释、示例、背景资料和补充性材料。第三章阐述了特定情况下的应用指引。

如果本指引中推荐的估值方法与任何适用的法律、法规、会计准则或公认会计原则的要求不一致，应以后者的要求为准。

国际股权投资和创业投资估值理事会（“IPEV 理事会”）的成员或

其下属委员会或工作部门均不因本指引中所包含的或遗漏的任何事项或由于依赖本估值指引中的条款而导致的任何后果而向任何当事人承担任何责任（无论是由于疏忽或者是其他情况）。

本指引取代 IPEV 理事会之前发布的 2012 估值指引，自 2016 年 1 月 1 日之后的报告期生效，鼓励提前采用。

《国际股权投资和创业投资估值指引（2015 年 12 月版）》简介

作为对其所管理的基金的投资者进行报告的程序之一，股权投资经理可能需要对投资进行定期的估值。本估值指引的目的是提供报告股权投资的“公允价值”的最佳实践，以推广该最佳实践并协助股权投资基金的投资者做出更好的经济决策。

国际会计权威机构越来越重视公允价值，因此有必要在全球范围内建立一致的估值标准。本估值指引为股权投资基金的投资提供一致的估值框架。

股权投资基金通常受法律或监管规定或合同的条款所约束。本估值指引并不是为了规范或推荐如何将基金投资入账的基础。IPEV 理事会认可公允价值是作为股权投资组合企业价值和股权投资基金投资的价值的最佳计量。理事会对公允价值的支持基于，以公允价值来衡量一个投资组合阶段性的表现能够为基金投资者提供透明的信息。此外，机构投资者在进行资产配置决策以及为满足监管要求准备财务报告时，都需要公允价值信息。

本估值指引的制定过程考虑了全球的财务报告准则，尤其是国际财务报告准则和美国公认会计准则的要求和含义，以使股权投资基金投资公允价值的估值框架与会计准则保持一致。

会计准则并未对遵循本估值指引做出要求。然而当估值方需要了解其公允价值评估是否符合相关财务报告准则要求时，遵循本估值指引的规定可以满足这一要求。

本指引旨在体现当前的最佳实践，因此在今后将会对其进行重新评估。如果必要，将对其进行修改，以反映法规或会计准则的变化。

本指引仅从概念、实际操作和投资者报告方面对估值进行阐述，而不是从操作的角度提供最佳实践，因为这关系到内部流程、控制和程序、治理机制、委员会监管、估值人的经验和能力以及对估值的审计和审查等。

本指引对估值的基础（公允价值）、估值的方法（如盈利倍数法）以及估值方法中使用的参数（如EBITDA）进行区分。估值基础对所选取的数值的含义进行了定义，估值方法详细说明了获取估值的方法或技术。

股权投资本身的性质决定了其使用的信息都是保密、非公开的信息。然而，股权投资基金的投资者需要股权投资经理为他们提供充分、及时、可比和透明的信息，以便投资者：

- 行使受托责任以监督投资资本的配置；
- 向最终投资者、受益人、董事会等其他适用群体报告各期业绩；
- 按照适用的会计准则的要求编制财务报告。

投资者也可能将公允价值信息用于：

- 进行资产配置决策；
- 进行股权投资经理选择决策；
- 进行投资者层面的薪酬激励决策。

读者需要注意的一点是，本估值指引仅用于解决财务估值问题。经过深入讨论和咨询后，IPEV董事会认为关于非财务因素的报告、评估及基金相关投资决策的投入，包括环境、社会和政治因素，如果其影响是财务性的，则被概念性纳入了本估值指引。若其影响是非财务性的，则不在本估值指引的范围内。

本估值指引2015版在2012版的基础上做了如下修改：

（1）为提高可读性以及减少潜在混淆而进行澄清性修改：

a. 对全文进行少量编辑修改，以提高可读性且便于理解；

b. 删除了对于IPEV投资者报告指南的引用。因其所属权已转回至欧洲投资协会（Invest Europe）（其前身为欧洲私募股权和风险投资协会（European Private Equity & Venture Capital Association））；

c. 增加第二章副标题以提高可读性。

（2）技术性澄清：

a. 更新IASB计量单元部分；

b. 新增指引第1.6条，阐述一致性的必要性；

c. 修订指引第2.4条脚注，阐述如何利用债务价值以确定权益价值；

d. 修改指引第2.2条、第2.4条（iii）和第2.6条，提高指引的可理解性；

e. 新增指引第2.7条，阐述回溯测试；

f. 新增指引第3.2条（ii），阐述估值技术；

g. 重新编写指引第3.4条，阐述盈利倍数和收入倍数之间的不同；

h. 重新排序指引第3.5条至第3.9条，增强指引之间的逻辑顺序；

i. 删除对现金流折现模型的负面偏见，并阐述有关估值技术种类的会计指引；

j. 第二章延伸讨论了估值技术、验证、回溯测试和倍数应用方面的变化；

k. 特殊考虑部分扩充内容：

- 5.10 非控制性投资；
- 5.11 数学模型（更新指引）；
- 5.12 小结。

■财务报告准则

美国及国际财务报告准则（通称为会计准则）在2011年进行了修订，修订后的会计准则给出了公允价值的一般定义①和计量公允价值的一般方法。其他地区使用的公允价值定义与美国公认会计准则（US GAAP）、国际财务报告准则（IFRS）及本估值指引大体相似。

对于美国公认会计准则（US GAAP）和国际财务报告准则（IFRS），公允价值的计量由以下两项准则决定：财务会计准则委员会（Financial Accounting Standards Board，FASB）颁布的会计准则汇编（Accounting Standards Codification，ASC）第820号——公允价值计量，和国际会计准则理事会（International Accounting Standards Board，IASB）颁布的国际财务报告准则第13号——公允价值计量。其他会计准则视情况决定，必须或允许使用公允价值。在美国，FASB ASC 第946号——

① 美国和国际会计准则对于公允价值的定义是："估值日，常规交易中市场参与者出售该资产可能收到的对价或转移负债可能支付的对价。"（出自IFRS13第9段，ASC第820号-10-15-5）。本估值指引从股权投资基金的角度关注公允价值计量，股权投资基金通常关注标的投资组合，例如：资产，为简化起见不关注会计定义中的"转移负债时支付的对价"。

投资公司，要求投资公司应当使用公允价值报告其资产。IFRS 的不同准则要求或允许某些金融工具以公允价值计量。

2012 年 10 月 31 日，IASB 修订了 IFRS 第 10、12 和 27 号，修订之后的 IFRS 要求满足定义的投资主体使用公允价值计量其持有的具有控制权的投资，不再以成本计量并合并财务报表。

本估值指引主要讨论公允价值计量的一致性。其他会计概念，如披露要求、首日利得或损失等，不在本估值指引的讨论范围之内。

■计量单元

背景资料

美国和国际财务报告准则要求在整体层面（计量单元）保持对资产按公允价值计量的一致性，由会计准则要求或许可使用公允价值计量（例如，美国采用的会计准则汇编（ASC）第 946 号——投资公司或国际财务报告准则（IFRS）第 9、10 号及国际会计准则（IAS）第 27、28、39 和 40 号）。[①] 计量单元是一个整体层面的概念，提出这一概念是基于财务报告的目的（即这一概念规范了财务报告中资产和负债的合并或分开披露的问题）。

由于财务报告用于反映经济状况，计量单元这一概念意在体现投资的所有权情况，包括所有权的法律权利、义务及在复杂的资本结构下该项所有权与其他所有权之间的关系。然而实际交易可能并不发生在会计准则规范的计量单元层面。

ASC 第 820 号以及 IFRS13

公允价值计量指引在美国会计准则汇编（ASC）第 820 号和国际财务报告准则（IFRS）第 13 号中明确写道："会计主体应当使用公允价值计量资产或负债，公允价值计量依据的假设应当是市场参与者从自身经济利益最大化角度出发，对资产或负债进行估值时可能运用的假设。"[②] 美国会计准则汇编（ASC）第 820 号和国际财务报告准则（IFRS）第 13 号均未指明计量单元层面的资产或负债，而是依据相应会计

---

① 股权投资的国际会计指引包括：IFRS9——金融工具和 IFRS10——合并财务报表，IAS27——合并与个别财务报表，IAS28——对联营企业的投资，IAS40——投资性房地产。IFRS9 将代替 IAS39——金融工具：确认与计量。

② IFRS13 第 22 段；ASC 第 820 号 -10 -35 -9。

准则的其他条款做出规定。

ASC 第 946 号

美国会计准则汇编（ASC）第 946 号指出，投资公司必须使用公允价值计量债券投资和权益证券投资。会计准则汇编（ASC）第 820 号可以为会计主体进行公允价值计量提供指引。会计准则汇编（ASC）第 946 号没有对计量单元提供更加具体的指引，会计主体使用公允价值计量债券投资和权益证券投资时，计量方式应当与基于自身权益最大化的市场参与者的计量方式保持一致。

IFRS 下对计量单元的其他角度的解释

市场参与者通常将投资或整体利益视为他们进行交易的计量单元。国际财务报告准则（IFRS）第 10 号指明，投资主体对于其持有的拥有控制权的投资，应当使用公允价值计量，公允价值变动应当反映在损益类科目，这与国际财务报告准则（IFRS）第 9 号一致。国际会计准则（IAS）第 27 号和第 28 号也允许特定主体通过损益类科目核算其投资的公允价值变动，这也与国际财务报告准则（IFRS）第 9 号一致。国际财务报告准则（IFRS）第 9 号将国际财务报告准则（IFRS）第 13 号作为公允价值计量的具体指引。一部分人对国际财务报告准则（IFRS）第 9 号进行解读时认为需要按照单个或个别股权确认金融工具计量单元。单个股权计量单元的解释适用于活跃交易证券（参见本估值指引的第一章 3.6），对于不活跃交易证券的计量单元，有如下两种不同理解：

- 第一种理解是，由于国际财务报告准则（IFRS）第 10 号和国际会计准则（IAS）第 28 号参照国际财务报告准则（IFRS）第 9 号计量公允价值，故认为应参照单个股权认定计量单元。然而，非活跃交易证券的实际交易很少基于单个股权而发生。
- 另外一种理解是，国际财务报告准则（IFRS）第 10 号、国际会计准则（IAS）第 27 号和 28 号将计量单元定义为投资，表明其并不一定基于单个股权层面。这一解释更符合市场参与者的交易行为。

IASB 正在考虑对国际财务报告准则（IFRS）进行修订以澄清该等释义。基于截至目前的讨论情况，IASB 似乎更倾向于行业惯例：整体利益是进行交易的计量单元，如果市场参与者会以此整体利益体为基础进行交易。虽然基金的审计师与管理层就计量单元达成一致意见十分重要，但管理层必须承担做出会计判断的责任，包括恰当的“计量单元”。如果 IASB 或者 FASB 就上述问题进行了后续讨论或做出决定，本估值指引将会相应做出更新。

与市场参与者交易行为保持一致

由于股权投资交易通常不会发生在个别股份层面，因此本估值指引不讨论如何评估非活跃交易证券的单个股权的价值。若没有持相反观点的计量单元指引，本估值指引基于如下假设编制：公允价值计量方式应当与市场参与者出于自身利益最大化的交易行为保持一致。

投资于证券组合或大部分的示例

由于运用计量单元概念需要人为判断，没有具体指引时，本估值指引提供以下案例以阐明如何做出判断：

- 一些股权投资经理投资于证券组合或大部分。计量单元应当以同等条件下市场参与者（有意向的购买方或销售方）正常交易的情况为基础确定。如果可以预期市场参与者将同时购买标的投资组合公司的所有头寸，那么公允价值应当根据投资组合中公司的整体价值进行评估。如果市场参与者将单独购买个别份额的证券，那么应当基于个别份额层面确定计量单元和公允价值。

- 如果一只基金仅持有投资组合公司资本结构下的债务工具，计量单元应当是单项债务工具，应当使用市场参与者的预期评估债务工具的公允价值，并考虑预计偿付金额的现金流（票面价值）、风险和时间因素。

- 如果一支基金在同一个投资组合中同时持有债务和权益工具，但市场参与者希望单独交易，独立购买债务工具头寸和权益工具头寸，则债务工具和权益工具的计量单元和公允价值应当单独计量。

- 如果一个潜在的市场参与者可能或能够购买非上市公司的个别股份，那么可基于个别股份确定计量单元。然而，通常在股权投资行业中，市场参与者往往通过购买较大份额的股份而不是个别股份以取得对非上市公司有影响力的所有权。

企业整体价值通常是合理的公允价值计量起点

一般情况下，如果市场参与者不考虑会计上的计量单元，使用企业（业务）整体价值作为公允价值计量起点比较恰当。这是由于进行股权投资的投资者通常与其他投资者一同进行投资，当企业整体出售时，投资者才能实现其投资的价值。此外，股权投资回报通常与持有的权益份额成正比。因此，市场参与者将假设企业被出售作为确定企业公允价值的前提条件。本估值指引将会阐述，基于计量单元层面分摊企业价值需要进行的一般调整。在市场参与者不使用企业价值作为公允价值计量起点的情况下，例如，如果非控股权益的持有人通过将整体公司出售的方式并不能实现非控股权益的收益时，该交易会被考虑为单独权益的出售而不是整体公司的出售。（详见第三部分5.10）

以上关于计量单元的论述仅供读者参考，仅表示IPEV理事会基于股权投资行业中市场参与者的交易行为对相关会计准则的解读。最终，计量单元层面的职业判断需要基金本身做出，并取得基金审计师的认可。尽管基金的审计师与管理层就计量单元达成一致意见十分重要，管理层必须承担其做出会计结论的责任，包括恰当的“计量单元”。

■估值标准

全球估值标准仍在继续发展完善。IPEV理事会正在推进对国际估值标准委员会（International Valuation Standard Council，IVSC）相关规定的解读，以加强IPEV理事会发布的估值指引与IVSC颁布的国际估值标准（IVSs）的一致性，使得本估值指引能够在股权投资领域，提供符合IVSs原则的应用指引。按照IVS及本估值指引进行的股权投资估值与适用的财务报告准则一致，同时能够使得投资者利益与信心最大化。有关国际估值标准委员会（IVSC）、国际估值标准（IVSs）和国际估值标准委员会（IVSC）专业估值人员道德准则的更多信息，请参见：http：//www.ivsc.org/。

第一章　估值指引

1. 公允价值的概念

1.1　公允价值指假设市场参与者在估值日进行有序交易出售资产的价格。

1.2　公允价值计量假设出售资产的交易发生在主要市场，或者说对该项资产而言最有优势的市场。

1.3　对于交易活跃（有报价）的工具，其市场价格是估计可辨认工具公允价值的唯一基础。

1.4　对于无报价的工具，估值方在估计其公允价值时应当假设标的企业在估值日变现或出售并合理地分配各方的利益，无论该标的企业是否准备出售或其股东是否有意在不久的将来出售。

1.5　一些基金投资同一投资组合的不同证券或级次。如果市场参与者预计同时交易在同一个被投资公司的所有投资，例如 A 系列、B 系列和 C 系列一揽子投资，则应估计在被投资公司总投资的公允价值。如果市场参与者预计独立交易，例如投资独立于 B 系列和 C 系列的 A 系列，或者是独立于股权投资的债权投资，则分别估计金融工具的公允价值更为恰当。

1.6　公允价值应使用一致的估值技术于估值日进行估值，除非市场环境发生变化或出现影响市场参与者判定估值的特定投资因素。对具有相似特征、行业及/或地区分布的投资也应使用一致的估值技术。

2. 估值的原则

2.1　应在每个报告估值日对每项投资的公允价值进行评估。

2.2　在估计某项投资的公允价值时，估值方使用的方法应该适合该投资的性质、事实和环境，并且应该使用合理的当前市场数据以及结合市场参与者假设的市场参数。

2.3　无论使用何种估值方法，公允价值评估都应考虑估值日市场参与者的预期及市场条件。

2.4 一般而言，对于私募股权投资，市场参与者运用出售被投资公司假设而估计的企业价值来决定他们为单个金融工具投资支付的价格：

（i）运用估值方法确定被投资公司的企业价值；

（ii）通过对市场参与者考虑的剩余资产或超额负债以及其他或有事项及相关因素的调整，得到被投资公司的调整后企业价值；

（iii）从调整后企业价值中减去在清算时任何优先于基金所持有的金融工具价值所受偿的金额（例如将被支付的金额①），并考虑任何可能稀释基金投资工具的影响，以得到可归属的企业价值（Attributable Enterprise Value）；

（iv）根据优先级，将可归属的企业价值分配到企业的相关金融工具；

（v）根据基金对每类金融工具的持有比例对相关金额进行分配，即确认公允价值。

2.5 由于对股权投资的公允价值的估计存在固有的不确定性，因此在做出判断和必要的估计时需要格外谨慎。但估值方亦不应过度谨慎。

2.6 当对被投资公司或工具的初始投资价格被认为是公允价值时（通常情况下这种进入交易被认为是有序交易②），则应当利用投资日的市场参数来评估未来预计使用的公允价值估值方法。这一过程被称之为验证（Calibration）。验证可以检验使用当时市场参数的估值方法得出交

① 部分估值方可能会考虑，在估算股权工具的公允价值时，债务的面值或公允价值是否需要从调整后的企业价值中扣除。市场参与者应该综合考虑个别事实和整体环境。公允价值计量的前提是投资在估值日出售。由于公允价值的定义包含退出价格的概念，它假定控制权的变化发生在估值日投资出售时。然而，如果在控制权变化时债务必须清偿，就会出现一个问题：为了评估股权工具的价值，市场参与者将如何估计债务的价值：

（a）考虑到未来实际控制权变更的时机和可能性（即，假设在估值日尚未发生控制权变更，但将已存在的债务工具纳入公允价值）；

（b）在控制权发生假设性变化的基础上使用零期间（即，假设控制权的变化发生在估值日，导致债务的公允价值等于面值）。

从市场参与者的角度来看，债务的公允价值可能等于债务的面值，这取决于具体事实和环境。如果在控制权变更时不需要偿还债务，那么权益的公允价值将受到债务的有利或不利条款（如利率）的影响，或者说，债务的公允价值所反映的有利或不利因素需要从调整后的企业价值中剔除。

② 强制性交易（例如强制清算或廉价出售）不会被认为是有序交易。

易的初始公允价值，因此基于每个估值日更新的市场参数的估值方法可得出对应估值日的公允价值。

2.7　估值方应设法了解退出价格与之前估值之间的所有合理的实质性差异，该概念被称为回溯测试。回溯测试旨在阐明：

（i）截至估值日已知或可知的信息；

（ii）评估所获得的信息对最新公允价值评估的影响；

（iii）在实际退出价格既定的情况下，判断在估值时是否已合理考虑这些信息对公允价值的影响。

3. 估值方法

3.1　总则

（i）在确定投资的公允价值时，估值方需要运用判断，包括考虑可能会影响其公允价值的特定投资条款。在这方面，估值方应首先考虑投资的实质，而非严格的法律形式。

（ii）如果基金的报告货币与投资使用的货币不同，则在报告时必须采用估值日的即期汇率（出价）将其转换成报告货币。

3.2　选择合适的估值方法

（i）估值方应判断最适合某项投资的估值方法。

（ii）估值方应使用下列的一种或多种的估值方法，并将市场参与者对于估值的假设考虑在内：

A. 市场法

a. 近期投资价格（3.3）

b. 倍数（3.4）

c. 行业估值基准（3.5）

d. 可获取的市场价格（3.6）

B. 收入法

a. 现金流折现（3.7、3.8）

C. 重置成本法

a. 净资产（3.9）

3.3　近期投资价格（Price of Recent Investment）

在采用近期投资价格估值方法时，估值方使用投资本身的初始成本

（交易成本除外[①]）或者近期被投资公司新的重大投资的价格来估算企业价值，但这仅适用于相关交易发生后的有限时间段内。在该等交易发生后的有限时间段内，估值方应该在每个估值日评估所有在有关交易之后发生了可能会导致投资公允价值变动的变化或事件。

3.4 倍数（Multiples）

根据企业所处的发展阶段、所属行业以及所处地区，市场参与者可能使用盈利倍数或者收入倍数进行估值。在使用倍数法估算某项投资的公允价值时，估值方应当：

（i）针对能反映企业价值的指标（盈利或收入），使用适用的、合理的倍数（考虑标的公司的规模、风险状况和盈利增长潜力）；

（ii）通过对剩余或非经营资产、超额负债以及其他或有事项及相关因素的调整，得到被投资公司的调整后企业价值；

（iii）从调整后企业价值中减去在清算时任何优先于基金所持有的金融工具所受偿的金额（例如将被支付的金额），并考虑任何可能稀释基金投资的工具的影响，以得到可归属的企业价值（Attributable Enterprise Value）；

（iv）使用潜在市场参与者预期将可归属的企业价值适当分配至相关金融工具，在评估潜在市场参与者预期时需要做出判断。

3.5 行业估值基准（Industry Valuation Benchmarks）

行业基准估值只有在个别情况下才可以信赖，进而将其作为估算公允价值的主要基础。该方法更多用于验证其他估值方法得出的估值结果是否合理。

3.6 有效市场价格（Available Market Prices）

（i）存在活跃市场且有报价的工具的价值应该以其在估值日的买卖价格内最具代表性的价格进行评估。估值方对买卖价格内最具代表性的价格的评估应保持一致性。

（ii）不应运用反映报告主体所持有资产规模（尤其是，因为市场日常交易量不足以满足该实体拟持有数量而导致资产交易价格调整的因素）的阻隔系数（Blockage Factors）。

---

① 根据现行的会计准则，在某些情况下交易成本需资本化为投资成本的一部分。交易成本并不具有资产的特征，因此不应该纳入资产公允价值的组成部分。

（iii）当证券本身，而非持有人，受到相关合同、政府或其他法规的限制，使投资工具流动性降低从而影响了市场参与者在估值日应付的价格，则活跃市场上报价可以使用折价的方法。

3.7 标的企业的现金流或盈利折现（Discounted Cash Flows or Earnings（of the Underlying Business））

在使用标的企业现金流或盈利折现法估算投资的公允价值时，估值方应当：

（i）使用合理的假设和预期现金流（或预期盈利）以及预计终值，以根据企业其内在风险进行适当调整后的折现率折现获得企业价值；

（ii）通过调整剩余或非经营资产、超额负债、或有事项及相关因素对企业价值的影响得到被投资公司的调整后企业价值；

（iii）从调整后企业价值中减去在清算时任何优先于基金所持有的金融工具所受偿的金额（例如将被支付的金额），并考虑任何可能稀释基金投资的工具的影响，以得到可归属的企业价值（Attributable Enterprise Value）；

（iv）使用潜在市场参与者预期将可归属的企业价值适当分配至相关金融工具，评估市场参与者预期时需要做出判断。

3.8 投资现金流折现（Discounted Cash Flows（from the Investment））

在使用投资现金流折现法估值时，估值方应使用合理的假设和估计以预计未来现金流、终值、变现日期和根据投资内在风险进行适当调整后的折现率。此估值方法一般用于与债务投资有类似性质的投资。

3.9 净资产（Net Assets）

在使用净资产法估算投资的公允价值时，估值方应当：

（i）使用市场参与者预期估算企业的资产和负债（如适用，调整非经营资产、超额负债及或有资产和负债），以获取该公司的企业价值；

（ii）从调整后企业价值中减去在清算时任何优先于基金所持有的金融工具所受偿的金额（例如将被支付的金额），并考虑任何可能稀释基金投资的工具的影响，以得到可归属的企业价值（Attributable Enterprise Value）；

（iii）使用潜在市场参与者预期将可归属的企业价值适当分配至相

关金融工具，评估市场参与者预期时需要做出判断。

4. 基金权益估值

4.1 总则

在估算某个基金权益的公允价值时，如果净资产值从相关投资的公允价值衍生，并且与基金权益估值方使用的估值日一致，除下列情况外，估值方应基于相关基金净资产值（NAV）可归属于基金投资者部分进行估值：

（i）如果基金权益交易活跃，其公允价值为活跃的交易价格；

（ii）如果管理层已做出决策出售基金权益或其中一部分，出售价格并不等于 NAV，此时公允价值应为预期出售价格。

4.2 对净资产值的调整

如果估值方确定所报告的 NAV 可以作为估值的合理的起点，有必要在估值日可获得的最佳信息的基础上进行调整。虽然估值方可以向基金经理了解其公允价值估算程序和机制，但估值方仍需要遵循合理的流程和相关控制，以保证估值方能够对所获得的估值进行评估和了解。如果 NAV 并不是从相关投资的公允价值衍生而来，且/或与基金权益估值方使用的估值日不一致，估值方则需评估差异是否重大到需要调整报告的 NAV。

4.3 二手交易

如果权益的估值方知道该基金的二手交易的相关条款，并且该交易被认为是常规性的，则估值方应考虑将该交易价格作为确定公允价值的要素之一。

第二章 注解——公允价值计量

1. 公允价值的概念

1.1 公允价值指假设市场参与者在估值日进行有序交易出售资产的价格。

1.2 公允价值计量假设出售资产的交易发生在主要市场，或者说对该项资产而言最有优势的市场。

1.3 对于交易活跃（有报价）的工具，其市场价格是估计可辨认工具公允价值的唯一基础。

1.4 对于无报价的工具，估值方在估计其公允价值时应当假设标的企业在估值日变现或出售并合理地分配各方的利益，无论该标的企业是否准备出售或其股东是否有意在不久的将来出售。

1.5 一些基金投资同一投资组合的不同证券或级次。如果市场参与者预计同时交易在同一个被投资公司的所有投资，例如 A 系列、B 系列和 C 系列一揽子投资，则应估计在被投资公司总投资的公允价值。如果市场参与者预计独立交易，例如投资独立于 B 系列和 C 系列的 A 系列，或者是独立于股权投资的债权投资，则分别估计金融工具的公允价值更为恰当。

1.6 公允价值应使用一致的估值技术于估值日进行估值，除非市场环境发生变化或出现影响市场参与者判定估值的特定投资因素。对具有相似特征、行业及/或地区分布的投资也应使用一致的估值技术。

确定公允价值的目的是估计假设市场参与者在估值日愿意进行有序交易的价格。

假定的交易价格必须考虑当前市场条件对买卖资产的影响，而不是在被迫交易、非自愿清算或廉价交易时企业获得或支付的价格。

尽管私有企业股权的转让往往受到优先购买权以及其他条件的限

制，但是仍然有可能估计出有意愿的买方为购买投资的所有权而愿意支付的价格。

公允价值评估假设完成交易所要求的期间开始时点早于估值日，假设的交易价格在估值日达到顶点。因此，公允价值反映的是出售方在目前市场条件下有序交易中实际获得的价格。对变现期间给以额外的折扣并不恰当（变现期间定义为影响交易所需要的时间）。市场参与者会考虑流动性与非流动性（市场交易的频率）作为评估公允价值中的影响因素。

公允价值的确认应考虑投资的所有权结构，因此为每个报告实体的公允价值是独立确定的。

选定估值方法后，应一致的应用于估值日；但是，如果在某种情况下估值方法变更能导致计量结果更公允，则该变更被认为是适当的。

以下为可能导致估值方法变更的事件：

- 企业发展阶段发生变化（从无收入到收入到盈利）；
- 新兴市场发展；
- 获得新信息；
- 之前的信息已不再适用；
- 估值方法发展；
- 市场环境变化。

此外，在利用市场参与者观点的情况下，对具有相似特征、发展阶段、行业及/或地区分布的投资也应使用一致的估值技术。

2. 估值的原则

> 2.1 应在每个估值日对每项投资的公允价值进行评估。

如果某项金融工具不存在活跃市场，估值方必须运用一种或多种估值方法估计其公允价值。

> 2.2 在估计某项投资的公允价值时，估值方使用的方法应该适合该投资的性质、事实和环境，并且应该使用合理的当前市场数据以及结合了市场参与者假设的市场参数。
>
> 2.3 无论使用何种估值方法，公允价值评估都应考虑估值日市场参与者的预期及市场条件。

对于股权投资，其价值的实现通常通过对整个标的企业的出售或上市实现，而非转让单个股东的股份，因此企业在估值日的整体价值（企业价值）往往是反映对该企业的投资的价值的关键信息[①]。

如果上述价值实现，市场参与者将使用企业价值来决定他们愿意为一项投资支付的价格。或者，如果市场参与者交易如单个股权或债权、单系列股权等单个投资，在单个投资工具层面估计公允价值更为恰当。

2.4 一般而言，对股权投资，市场参与者运用出售被投资公司假设而估计的企业价值来决定他们为单个股权投资支付的价格：

（i）运用估值方法确定被投资公司的企业价值；

（ii）通过对市场参与者考虑的剩余资产或超额负债以及其他或有事项及相关因素的调整，得到被投资公司的调整后企业价值；

（iii）从调整后企业价值中减去在清算时任何优先于基金所持有的金融工具的价格所受偿的金额（例如将被支付的金额[②]），并考虑任何可能稀释基金投资工具的影响，以得到可归属的企业价值（Attributable Enterprise Value）；

（iv）根据优先级，将可归属的企业价值分配到企业的相关金融工具；

（v）根据基金对每类金融工具的持有比例对相关金额进行分配，确认公允价值。

① 一些人认为，国际会计准则要求以单个股权作为私营企业的计量单元（见本估值指引对会计准则和计量单元的讨论部分）。本估值指引并没有将单个股权作为计量单位（活跃可交易证券除外），因为对私营企业而言，单个股权公允价值的计量在实务中不会发生，因此无法作为一个有意义的公允价值计量方法。

② 部分估值方可能会考虑，在估算股权工具的公允价值时，债务的面值或公允价值是否需要从调整后的企业价值中扣除。市场参与者应该综合考虑个别事实和整体环境。公允价值计量的前提是投资在估值日出售。由于公允价值的定义包含退出价格的概念，它假定控制权的变化发生在估值日投资出售时。然而，如果在控制权变化时债务必须清偿，就会出现一个问题：为了评估股权工具的价值，市场参与者将如何估计债务的价值：

（a）考虑到未来实际控制权变更的时机和可能性（即，假设在估值日尚未发生控制权变更，但将已存在的债务工具纳入公允价值）；

（b）在控制权发生假设性变化的基础上使用零期间（即，假设控制权的变化发生在估值日，导致债务的公允价值等于面值）。

从市场参与者的角度来看，债务的公允价值可能等于债务的面值，这取决于具体事实和环境。如果在控制权变更时不需要偿还债务，那么权益的公允价值将受到债务的有利或不利条款（如利率）的影响，或者说，债务的公允价值所反映的有利或不利因素需要从调整后的企业价值中剔除。

股权投资的估值带有主观性。估值取决于对标的企业的未来的估计和判断：所处的市场和环境、并购市场的情况、股市的表现以及估值日存在的其他因素。

由于这些因素相互之间的复杂交错，而且通常缺少直接可比的市场交易，所以在使用与其他实体相关的公开信息进行估值时必须格外谨慎。为估计某项投资的公允价值，估值方须通过判断和做出必要的估计对市场数据进行调整，以反映其他因素的潜在影响，例如地理因素、信用风险、外汇、可归属权利、股票价格及波动。

因此虽然估值确实能提供对某项投资或投资组合的阶段性信息，但是只有在最终变现时才能完全确定投资的真实表现。估值方应当知道导致投资的变现所得与其估计的公允价值存在差异的原因并在未来公允价值估计时考虑这些原因。

■合理地分配可归属的企业价值

对可归属的企业价值的分配应当反映在估值日变现时每个金融工具持有者及其他金融工具（不考虑持有者）分别可获得的金额。如第三章 5.8 中所述，如果存在棘齿条款（Ratchets）、股票期权或其他安排（如在对早期企业投资时的“优先清算权”），且该类条款很可能因公司基于当时的企业价值出售而被触发，则在进行分配时必须予以反映。

估算公允价值时，如果公允价值超过行权价格，则期权和权证都将予以行使的假设是合理的。如果总行权价格很高，则行权可能导致标的企业的盈余现金增加。

如果基金持有大量的期权和权证，则需要使用合理的期权定价模型将其与标的投资分开估值。

益分配的差异化可能会影响投资的价值。如果存在优先清算权，则必须评估该项分配是否对基金有利、或有利于第三方但损害基金的利益。

当从企业价值中减去未偿还债务来估计权益工具的公允价值时，必须对债务公允价值是否代表了市场参与者预期做出判断。例如股权投资交易中常见，一项债务必须通过出售标的资产来偿还，市场参与者为了追求市场利益最大化，在确定股权的公允价值时可能认为债务的公允价值等于其面值（或者未来偿还金额）。如果企业被出售时债务不用偿还，此时债务的公允价值并不一定等于其面值。

若债务必须在控制权变更后偿付，则会出现一个问题，即为了评估权益工具的公允价值，市场参与者该如何评估债务的公允价值：

(a) 考虑到未来实际控制权变更的时机和可能性（即，假设在估值日尚未发生控制权变更，但将已存在的债务工具纳入公允价值）；

(b) 在控制权发生假设性变化的基础上使用零期间（即，假设控制权的变化发生在估值日，导致债务的公允价值等于面值）。

从市场参与者的角度来看，债务的公允价值可能等于债务的面值，这取决于具体事实和环境。如果在控制权变更时不需要偿还债务，那么权益的公允价值将受到债务的有利或不利条款（如利率）的影响，或者说，债务的公允价值所反映的有利或不利因素需要从调整后的企业价值中剔除。

然而需要注意的是，当债务作为一项单独投资时，市场参与者在确定债务工具的公允价值时会考虑风险、面值、预计还款时间以及其他市场条件，此时其公允价值可能不等于面值。

> 2.5　由于对股权投资的公允价值的估计存在固有的不确定性，因此在作出判断和必要的估计时需要格外谨慎。但估值方亦不应过度谨慎。

股权投资基金进行的投资通常会建立、发展和/或实质性改变标的企业，包括其战略、运营、管理或财务状况。某些时候还会涉及救济性融资（Rescue Financing）或者帮助有问题的企业扭转困境。在这些情况下可能很难确定公允价值，但在大多数情况下还是可以估计市场参与者在某个时点愿意为该等投资所支付的价格。

可能出现的情况如下：

- 合理的公允价值估值区间较大；
- 无法合理地评估该区间内各个估计的可能性；
- 无法合理地预测某个关键事件的可能性及其财务影响；
- 近期对该等企业没有投资。

虽然存在以上困难，估值方仍然必须基于对有意交易的市场参与者愿意进行交易的价格的最佳估计做出估值。在上述情况下，估计公允价值的增加或减少可能需要参考广泛的价值变化指标（例如相关股票市场指数)。考虑到这些广泛指标后，一些情况下估值方可能合理得出结论：前期估值日的公允价值是对公允价值的最佳估计。

如果觉察到公允价值将发生变化，估值方应修改投资的账面价值以反映新的公允价值估计结果。

> 2.6 当对被投资公司或工具的初始投资价格被认为是公允价值时（通常情况下这种进入交易被认为是有序交易[①]），则应当利用投资日的市场参数来评估未来预计使用的公允价值估值方法。这一过程被称为验证（Calibration)。验证可以证明使用当时市场参数的估值方法得出交易的初始公允价值，因此基于每个估值日更新的市场参数的估值方法可得出对应估值日的公允价值。

公允价值应当反映对所有重大因素的合理估计和假设，这些因素是公平交易的参与方考虑的，包括影响投资的预期现金流的因素以及影响现金流的风险。

在评估估计和假设的合理性时，估值方应当：

- 注意评估的目的是重置在一项公平交易中各方在估值日所做出的假设和估计；
- 考虑估值日之后发生的事件，如果该等事件为估值日的有关情况提供了补充的证据；
- 考虑估值日当时的市场环境；
- 在某种程度上初始进入价格被认为是公允价值，对预计在后续估值日使用的估值方法进行测试（或者验证)，使用初始参数以确认该估值方法得出的公允价值等于初始进入价格（注：在后续估值日经验证后的估值方法使用当时的市场参数可反映当时的市场状况)。

验证是一种强大的工具，可以帮助确定控制和流动性以及其他输入值对公允价值估值的影响。为了说明，假设一项投资以EBITDA倍数10确定的公允价值进行购买，而可比公司的交易价格为12倍EBITDA。与可比公司相比，该10倍的倍数包含了流动性、控制和其他与可比公司之间的差异。在未来的估值日，将判断确定如何使得该倍数向可比公司靠近。

---

① 被迫交易（清算或廉价交易）不属于有序交易。

例如，若可比公司的 EBITDA 倍数从 12 倍变为 15 倍，则估值方应保持之前的差异（10 倍 vs 12 倍），即采用 13 倍的倍数。对估值方法中的其他输入值也采用相同的方法。估值方不会在未来估值日直接使用该差异估值（2 倍），但是会通过使用该差异作为参考，以此判定市场参与者有多强的意愿来购买该项投资。

类似的验证概念可以运用在收入评估方法中。收购时预设的折现率可以根据加权平均资本成本公式解构，这将为公司特定风险溢价（也称为 alpha）提供基础。在之后的估值日，可根据现时的市场条件（根据公司特定事实和情况调整 alpha）更新加权平均资本成本的组成部分，并应用于该时间点的最可能的现金流量。

> 2.7 估值方应设法了解退出价格与之前估值之间的所有合理的实质性差异，该概念被称为回溯测试。回溯测试旨在阐明：
>
> （i）截至估值日已知或可知的信息；
>
> （ii）评估所获得的信息对最新公允价值评估的影响；
>
> （iii）在实际退出价格既定的情况下，判断在估值时是否已合理考虑这些信息的影响。

回溯测试是指将现时的流动性事件（销售，IPO 等）与最近确定的公允价值估计进行比较。当实际变现或流动性事件所确定的估值与最近估值日的公允价值进行比较时，估值方将获得额外信息，以帮助评估公允价值估计过程的严谨程度。这并不意味着退出价格应该等于先前的公允价值，而应该作为信息用于不断提高公允价值估计的严谨性。

回溯测试并不用于识别估值过程中的理论错误（如果有的话），而是促使估值方评估在估值日和当前退出日之间可能发生的信息、市场状况、市场参与者等的变化。

回溯测试可以为未来公允价值计量提供有效的指引。随着时间的推移，估值方可通过回溯测试来评估估值过程中是否存在固有的偏差（例如，过于保守的假设），从而确定潜在改进的领域。

3. 估值方法

3.1 总则

以下第 3.3 至 3.9（不含 3.6）部分就估计无报价的工具的公允价值时可以考虑使用的几种估值方法进行了阐述。这些方法应当结合特定案例对公允价值的影响因素进行必要的修改。例如，如果标的企业持有盈余现金或其他资产，则该企业的公允价值应反映，在某种程度上市场参与者会将部分公允价值归属于持有的现金或资产。

第3.6部分阐述了对有报价的工具的估值方法。因为就股权投资而言，其价值的实现通常通过对整个标的企业的出售或上市实现，而非转让单个股东的股份，因此企业在估值日的整体价值（企业价值）往往反映对该企业的投资价值的关键信息。因此，后文描述的几种估值方法的第一个步骤都是估计企业的价值。如果预计市场参与者通过出售整个企业获得价值最大化，估计单个金融工具的公允价值则包括将评估的企业价值分配到单个金融工具。

在某些情况下，公允价值主要基于相关金融工具的预期现金流和风险而非企业的价值。相应的，估值方法亦应反映相关退出预期。

在某些情况下，在假设企业将在估值日出售的情况下确定企业价值可能不合适。例如，如果正在评估少数股东的股权并且少数股东与其他所有者的利益不一致，则可能不适合使用企业将被出售和如下所述的价值分配的假设。在这种情况下，将使用第三章5.10中讨论的替代估值方法。

> 3.1（i）在确定投资的公允价值时，估值方需要运用判断，包括考虑可能会影响其公允价值的特定投资条款。在这方面，估值方应首先考虑投资的实质，而非严格的法律形式。

标的企业经营可能使用多种货币。投资使用的货币也可能与基金报告货币不同。汇率的变动可能影响基金投资的价值，在估计公允价值时应予以考虑。

> 3.1（ii）如果基金的报告货币与投资使用的货币不同，则在报告时必须采用估值日的即期汇率（出价）将其转换成报告货币。

3.2　选择合适的估值方法

> 3.2（i）估值方应判断最适合某项投资的估值方法。
>
> 3.2（ii）估值方应使用下列中的一种或多种的估值方法，并将市场参与者对于估值的假设考虑在内：

A. 市场法
- a. 近期投资价格（3.3）
- b. 倍数（3.4）
- c. 行业估值基准（3.5）
- d. 可获取的市场价格（3.6）

B. 收入法
- a. 现金流折现（3.7、3.8）

C. 重置成本法
- a. 净资产（3.9）

选择估值方法的关键标准是该估值方法必须适合该投资的性质、事实和情况以及市场参与者的预期。如果可行，估值方可以考虑使用其他方法来验证所获得的公允价值。

在选择适用的估值方法时，应对每项投资予以分别考虑。

适当的估值方法需要体现所有可获得的、可能对投资的公允价值产生重大影响的信息。

估值方选择的估值方法应当基于其所获得的信息和经验判断选择最合适的估值方法并对估值进行调整。这需要考虑以下各种因素：

- 所使用的方法对行业性质及市场环境是否适用；
- 每种方法中使用的数据的质量和可信度；
- 企业或交易数据的可比性；
- 企业的发展阶段；
- 企业创造可持续盈利或正现金流的能力；
- 企业特有的其他考虑；
- 估值方法验证测试的结果以及可用于重置投资进入价格的参数（注：在后续估值日经验证后的估值方法使用当时的市场参数可反映当时的市场状况。具体详见第二章 2.6）。

在评估某种方法是否适当时，估值方应该侧重于以市场为基础对风险和收益进行计量的方法。完全基于可观察的市场数据估算的公允价值比基于假设的估算更为可信。在某些情况下，估值方可能需要对可观察的市场数据进行调整，以反映被估值企业的实际情况，这种调整不会降低所估算的公允价值的可信度。

会计准则并没有规定估值方法的层级，因此某些情况下可以使用复合估值方法。国际财务报告准则第13号（以及美国会计准则汇编第820号）中写道："在某些案例中，单一估值方法是合适的（例如在活跃市场中使用报价来评估可辨认资产或负债）；而在其他案例中，则应使用复合估值方法。若以复合估值方法来计量公允价值，其结果（即公允价值的各项要素）应考量价值范围的合理性。公允价值的计量是在一个公允价值区间内确定最能反映在特定情形下的公允价值[①]。"

如果估值方认为某项投资存在多种估值方法，估值方可以考虑不同估值方法的结果，以某种估值方法的估值结果来交叉验证另一种方法的估值结果，或者以某种估值方法与其他一种或多种估值方法结合使用以确定投资的公允价值。

各个时期使用的估值方法应保持一致，除非因改变估值方法可以更好地对公允价值进行估算。

对于估值方法的改变依据应进行清晰的了解。通常情况下在投资周期内估值方法不应经常发生变化。

下表列示了一些最为广泛使用的估值方法：

估值方法	方法论
近期投资价格（Price of Recent Investment）	市场法（Market Approach）
倍数（Multiples）	市场法（Market Approach）
行业估值基准（Industry Valuation Benchmarks）	市场法（Market Approach）
可获取的市场价格（Available Market Prices）	市场法（Market Approach）
标的企业现金流或盈利折现（Discounted Cash Flows or Earnings（of Underlying Business））	收入法（Income Approach）
投资现金流折现（Discounted Cash Flows（from an Investment））	收入法（Income Approach）
净资产（Net Assets）	重置成本法（Replacement Cost Approach）

3.3 近期投资价格

如果拟估值的投资本身是在近期发生的，则其成本可为公允价值提供合适的佐证。如果被投资公司近期有新的投资注入，该近期投资的价

① IFRS13第66段；ASC第820号。

格可为估值提供基础。

➢ **近期投资价格的有效性随着时间的推移而减弱**

由于投资的价格反映的是交易发生当时的状况，因此在动态环境中，受市场状况的改变、时间的推移以及其他因素的影响，该估值方法的适当性和有效性都将逐渐降低。

该估值方法可能对所有股权投资都适用，但是仅限于在相关投资发生后的一段有限的时期之内。由于种子期/初创期企业或者涉及技术科技创新发明的企业其融资频率较高，所以该估值方法往往适用于此类型的投资。一般而言，公允价值可以用期后货币价值来表示。

该估值方法适用期限的长短取决于投资的具体情况以及估值方的判断。

在相关实体以及外部环境基本没有变化的稳定市场环境下，该估值方法适用的期限相对更长一些。

➢ **以下交易背景亦需纳入考虑**

此外，若第三方投资价格被视为估值的基础，则须考虑交易的背景。尤其是以下可能表明该价格并非完全公允的因素：

- 在新旧投资中享有不同的权利；
- 新投资者对现有投资者股份未按比例稀释；
- 战略导向的新投资者；
- 交易被视为强制出售或“救济方案”。

➢ **近期投资价格并非默认值**

尽管有上述规定，但在每个估值日都必须估算公允价值。使用近期投资价格并不代表在每个估值日可以不重新计量公允价值。

> 3.3 在采用近期投资价格估值方法时，估值方使用投资本身的初始成本或者近期被投资公司新的重大投资的价格来估算企业价值，但这仅适用于相关交易发生后的有限时间段内。在该等交易发生后的有限时间段内，估值方应该在每个估值日评估所有在有关交易之后发生了可能会导致投资公允价值发生变动的变化或事件。

➢ **近期投资价格广泛应用于种子期，初创期，以及早期投资**

近期投资价格估值方法普遍用于对种子期、初创期以及早期企业的投资，这些企业没有当期/近期收益或正现金流。对于这些企业而言，通常很难估计研发活动成功的可能性及其对财务状况的影响，也很难做出可靠的现金流预测。

因此，依据市场数据确定公允价值（即近期投资价格法）应该是最合适的方法。

➢ **基准（Benchmark）/重大要素（Milestone）分析，以确定公允价值是否已发生变化**

如果估值方认为未经调整（除交易成本[①]）的近期投资价格不再适用，并且没有可比的公司或交易来推算价值，则可以使用行业分析、板块分析、情景分析（见第三章 5.11）及/或重大要素分析进一步评估。

在这种情况下，如适用，被投资公司所在行业中普遍使用的行业特定的基准/重大要素可以被用来估算公允价值。在应用重大要素法（Milestone Approach）时，估值方须确认重大要素和/或基准是否发生了变化，从而导致投资的公允价值发生变动。缺少基准/重大要素可能表明价值下降，而超过基准/重大要素可能会表明价值增加，具体取决于事实和情况。

➢ **常用的重大要素/基准**

对于早期或发展阶段企业的投资，往往在进行投资决策时已经设定了一些重大要素。不同类型的投资、不同的公司以及不同的行业所涵盖的重大要素不尽相同，但一般会包括以下方面：

财务方面：

- 收入增长；
- 盈利预期；
- 现金使用率；
- 协议合规。

技术方面：

- 开发阶段；
- 测试周期；
- 专利许可；

① 根据适用的会计准则，在某些情况下，交易成本需要计入投资的成本。然而，交易成本并不被认为是资产的一个特征，因此不应该作为资产的公允价值的一个组成部分被包括在内。

- 监管部门批准。

市场和销售方面：

- 客户调查；
- 测试阶段；
- 市场推荐；
- 市场份额。

此外，在估值时还应考虑被投资公司的主要市场推动力以及整体经济环境。

➢ 公允价值变动的典型指标

在使用重大要素法估值时，估值方须评估基于对重大要素的考虑，以评估公允价值是否发生变化。该评估可能包括以下考虑因素：

- 与预算计划或重大要素相比，被投资公司的业绩是否发生重大偏离；
- 对于技术方面重大要素的实现预期是否发生变化；
- 被投资公司所在市场或其产品或潜在产品是否出现重大变化；
- 全球经济或者被投资公司所处的经济环境是否发生重大变化；
- 可观察的可比公司的业绩或市场整体的估值是否发生重大变化；
- 是否出现任何内部事件，如欺诈、商业纠纷、诉讼、管理层或战略的改变。

➢ 在如下情景调整公允价值

如果估值方认为存在公允价值发生变化的迹象，则必须估算出对近期投资价格的调整额。该调整从本质上来说是主观的。有关估计可能基于被投资公司的客观数据及投资专业人士和其他投资者的经验。然而，该调整的必要性和重要性却是相对主观的，需要估值方做出大量的判断。如果价值出现下跌，则估值方应该将上一个估值日的投资账面价值调减以反映所估计的价值损失。

如果有迹象表明价值增加，如上所述，估值方可以考虑调增投资的账面价值。但该调整须谨慎，以保证只有当市场参与者认为标的企业的价值增加时才增加账面价值。在没有增加融资或盈利的情况下，估值方在考虑更为具体的价值增加的指标时应考虑购买者对该指标的估计，考虑潜在的结果以及达成该结果所产生的成本和风险。

➢ **现金流折现法可能适用于交叉验证**

在没有重大收入、利润或正现金流的情况下，其他诸如盈利倍数的估值方法基本都不适用，现金流折现法（DCF methodologies）可以适用。但现金流折现法本身依赖于高度的主观判断的缺陷，可能因为没有确凿证据导致其不适用。

3.4 倍数（Multiples）

该估值方法涉及将适当的倍数（盈利或收入）应用于被估价的企业的评估，以获得企业价值。

该估值方法适用于对成熟企业的投资，该企业能够清晰地、连续地以及可持续地盈利或获得收入。

本部分指引阐述对盈利企业的估值方法。对于那些尚处于发展阶段且尚未产生盈利的企业，可以使用收入倍数作为估值基础。收入倍数法基于收入可产生"正常"水平盈利的假设。如果使用收入倍数进行估值，本部分指引所涉及的盈利倍数法的考虑因素也同样适用。

该估值方法可以适用于亏损的公司，除非可以认定亏损是暂时性的且可以认定一个"正常"的可持续盈利水平。

这可能涉及调整后的历史盈利、预测的盈利水平、当前或预期收入的"可持续"利润率。

在本估值方法中使用的最合理的盈利应该是最有可能被该企业的潜在市场参与者所使用的盈利。

3.4 根据企业所处的发展、所属行业以及所处地区，市场参与者可能使用盈利倍数或者收入倍数进行估值。在使用倍数法估算某项投资的公允价值时，估值方应当：

(i) 针对能反映企业价值的指标（盈利或收入），使用适用的、合理的倍数（考虑标的公司的规模、风险状况和盈利增长潜力）；

(ii) 通过对剩余或非经营资产、超额负债以及其他或有事项及相关因素的调整，得到被投资公司的调整后企业价值；

(iii) 从调整后企业价值中减去在清算时任何优先于基金所持有的金融工具所受偿的金额（例如将被支付的金额），并考虑任何可能稀释基金投资的工具的影响，以得到可归属的企业价值（Attributable Enterprise Value）；

（iv）使用潜在市场参与者预期将可归属的企业价值适当分配至相关金融工具，在评估潜在市场参与者预期时需要作出判断。

对上述使用术语的解释如下：

■适用倍数

从定义上看，盈利倍数的分子是价值，分母是盈利/收入数值。分母可以是任何一个时间段内的盈利/收入，倍数往往按照所采用的不同盈利/收入定义为“历史的”“当期的”“预期的”等。所使用的倍数在时间段和定义上与被估值公司的盈利/收入保持相关性是非常重要的。

➢ 使用盈利倍数

所使用的盈利倍数包括市盈率（P/E）、企业价值与息税前收益倍数（EV/EBIT）以及企业价值与息税折旧摊销前收益倍数（EV/EBITDA）。具体使用何种倍数视被估值企业的情况而定，并与市场参与者的预期一致。

总体而言，由于融资结构在股权投资中的特定角色，对标的企业的企业价值的估算应当考虑使用倍数法。如果能获得 EBITDA，则通常使用此倍数。

如果无法获得 EBITDA，则可以使用 P/E，因为 P/E 在报告中更为常见。为使 P/E 具有可比性，两个不同的实体需要有相似的融资结构和负债水平。

因此，如果使用 P/E 倍数，需要使用对运营、营运资金以及税务相关的财务成本进行调整后的 EBIT 数值，以消除并购融资收益对企业价值的影响。

➢ 使用收入倍数

对于有持续盈利的企业，采用盈利倍数更为合适，但对于已实现运营但尚未获得持续盈利能力的企业，采用收入倍数以确定其公允价值更为合适。收入倍数通常基于能由收入获得“常态化”标准的盈利。若损失被认为是暂时的且可认定“常态化”标准且可维持的收益，则该估值方法可适用于负盈利企业。这可能涉及使用预测收入水平或将“可持续”利润率应用于当期或预测收入进行调整后的历史收入。最适合该估值方法所采用的收入数据是潜在市场参与者中该业务购买者可能使用的数据。

■合理倍数

收购倍数 vs 报价企业交易倍数

估值方通常参考以当期市场为基础的倍数。这些信息能在有报价公司的市场估值或者公司权属转移的价格中反映出来。收购价格倍数和预计在持续价值估计里使用的可比公司倍数对比。考虑到被投资公司和可比公司之间的差异，收购价格倍数与可比公司倍数差异随着时间监测和调整。

例如，假设收购价格倍数被认为是公允价值（如有序交易价格），税息折旧及摊销前利润（EBITDA）倍数为 8 而可比公司税息折旧及摊销前利润（EBITDA）倍数为 10。未来期间，在每个后续估值日估计公允价值时需要判断是否保持或改变可比公司倍数 20% 的折价。

这种以市场为基础的方法是基于市场对可比公司的估值予以正确反映的假设。虽然有人认为有报价公司的市值并不代表该公司的价值，而仅仅是“小份”股份交易的价格，但是本指引假定以市场为基础的倍数可以代表公司整体的价值。

➤识别相同点与不同点

采用市场为基础的倍数的目的是识别与被估值企业具有类似特征的公司，包括风险状况及盈利增长方面。如果公司的业务活动、所处的市场、规模、地理位置以及适用税率相类似，往往其风险状况以及盈利增长潜力也类似。

➤杠杆比率和税收对市盈率的影响

在使用 P/E 倍数时，应注意到可比公司的 P/E 倍数可能受其财务杠杆和适用税率的影响。

➤EBITDA 倍数与折旧/摊销

在使用 EV/EBITDA 倍数时，应注意到该倍数消除了固定资产折旧和商誉及其他无形资产摊销的影响。但使用该倍数应格外谨慎，否则估值方可能忽略通过大额购置固定资产或并购而不是依靠内在成长来实现扩张的商业决策会带来实际的成本，但上述成本应在相关企业的估值中予以反映。

➤ 调整不同点

针对可比公司与被估值公司之间的差异调整可比公司的盈利倍数非常重要。在考虑和评价差异时应该参考风险和盈利增长这两个决定盈利倍数的关键要素。在评估被估值公司的风险状况时，估值方应该认识到风险来自各个方面，包括公司业务的性质、所处市场的情况、其在市场中的竞争地位、管理层和员工的能力以及资本结构和基金对公司变化的影响力。

➤ 缺乏流动性的影响

在考虑对报告的倍数进行调整时，估值方还应考虑被估值企业股份的流动性与在交易所有报价的企业之间的差异。由于存在缺乏流动性的风险，估值方应考虑潜在购买者对持有无市场报价股份所带来的额外风险。

对于没有报价的公司，很显然，那些无法控制或影响变现过程的股东所面临的缺乏流动性带来的风险比那些有足够股权来控制变现过程的股东所面临的风险更大。可以合理预期的是，潜在购买者会认为持有少数股权的风险比持有控制股权的风险更高。

➤验证

由于缺乏流动性的归属价值可能难以评估，对比为客观评估缺乏流动性的归属价值提供了一种方法。收购日的倍数应对比市场可比倍数。对于二者之间存在的差异（如有）应予以了解，类似的差异可能也会在以后的估值日存在。

例如，以下原因可能需要对可比倍数进行调整：

- 企业的大小和多元化，以及与之相应的对不良经济环境的抵抗力；
- 盈利增长率；
- 对少数关键员工的依赖程度；
- 产品种类的多样性；
- 客户群的多元化和质量；
- 负债水平；
- 任何导致盈利差异的其他原因；
- 股份缺乏流动性所带来的风险。

公允价值计量不应该包括与被评估工具（计量单元）不一致的溢价或者折价。会计准则里并不允许阻隔系数（Blockage Factors）存在。然而，民营企业投资者一般会考虑整体利益及与其他投资者一致行动的程度。必须利用个别事实与整体环境来评估市场参与者愿意为上诉提到的倍数的潜在调整支付的金额。

➢ 可比最近交易

确定合理倍数有时会参考近期类似公司出售的交易。某些时候有人认为这类交易涉及公司整体的转让，而倍数涉及"小份"股份的价格，因而这类交易提供了更为合理的倍数来源。然而，以下情况的出现通常会导致其不再适用：

- 缺乏前瞻性的财务数据和其他信息以识别和调整差异；
- 私有企业所报告的盈利数据的可信度和透明度偏低；
- 交易完成后所产生的时间价值；
- 声誉问题的影响，如环境、社会和治理报告（Environment，Social and Governance，ESG）和其他因素；
- 交易本身缺乏可信的定价信息。

在获得合理的倍数时，估值方需要判断是否仅参考某一个或某几个可比公司、有报价的股票市场或次级市场的盈利倍数。在某些特殊情况下，估值方可能认为股票市场的报价、次级市场的盈利倍数或"一篮子"可比公司的平均倍数都是可以接受的。

■可持续盈利／可持续收入

将倍数应用于可持续盈利时，估值方对盈利的可信度是否有把握很重要。虽然这可能导致估值方倾向于使用经审计的历史数据，而非未经审计或预测的数据，但是估值方必须认识到，从定义来看价值是一个前瞻性的概念，并且具有报价的市场也往往是基于"当期"或"预测的"倍数考虑其价值，而非"历史"倍数。此外，也有人认为动态环境中的估值应该反映可获得的最新信息。因此，估值方可获得的盈利数据的可信度（reliability）和关联性（relevance）之间存在矛盾关系。

与上述所讨论内容相似，将倍数应用于可持续收入时，估值方对收入的可信度是否可把握很重要。虽然这可能会导致估值方倾向于使用经审计的历史数据而非未经审计或预测的数据，但是估值方必须认识到，从定义来看价值是一个前瞻性的概念，且具有报价的市场更多是基于“当期”以及“预测”的倍数，而不是“历史”的数据。

此外，有一种观点认为估值应当在动态的环境中反映最新的可获得信息。由此估值方可以达到可靠性以及收入数据关联性之间的平衡。

综合而言，这仍然取决于估值方的判断。根据未来预期及倍数或者历史业绩及倍数的可用性和可信度，市场参与者预期应该专注于历史盈利或未来盈利数据。

不论使用哪一期的盈利数据，估值方应确信这些数据代表了对可持续盈利的合理估计，即需要根据特殊或偶发事项、非持续性活动和并购的影响以及对预期盈利的重大改变对盈利进行调整。若合适，这样的调整也应反映到来自比较企业的各项调整中。

3.5 行业估值基准（Industry Valuation Benchmarks）

> 3.5 行业基准估值只有在个别情况下才可以信赖，进而将其作为估算公允价值的主要基础。该方法更多用于验证其他估值方法得出的估值结果是否合理。

一些行业有其特定的估值基准，例如“每个床位的价格”（对养老院来说）及“每个用户的价格”（对有线电视公司来说）。还有一些行业，例如金融服务和信息技术领域以及长期合同较多的服务领域，以收入倍数作为估值基准。

这些行业估值基准通常假设投资人愿意为收入或市场份额付钱，并且这些行业中企业的正常盈利水平变化不大。

3.6 有报价的投资（Quoted Investment）

股权投资基金可能持有有报价的工具，这些有报价的工具存在一个有效市场价格。

> 3.6（i）存在活跃市场且有报价的工具的价值应该以其在估值日的买卖价格内最具代表性的价格进行评估。估值方对买卖价格内最具代表性的价格的评估应保持一致性。

对于只有一个市场报价的工具，应以最近一次交易价格作为估值基础。

对于其他在任一时间都存在两个市场报价的工具：做市商给出的较

低的买价及较高的卖价。前者是做市商愿意支付给投资持有者的价格（即投资人的出售价格），后者是预期投资者为获得投资的所有权所愿意支付的价格。另一个可以替代买价的选择（如果无法规要求）是市场中间价（即买价和卖价的平均价格），这被认为是买卖差价内最具代表性的价格。

如前所述，公允价值计量不应该包括与被评估工具（计量单元）不一致的溢价或者折价。会计准则里并不允许阻隔系数（Blockage Factors）存在。

> 3.6（ii）不应运用反映报告主体所持有资产规模（尤其是，因为市场日常交易量不足以满足该实体拟持有数量而导致资产交易价格调整的因素）的阻隔系数（Blockage Factors）。

如果市场不活跃，估值方应在市场报价基础上补充使用其他估值方法来评估公允价值。

> 3.6（iii）当证券本身，而非持有人，受到相关合同、政府或其他法规的限制，使投资工具流动性降低从而影响了市场参与者在估值日应付的价格，则活跃市场上报价可以使用折价的方法。

在决定折价程度时，估值方应该考虑购买方针对被估值的投资与不受限制的相同投资之间的差异可能支付的价格。

估值方可以考虑使用期权定价模型来评估该限制对变现价值的影响，然而，从实际应用来看，如果限制仅涉及有限的报告期，则只需对报价进行简单的折价处理。

所使用的折价应该合理地反映货币的时间价值及流动性降低所带来的风险。折价率取决于对预期波动的主观判断，预期波动在限制期末应为零。

3.7 标的企业的现金流或盈利折现（Discounted Cash Flows or Earnings（of the Underlying Business））

该估值方法通过计算未来现金流的现值（或预计未来盈利的现值）来估算企业的公允价值。现金流和“终值（terminal value）”是针对标的企业，而非投资本身。

现金流折现法很灵活，因为可应用于任何现金流（或盈利）。就股权投资估值而言，这种灵活性使得该估值方法适用于无法采用其他估值方法的情况。这种估值方法也可适用于处在巨大变化时期的企业（比如救济融资、扭亏为盈、战略性重新定位、亏损或初创阶段），但使用本估值方法存在重大的风险。

现金流折现法的劣势主要在于它要求预测具体的现金流、估计“终值”以及合理的风险调整后的折现率。所有这些都涉及大量主观判断，且所得到的现值通常对有关参数的细微变化很敏感。

会计准则要求的估值方法并没有层级之分。然而，由于该估值方法的主观性非常强，现金流折现法可用于交叉验证以市场为基础的估值方法得出的估值结果，一般不单独使用。

在评估该估值方法的合理性时，估值方应考虑是否在某些特殊情况下，该估值方法的劣势和敏感性会导致最终得出的公允价值缺乏可信度。

> 3.7　在使用标的企业现金流或盈利折现法估算投资的公允价值时，估值方应当：
>
> （i）使用合理的假设和预期现金流（或预期盈利）以及预计终值，以根据企业其内在风险进行适当调整后的折现率折现获得企业价值；
>
> （ii）通过调整剩余或非经营资产、超额负债、或有事项及相关因素对企业价值的影响得到被投资公司的调整后企业价值；
>
> （iii）从调整后企业价值中减去在清算时任何优先于基金所持有的金融工具所受偿的金额（例如将被支付的金额），并考虑任何可能稀释基金投资的工具的影响，以得到可归属的企业价值（Attributable Enterprise Value）；
>
> （iv）使用潜在市场参与者预期将可归属的企业价值适当分配至相关金融工具，评估市场参与者预期时需要做出判断。

3.8　投资现金流折现（Discounted Cash Flows（from the Investment））

该估值方法系将现金流折现的概念和做法应用于投资本身的预期现金流。

如果投资即将变现或标的企业即将上市，并且相关交易的价格已经基本确定，则投资的现金流折现法（或变现价值、上市价值的简单折现）可能是最合适的估值方法。

鉴于该方法的灵活性，其可以应用于所有股权投资的估值。该估值方法尤其适合评估债券或夹层债务等非股权投资金融工具的价值，因为这些金融工具的价值主要源于其特定的现金流及风险，而非标的企业的整体价值。

由于该估值方法依赖于大量主观判断，估值方采用该估值方法作为对股权投资公允价值的主要评估基础时，应当极为慎重。

该估值方法通常用于验证其他估值方法所得出的估值结果是否合理。

风险及补偿不同等级风险的投资回报率是所有股权投资的关键变量，因此在确定折现率时可以加以参考。

然而，预测整个投资期（除非变现是例外的情况）的具体现金流可能会降低股权投资的可信度和重要性，因此还需要估计投资的“终值”。

如果投资主要是股权或股权与其他金融工具的组合，终值主要取决于标的企业变现时预期价值。这通常需要对假定变现日的情况做出假设，包括未来业绩和发展、股票市场以及其他估值比率。对股权投资而言，这些假设的细微变化会对估值产生实质性的影响。对于非股权投资工具，终值往往是事先确定的，因而大幅提高了估值的可信度。

在无法预期投资变现的情况下，终值可以基于投资持有人的永续现金流。如果基金几乎没有能力影响变现的时间和/或有影响力的股东不愿变现，则上述情况可能发生（这在股权投资基金业内极为少见）。

➢ 即将实现的投资以及定价达成一致

如果即将实现投资或标的企业浮选价格即将实现并且相关交易的定价已基本达成一致，则采用折现现金流量（来自投资）这一估值方法（或作为简化计算，使用简单折扣预期的实现收益或浮选价格）可能是最合适的估值技术。

> 3.8　在使用投资现金流折现法估值时，估值方应使用合理的假设和估计以预计未来现金流、终值、变现日期和根据投资内在风险进行适当调整后的折现率。此估值方法一般用于与债务投资有类似性质的投资。

初始投资所使用的折现率随市场条件的变化而调整。

3.9 净资产（Net Assets）

本估值方法通过企业的资产净值来获得公允价值。

该估值方法适用于对企业价值主要来自其资产的公允价值而非盈利的业务，例如房地产公司或投资公司（如本指引“4. 基金权益估值”中所阐述的基金中的基金）。

这种估值方法亦适用于并非通过获取资产的适当回报且通过清算或出售资产获得更高的价值的业务。在股权投资基金行业，在某些情况下，该估值方法可能适用于对亏损或低盈利水平企业的投资进行估值。

> 3.9 在使用净资产法估算投资的公允价值时，估值方应当：
>
> （i）使用市场参与者预期估算企业的资产和负债（如适用，调整非经营资产、超额负债及或有资产和负债），以获取该公司的企业价值；
>
> （ii）从调整后企业价值中减去在清算时任何优先于基金所持有的金融工具所受偿的金额（例如将被支付的金额），并考虑任何可能稀释基金投资的工具的影响，以得到可归属的企业价值（Attributable Enterprise Value）；
>
> （iii）使用潜在市场参与者预期将可归属的企业价值适当分配至相关金融工具，评估市场参与者预期时需要做出判断。

4. 基金权益估值

4.1 总则

> 4.1 在估算某个基金权益的公允价值时，如果净资产值从相关投资的公允价值衍生，并且与基金权益估值方使用的估值日一致，除下列情况外，估值方应基于相关基金净资产值（NAV）可归属于基金投资者部分进行估值：
>
> （i）如果基金权益交易活跃，其公允价值为活跃的交易价格；
>
> （ii）如果管理层已做出决策出售基金权益或其中一部分，出售价格并不等于 NAV，此时公允价值应为预期出售价格。

基金中的基金以及股权投资基金投资者必须定期估算其在标的基金中的权益，以满足其财务报告的需要。从过往基金经理（Manager）所报告的情况来看，投资公允价值所获得的净资产值（NAV）被用作估算在标的基金[①]中的权益的公允价值。如4.1（i）所述，如果基金权益交易活跃，其公允价值为活跃的交易价格。

从最基本的层面来说，基金权益的公允价值相当于预计所有标的投资在估值日变现的价值总和。该等变现的资金流向投资者的数额相当于NAV的数值。因此，当NAV衍生成为基础底层投资的公允价值时以及作为经调整的激励支付时，NAV可以最好地反映投资者在计量日所能收到的现金流，从而清楚地了解基金所占利益的价值。这特别适用于封闭式基金的投资，因为在投资变现时，封闭式基金投资人通过出售标的投资公司获得现金回报。

作为基金的投资人，只有证据表明基金经理所报告的NAV是使用合适的公允价值准则并且经过完善的处理后得出，才可以信赖基金经理提供的NAV数值。一般情况下，可以通过初期尽职调查、持续性监督、对财务报告的审阅以及投资者对被投资基金的管理等方面收集有关公允价值估值方法、程序以及一致性的证据。

因此，严格遵循公允价值准则及本指引所确定的NAV，提供了估算基金权益的公允价值的最佳估计。

4.2 对净资产值的调整

> 4.2. 如果估值方确定所报告的NAV可以作为估值的合理的起点，有必要在估值日可获得的最佳信息的基础上进行调整。虽然估值方可以向基金经理了解其公允价值估算程序和机制，但估值方仍需要遵循合理的流程和相关控制，以保证估值方能够对所获得的估值进行评估和了解。如果NAV并不是从相关投资的公允价值衍生而来，且/或与基金权益估值方使用的估值日不一致，估值方则需评估差异是否重大到需要调整报告的NAV。

可能会导致需要对所报告的NAV进行调整的因素包括：

① FASB ASC第820号（820 10－15 4和820 10－35－59至62）规定在一定条件下允许使用NAV的方法来评估公允价值：a. 投资于基金（会计准则汇编第946号）；b. 基础投资在评估日是按照公允价值计量的。国际财务报告准则并没有进一步指导如果使用NAV如何计量在基金中的权益的公允价值。一般来说，在国际财务报告准则中，NAV被用作估值起点，由估值方评估报告的净资产是否符合公允价值原则。

- 基金 NAV 的报告日与估值方实体的报告日之间有重大时间差。这可能会由于以下因素而加剧：
  - 基金做出更多的投资或获得变现；
  - 估值方获知期后发生的被投资企业公允价值的变化；
  - 市场变化或其他经济环境变化对基金投资组合的价值产生影响。
- 充分且透明的常规二手交易的信息。
- 基金 NAV 对潜在的业绩报酬和收益分成的适当确认。
- 列入 NAV 的免除的管理费。
- 赎回条款的影响。
- 基金协议中约定的任何可能影响分配的但未在 NAV 中体现的条款。
- 普通合伙人（GP）对同一公司和相同证券的估值存在重大差异。
- 其他可能影响基金价值的因素和情况。

NAV 应调整为将所有被投资公司在报告日变现时基金权益持有人将会收到的现金。

4.3 二手交易

> 4.3 如果权益的估值方知道该基金的二手交易的相关条款，并且该交易被认为是常规性的，则估值方应考虑将该交易价格作为确定公允价值的要素之一。

股权投资基金很少有二手交易。基金的外部市场交易较为少见、不透明并且很少有相关信息。二手交易的价格是谈判决定的，受公允价值之外的其他因素影响且通常基于唯一的交易对手的假设和对回报的预期。此外，特定的交易信息可能是非常规的并且可获得的定价数据可能已过期。

如果股权投资基金的投资人决定出售其在该基金的权益，则已知的常规二手交易数据可能是确定公允价值的有利证据。

任何二手交易价格的使用都涉及重要的判断。当存在常规但不活跃的二手交易价格时，此时应加强其他评估的投入，通常来讲为净资产值 NAV。

4.4 折现现金流量

当估值方决定不使用或者不能使用NAV作为公允价值评估的始点且常规二手交易信息也不可获取时，评估基金权益的主要估值方法就是对基金未来的现金流量进行折现现金流量分析。考虑到折现现金流量的主观性，实务中并不期望经常使用DCF作为替代方法。

第三章 应用指引

引言

第二章阐述了股权投资和创业投资最佳估值实践的指引和原则。本章进一步对这些原则和方法在应用于特定案例时做出实践指引。

5. 特别考虑

5.1 内部融资（Insider Funding Rounds）

融资的价格可能是融资日公允价值的明显指标。在使用近期投资价格法时，估值方应该考虑融资时可能使融资价格作为公允价值的明显指标的可信度降低的特定情况。

如果新一轮的融资只涉及标的企业的现有投资者，融资的比例与投资者对现有投资（内部融资“insider round”）的占比相同，这种情况下的交易可能降低对是否以公允价值进行交易的要求。估值方需要评估交易是否经过合理协商并合理反映了当时的企业价值。

尽管如此，如果现有投资者的定价所依据的估值低于前一个报告日所报告的价值（内部低价融资“insider down round”），这可能意味着价值的下降，估值时亦应该予以考虑。

内部低价融资可能以不同的形式进行，包括公司重组，即公司普通股本的重大改变，例如将所有外部流通股转换成内部普通股权，将外部流通优先股合并成较少数量的股份（股份合并），或者甚至在增资前取消所有外部流通股。

需要指明的是，公司董事会负有从公司利益最大化出发，以公允价值确定新发行股份价格的法律责任。

5.2 问题市场（Distressed Market）

对于可能获得交易数据的某些市场，可能被估值方认定为“问题市场”。问题市场并不意味着该市场中的所有交易都属于问题交易或无效交易而不能将其用来进行比较，而是个别交易可能是有问题的。在这种情况下，需要通过主观判断来确认单个交易是否属于问题交易，是否反映了其公允价值。

在考虑某个交易是否属于问题交易或被迫进行的（如非有序的），估值方应当考虑以下方面：

- 对交易的法律要求，例如监管上的要求；
- 即时出售资产的必要性且没有足够的时间对所出售资产进行营销；
- 由于法律或时间的约束导致只有单一的潜在购买人；
- 出售方已经破产或被接管，或者即将破产或被接管；
- 没有在市场中进行适当的揭示以进行常规和惯例性的市场营销活动；
- 市场参与者考虑相同或类似资产的交易后，认为此交易异常。

确认某个交易属于问题交易或该交易仅是对当前问题市场状况的反映，需要运用主观判断。

5.3 优先级金融工具（Higher Ranking Instruments）

许多收购安排中包含优先于基金权益的第三方债务，在估计可归属的企业价值时应该从调整后企业价值中扣减这部分债务。

对某些交易来说，这种债务工具交易活跃，并且可以由被投资公司或基金以票面金额折现后的价格买入。

在计算可归属的企业价值时，估值方应从企业价值中扣除估值日清偿该债务所需支付的金额。因为该债务通常在被投资公司出售时偿付，而股权投资行业的市场参与者也认为，企业价值是以估值日出售的价值作为基础估算，所以通常以票面金额计算应清偿的债务。

当债务必须在标的企业出售时偿付，市场参与者可能认为债务的公允价值等于债务的票面金额（或偿付金额），以判断权益的公允价值。需要指明的是，若该项债务是一项独立投资，市场参与者在判断债务工具的公允价值时，将考虑风险、票面利率、预计偿付时间及其他市场条件。此时债务投资的公允价值通常不等于其账面价值。

如果债务以票面金额折现后的价格进行交易，折价部分一般不从企业价值中扣除，除非被投资公司或基金已经以该价格买入该债务，并且意图取消该债务而不是以票面金额偿付。

5.4 过桥融资（Bridge Financing）

基金或相关主体可能会给等待新一轮融资的标的企业提供贷款

（过桥融资）。这可能是基于基金在初始投资时或是在计划的后续投资之前的预期。

如果是初始投资，基金尚未持有标的企业的其他投资，过桥贷款应该单独估值。在这种情况下，如果预计标的企业将在适当的时间进行融资并且该过桥贷款仅仅是为了保证资金提前到位，则成本是衡量公允价值的最佳指标，除非市场或企业存在公允价值与成本并不相符的特殊情况。

如果预计公司很难安排融资，并且其可行性值得怀疑，则估值方应该重新评估公允价值。

如果过桥融资是作为后续投资向现有的被投资公司提供，则过桥融资应该与原有投资一起进行估值。估值应当等于市场参与者进行包括原有投资、后续投资在内的全部投资时，相应份额的价值。

5.5 夹层贷款（Mezzanine Loans）

夹层贷款是普遍使用的债务融资性投资的一种。它们的优先级一般次于优先债，但排在股东贷款或股权之上，其利率与贷款人承担的风险水平相当，并且可能带有额外的增值特征，如认股权证。

夹层贷款通常是股东以外的其他方提供的，可能是基金在该标的企业中持有的唯一投资工具。在这种情况下，夹层贷款应独立进行估值。夹层贷款发放日的价格是当时公允价值的可靠指标。

估值方应当考虑是否存在标的企业价值下降的征兆，即贷款将无法全部收回。估值方还应考虑现行所要求的收益率是否有发生变化的迹象，即贷款的价值是否已经发生变化。

持有人对夹层贷款进行交易的市场机会较少。一些中介机构定期为该类贷款提供报价，但是并非总是以该报价进行交易。估值方应该考虑交易价格是否合理地反映了其公允价值。如果估值方已了解第三方来源提供的报价或价格是如何确定的以及其在何种程度上是相关和可行的，则允许使用此类价格来确定公允价值。估值方应了解信息的来源，了解其输入和所采用的假设以及报价是否具有约束力。

由于可以较为准确地预测夹层贷款的现金流，所以对于夹层贷款一般通过现金流折现法进行估值。

夹层贷款所附的权证应该与贷款分开考虑。估值方应当选择合适的方法对标的企业进行估值并且考虑已行权权证部分对估值的影响。

如果权证的头寸很大，估值方可以考虑运用期权和权证定价模型进行估值。

如果夹层贷款是基金在标的企业中持有的投资工具之一，则夹层贷款及任何附带的权证应该作为总投资的一部分进行估值，估值应当等于市场参与者进行总投资时相应份额的价值。依据基金持有的投资的情况和市场环境的不同，夹层贷款的公允价值可能等于控制权发生变更时必须偿付的贷款账面价值。

5.6 累积贷款利息（Rolled up Loan Interest）

股权投资普遍使用的许多金融工具都是在赎回时将累计的利息以现金收回（例如，低折扣债券（Deep Discount Debentures）或付清票据（Payment - in - Kind Notes））。

对这类工具进行估值时，估值方应评估该类工具的可收回金额现值。对可收回金额的考虑包括任何合理预期的增值因素，例如利率的逐步上升。

在典型的融资方案（financing package）中，无法将其与标的股权投资分开而将其作为出售时交易的一部分。

预计可收回金额（如果超过原始成本）的差异应该在票据预计期限内分摊，进而得到稳定的投资回报率。

5.7 参考报价（Indicative Offers）

第三方所给出的标的企业的参考报价可能是公允价值的一种好的体现。这适用于对标的企业部分或整体报价，也适用于如债务或股权再融资等其他情形。

然而，在使用参考报价作为公允价值的依据前，估值方应考虑价格报价方的动机。参考报价可能因多种原因故意设定为高价，包括公开议付、公司准入或者参考报价基于严格的限定条件或未来事件的发生。

同样，在报价方认为卖方可能被迫出售或者拟以牺牲其他低流动性股东的利益来增加自身的股权时，参考报价也可能故意设定为低价。

此外，参考报价可能是在没有充分的详细信息进行验证的情况下做出。

估值方应该考虑这些动机的影响，但仍然难以得出绝对的结论。

因此，一般情况下参考报价可以为其他估值方法得出的估值提供有用的补充支持，如果单独用于估值是不充分的。

5.8 重组的影响（Impacts from Structuring）

股权投资的重组往往很复杂，各股东拥有不同的权利，这些权利可以增加或降低其所持有权益的价值，这取决于标的企业是成功还是失败。

估值需要考虑未来投资结构变化所带来的影响，这可能对投资的公允价值具有重大影响。这种潜在影响可能存在几种不同的法律形式，并且可能是由基金所选择的、在某些事件发生时自动发起，或由另一方选择发起。常见的条款包括但不限于：

- 股票期权和权证；
- 反稀释条款；
- 棘齿条款；
- 可转债；
- 优先清算；
- 承诺的内含报酬率（guaranteed IRR）；
- 后续资本投资的承诺。

估值时应该对这些权利定期进行审查，以评估它们是否有可能被行权以及对基金投资估值的影响。在每个估值日，估值方应确定这些权利是否有可能被行权。

在评估股东是否有可能行权时，估值方可以仅限于对行权所获得的价值与行权成本进行比较。如果行权得到的价值超过行权的成本，估值方应该假定股东会行权。

公允价值的评估基础应该考虑所有现行可以行使的权利以及有可能被行权（比如期权）或者在某些事件发生后自动行权（如变现时的优先清算或以价值为基础的棘齿条款）的影响。

此外，估值时还应该考虑行权价格是否会导致被投资公司产生现金盈余。

尽管如前所述，在考虑优先清算的影响时，估值方评估应包括在该等优先权下基金获得其全部合同权利的可能性。实际上可能无法获得优先权的全部价值，尤其是在可能导致其他与出售过程关系密切的投资者（如持续的管理团队）所获得的投资价值大幅减少的情况下。

5.9 合同权利（Contractual Rights）

考虑基于未来事项的额外收益，正逐渐成为出售投资时投资者采用的一项策略。标的企业出售时，能够取得一部分收益，未来可能收到额外收益。未来收益的合同权利可能十分重大，企业重大的潜在价值取决于未来事件的结果，对充满不确定性的交易尤其如此。未来收益的合同权利通常被称为“或有对价”（contingent consideration）。

进行股权交易时，合同中包含未来收益能够使出售方以考虑了其认为未来有可能实现且有价值的业绩后，以公允的价格进行交易。对于购买方而言，在未来事项确定前，延迟支付合同权利对应价值能够保护购买方的利益。

由于对会计准则的解读不同，对“或有利得”（gain contingencies）的会计处理也不尽相同，合同权利的公允价值（或有利得）尚未被纳入基金公司的财务报表或相关附注。但是，在股权投资或创业投资当中，出售含有潜在未来报酬的投资符合相关合同的惯例，且符合金融工具的定义。换言之，出售过程中产生了合同权利。合同权利本身是确定的，未来报酬可能由于未来发生的事件及其结果而变动。很大程度上，这与在标的公司拥有所有权相同；所有权带来的未来现金流量取决于未来事件（即具有不确定性）。这一概念同样适用于权证或期权。权证和期权的最终价值取决于未来事件，因而具有不确定性。为避免混淆及对会计准则的错误应用，以法律形式表述“或有对价”更加合适，即拥有对于未来收益的“合同权利”（contractual right）。

基于合同权利的特点，使用收入法（折现现金流）评估其公允价值最为合适。这就要求评估预期现金流量及恰当选择折现率。评估不同情况下及时偿付的概率可以简单地估计预期现金流。有些市场参与者可能会使用其他估值方法来判断预期现金流的价值。

现金流量假设应当包括，估计实现特定情况的多种不同结果的可能性和时间，以评估为实现特定情况做出的各种假设。关键是分析可能导致实现或不能实现特定情况的各种因素。评估方应当识别用以支持假设的数据来源。现金流量的分析通常可以较为简单，但分析当中应当包括合同权利，尤其当未来事项实现的概率较低或者未来收益的金额较小时。如上文所述，虽然合同权利的会计处理不尽相同（在财务报表中确认为一项资产或者在财务报表附注中披露），但投资者通常都需要估值方估计合同权利或者或有利得的公允价值。

5.10 非控股投资（Non – Control Investments）

如本指引2.4所述，被投资公司的企业价值通常是确定公允价值的起点。这是因为投资者或者拥有控制权，或者与其他投资者共同投资（并共同拥有控制权），因此他们出售企业所获得的退出价值是最大的。[①]

在特定的某些有限的情况下，估值单位可能不是整体企业。这可能是由于存在非控股或少数股东，并且控股股东利益与非控股股东或少数股东利益不一致的情况。在这种特殊的情况下，通过出售企业可能无法使价值最大化，且/或控股股东可能无意或无须出售企业。

在这种情况下，计算公允价值时假设市场参与者是少数股东权益的假设买方，而非整个企业的假设买方。若少数股东将在企业没有出售的情况下将股权出售给市场参与者，那么用于确定公允价值的估值技术将反映该情景下潜在市场参与者购买者的估值情况。在某些情况下，市场法可能适用，但在其他情况下，收入法可能更适当。

如果单独使用收入法（折现现金流量）或与市场法相结合使用，则需要估计未来经济利益并采用适当的折现率将其折现。待折现的未来经济利益通常是归属于被估价资产的定期现金流量，但在特定情况下也可采取其他形式。例如，在出售投资的合约中包括看跌期权而产生的未来某一特定时间的一次性付款（无论是否在期间，无论是否产生现金流量）。公允价值将代表市场参与者在非控股少数股东权益的有序交易中支付的金额。

5.11 数学模型（Mathematical Models/情景分析（Scenario Analysis））

与衍生品和债券市场不同，期权定价模型未在股权投资市场得到广泛应用。市场参与者很少使用此类数学模型确定投资的交易价格。但是，对于某些早期投资，期权定价模型（Option Pricing Model，OPM）或加权期望收益法（Probability – expected Weighted Return Models，PWRM）能够为公允价值提供可靠参考，其中可以获得预期有限数量的离散结果。

如果市场参与者使用数学模型或情景分析确定早期（收入前，盈利前）企业的价值，则在确定公允价值时考虑这种估值技术是适当的。

① 就本指引而言，控制权不应解释为在会计合并规则的定义。本指引的前提是投资实体和投资公司的所有投资均以公允价值报告。本指引中提到的控制权是指能够在投资日期出售投资组合公司或投资的实体。

例如，企业价值可以通过将概率分配给价值增加（未来上升），价值保持不变（未来平整），价值减少（未来下降）和价值侵蚀（零回报）来估算，同时考虑股权稀释（若有），然后使用适当的加权平均资本成本将未来的融资事件贴现到计量日。接着，再次使用所估计的概率，将企业价值以对各个情景有利的方式（如清算或退出）分配至单个证券。

5.12　总结部分

公允价值采用市场参与者假设来确定。对于某些特定投资，公允价值通过累计加总各个业务部分的公允价值来确定。该方法可适用于具有截然不同业务部分的标的企业，市场参与者将应用不同的指标来评估每个部分。在这种情况下，确定每个部分的公允价值然后汇总这些值以确定整体公允价值可能是适当的。

定义

▶活跃市场

当市场持续存在公平市场交易，并且有充足的交易量和交易频率以持续地确定交易的价格，则该市场被认定为活跃市场。

▶活跃交易投资

在活跃市场进行交易的金融工具。需要判断交易的活跃度是否符合这一标准。

▶调整后企业价值

调整后企业价值是指根据市场参与者可能考虑的因素进行调整后的企业价值。这些因素包括但不限于：剩余资产、超额负债、或有事项及其他相关因素。

▶可归属企业价值

可归属企业价值是指归属于基金所持有的所有金融工具的调整后企业价值，以及该实体中排列在该基金最高排名投资工具之下的金融工具的企业价值。

▶回溯测试

使用可观察价值评估于较早的计量日的公允价值的过程。可观察价值是指出售、流动性事件（如首次公开发行募股）或其他事实上重大变化（如关于投资或相关投资）等事件。

▶阻隔系数

当某项证券在其交易场所的日常交易量不足以满足基金拟持有数量时，阻隔系数将以折价或溢价的方式调整证券交易报价。美国公认会计准则和国际财务报告准则不允许使用阻隔系数的概念。

▶廉价或被迫交易

强制清算或廉价出售（即被迫交易）不是一种有序交易，不应以该类交易价格作为公允价值。企业需要根据自己的判断来认定某项交易是否属于被迫或廉价交易。

▶企业

通过债权人借出的债务和股东投入的资本进行运营的盈利性公司。

▶企业价值

企业价值是指代表某企业所有者权益的金融工具的价值加上该企业债权或债权相关负债的价值，减去用于偿还债务的现金或现金等价物价值后的金额。

▶公允价值

公允价值指在估值日假设市场参与者考虑当前市场条件进行有序交易的资产出售价格。

▶基金或股权投资基金

本估值指引中基金或股权投资基金泛指投资于所有阶段（从创业企业到大型收购）的任何指定的基金，包括法人实体、有限合伙企业以及其他投资机构所持有的基金。

▶基金中的基金

本估值指引中基金中的基金泛指股权投资基金所投资的基金。

▶被投资公司

被投资公司指基金直接投资的某个企业或企业组合。

▶投资

投资指基金持有的被投资公司的各类金融工具。

▶流动性

流动性是衡量资产转换为现金的难易程度的指标。流动性强的资产可以很容易地转换为资产；流动性弱的资产转换为现金比较困难。流动性代表了金融工具在必要时可以被出售的速度及难易程度。

▶市场参与者

在主要（或最有利）市场交易资产的，有如下特征的买方和卖方称作市场参考者：

a. 彼此互相独立；

b. 熟悉交易情况；

c. 可以自由交易；

d. 有交易意愿，即非强迫进行交易。

▶可变现期间

影响一项交易或投资出售所需要的时间。会计准则要求只有当可变现期间的开始日远早于估值日，才能认为确定公允价值的交易发生在估值日。因此，在确定公允价值时，会计准则不允许对可变现期间进行折算。

▶估值日

估值日，指计算估值的当日，相当于报告日。

▶最有利市场

在考虑交易成本和运输费用之后，能够使出售资产取得的金额最大化的市场为最有利市场。

▶净资产值

基金的净资产值是基于基金所投资的被投资公司及其他资产和负债的公允价值估算的归属于该基金投资者的价值。

▶有序交易

有序交易允许在估值日之前一定的期间内在市场上对涉及该资产的交易进行常规的营销；有序交易不是被迫交易。

▶投后货币价值

投资完成后公司的价值为投后货币价值。该项所指的投后货币价值是按投资的货币金额除以投资中获得的股权计算的。

▶主要市场

潜在资产销售交易量最大和活跃度最高的市场是主要市场。

▶有报价的工具

有报价的工具是可以定期从交易所、交易商、经纪商、行业协会、定价服务机构或监管机构处获得报价，并且该等报价代表了常规市场交易的价格的工具。

▶变现

变现是指一项投资整体或部分被出售、赎回或偿还；或某个被投资公司破产并且预计不会有重大的回报。

▶二手交易

二手交易指持有非上市或非流动权益的持有人将其在该基金中的权益向他人进行转让的交易。

▶无报价的工具

无报价的工具是指有报价的工具之外的其他金融工具。

▶标的企业

标的企业指基金直接或通过一系列特殊控股公司投资的运营实体。

▶计量单元

计量单元是为公允价值确认目的而规定的，反映某项资产汇总或分解的程度。计量单元由单独的会计准则界定，并遵从其相应的解释。由于公允价值会计准则致力于反映理性行为和市场参与者的观点，本估值指引通常以市场参与者的视角评估资产汇总或分解的程度。例如，对于会计准则可做多种解释的地方，如果市场参与者将会购买非上市公司的一部分股权，而不是关注于个别股份，则计量单元应当是其购买的全部股权。但是，如果会计准则明确定义了计量单元，应当遵从会计准则的规定。

▶估值方

估值方是直接负责对基金或基金中的基金的某个或某些投资进行估值的机构或个人。

第五部分

附　录

附录1 股权投资相关法律法规、行业规则列表[①]

附表1 法律和行政法规

文件名称	文号	发文单位	实施时间
中华人民共和国中小企业促进法	中华人民共和国主席令第七十四号	第十二届全国人民代表大会常务委员会	2018年1月1日
中华人民共和国外资企业法	中华人民共和国主席令第五十一号	第十二届全国人民代表大会常务委员会	2016年10月1日
中华人民共和国中外合资经营企业法	中华人民共和国主席令第五十一号	第十二届全国人民代表大会常务委员会	2016年10月1日
中华人民共和国资产评估法	中华人民共和国主席令第四十六号	第十二届全国人民代表大会常务委员会	2016年12月1日
中华人民共和国证券投资基金法	中华人民共和国主席令第二十三号	第十二届全国人民代表大会常务委员会	2015年4月24日
中华人民共和国保险法	中华人民共和国主席令第二十六号	第十二届全国人民代表大会常务委员会	2015年4月24日
中华人民共和国证券法	中华人民共和国主席令第十四号	第十二届全国人民代表大会常务委员会	2014年8月31日
中华人民共和国公司法	中华人民共和国主席令第八号	第十二届全国人民代表大会常务委员会	2014年3月1日
中华人民共和国个人所得税法	中华人民共和国主席令第四十八号	第十一届全国人民代表大会常务委员会	2011年9月1日
中华人民共和国企业国有资产法	中华人民共和国主席令第五号	第十一届全国人民代表大会常务委员会	2009年5月1日
中华人民共和国企业所得税法	中华人民共和国主席令第六十三号	第十届全国人民代表大会	2008年1月1日
中华人民共和国物权法	中华人民共和国主席令第六十二号	第十届全国人民代表大会	2007年10月1日
中华人民共和国合伙企业法	中华人民共和国主席令第五十五号	第十届全国人民代表大会常务委员会	2007年6月1日

① 本部分由高晶晶、霍荣、谌家军编辑整理。

续表

文件名称	文号	发文单位	实施时间
中华人民共和国企业破产法	中华人民共和国主席令第五十四号	第十届全国人民代表大会常务委员会	2007 年 6 月 1 日
中华人民共和国信托法	中华人民共和国主席令第五十号	第九届全国人民代表大会常务委员会	2001 年 10 月 1 日
中华人民共和国合同法	中华人民共和国主席令第十五号	第九届全国人民代表大会	1999 年 10 月 1 日
国务院关于强化实施创新驱动发展战略进一步推进大众创业万众创新深入发展的意见	国发〔2017〕37 号	国务院	2017 年 07 月 27 日
国务院关于推进国有资本投资、运营公司改革试点的实施意见	国发〔2018〕23 号	国务院	2018 年 07 月 14 日
国务院关于促进创业投资持续健康发展的若干意见	国发〔2016〕53 号	国务院	2016 年 9 月 20 日
国务院关于印发推进普惠金融发展规划（2016—2020 年）的通知	国发〔2015〕74 号	国务院	2016 年 1 月 15 日
国务院关于国有企业发展混合所有制经济的意见	国发〔2015〕54 号	国务院	2015 年 9 月 24 日
国务院关于加快构建大众创业万众创新支撑平台的指导意见	国发〔2015〕53 号	国务院	2015 年 9 月 26 日
国务院关于大力推进大众创业万众创新若干政策措施的意见	国发〔2015〕32 号	国务院	2015 年 6 月 16 日
国务院关于创新重点领域投融资机制鼓励社会投资的指导意见	国发〔2014〕60 号	国务院	2014 年 11 月 26 日
国务院关于扶持小型微型企业健康发展的意见	国发〔2014〕52 号	国务院	2014 年 11 月 20 日
国务院关于进一步促进资本市场健康发展的若干意见	国发〔2014〕17 号	国务院	2014 年 5 月 8 日
国务院关于进一步优化企业兼并重组市场环境的意见	国发〔2014〕14 号	国务院	2014 年 3 月 24 日
国务院关于印发注册资本登记制度改革方案的通知	国发〔2014〕7 号	国务院	2014 年 2 月 7 日
国务院关于开展优先股试点的指导意见	国发〔2013〕46 号	国务院	2013 年 11 月 30 日
国务院关于进一步支持小型微型企业健康发展的意见	国发〔2012〕14 号	国务院	2012 年 4 月 19 日
国务院批转发展改革委关于 2012 年深化经济体制改革重点工作意见的通知	国发〔2012〕12 号	国务院	2012 年 3 月 18 日

续表

文件名称	文号	发文单位	实施时间
中华人民共和国个人所得税法实施条例	中华人民共和国国务院令第 600 号	国务院	2011 年 9 月 1 日
国务院关于加快培育和发展战略性新兴产业的决定	国发〔2010〕32 号	国务院	2010 年 10 月 10 日
国务院关于促进企业兼并重组的意见	国发〔2010〕27 号	国务院	2010 年 8 月 28 日
国务院关于鼓励和引导民间投资健康发展的若干意见	国发〔2010〕13 号	国务院	2010 年 5 月 7 日
国务院关于进一步做好利用外资工作的若干意见	国发〔2010〕9 号	国务院	2010 年 4 月 6 日
外国企业或者个人在中国境内设立合伙企业管理办法	中华人民共和国国务院令第 567 号	国务院	2010 年 3 月 1 日
国务院关于进一步促进中小企业发展的若干意见	国发〔2009〕36 号	国务院	2009 年 9 月 19 日
中华人民共和国外汇管理条例	中华人民共和国国务院令第 532 号	国务院	2008 年 8 月 5 日
中华人民共和国企业所得税法实施条例	中华人民共和国国务院令第 512 号	国务院	2008 年 1 月 1 日
中华人民共和国合伙企业登记管理办法	中华人民共和国国务院令第 497 号	国务院	2007 年 6 月 1 日
中华人民共和国公司登记管理条例	中华人民共和国国务院令第 451 号	国务院	2006 年 1 月 1 日
国务院关于鼓励支持和引导个体私营等非公有制经济发展的若干意见	国发〔2005〕3 号	国务院	2005 年 2 月 19 日
国务院关于推进资本市场改革开放和稳定发展的若干意见	国发〔2004〕3 号	国务院	2004 年 1 月 31 日
国务院关于修改〈中华人民共和国中外合资经营企业法实施条例〉的决定	中华人民共和国国务院令第 311 号	国务院	2001 年 7 月 22 日
中华人民共和国外资企业法实施细则	中华人民共和国国务院令第 301 号	国务院	2001 年 4 月 12 日
国务院关于进一步加强在境外发行股票和上市管理的通知	国发〔1997〕21 号	国务院	1997 年 6 月 20 日
国务院关于股份有限公司境外募集股份及上市的特别规定	国务院令第 160 号	国务院	1994 年 8 月 4 日
国务院办公厅关于建设第二批大众创业万众创新示范基地的实施意见	国办发〔2017〕54 号	国务院办公厅	2017 年 06 月 21 日
国务院办公厅关于进一步激发社会领域投资活力的意见	国办发〔2017〕21 号	国务院办公厅	2017 年 03 月 16 日

续表

文件名称	文号	发文单位	实施时间
国务院办公厅关于建设大众创业万众创新示范基地的实施意见	国办发〔2016〕35 号	国务院办公厅	2016 年 05 月 12 日
国务院办公厅关于加快众创空间发展服务实体经济转型升级的指导意见	国办发〔2016〕7 号	国务院办公厅	2016 年 02 月 18 日
国务院办公厅转发财政部发展改革委人民银行关于在公共服务领域推广政府和社会资本合作模式指导意见的通知	国办发〔2015〕42 号	国务院办公厅	2015 年 05 月 22 日
国务院办公厅关于发展众创空间推进大众创新创业的指导意见	国办发〔2015〕9 号	国务院办公厅	2015 年 03 月 11 日
国务院办公厅关于多措并举着力缓解企业融资成本高问题的指导意见	国办发〔2014〕39 号	国务院办公厅	2014 年 8 月 5 日
国务院办公厅关于进一步加强资本市场中小投资者合法权益保护工作的意见	国办发〔2013〕110 号	国务院办公厅	2013 年 12 月 27 日
国务院办公厅关于金融支持小微企业发展的实施意见	国办发〔2013〕87 号	国务院办公厅	2013 年 8 月 12 日
国务院办公厅关于金融支持经济结构调整和转型升级的指导意见	国办发〔2013〕67 号	国务院办公厅	2013 年 7 月 5 日
国务院办公厅转发发展改革委等部门关于加快培育国际合作和竞争新优势指导意见的通知	国办发〔2012〕32 号	国务院办公厅	2012 年 5 月 24 日
国务院办公厅关于建立外国投资者并购境内企业安全审查制度的通知	国办发〔2011〕6 号	国务院办公厅	2011 年 2 月 3 日
国务院办公厅印发贯彻落实国务院关于进一步做好利用外资工作若干意见部门分工方案的通知	国办函〔2010〕128 号	国务院办公厅	2010 年 8 月 18 日
国务院办公厅关于鼓励和引导民间投资健康发展重点工作分工的通知	国办函〔2010〕120 号	国务院办公厅	2010 年 7 月 22 日
国务院办公厅转发发展改革委等部门关于促进自主创新成果产业化若干政策的通知	国办发〔2008〕128 号	国务院办公厅	2008 年 12 月 15 日
国务院办公厅关于当前金融促进经济发展的若干意见	国办发〔2008〕126 号	国务院办公厅	2008 年 12 月 8 日
国务院办公厅转发发展改革委等部门关于创业投资引导基金规范设立与运作指导意见的通知	国办发〔2008〕116 号	国务院办公厅	2008 年 10 月 18 日

续表

文件名称	文号	发文单位	实施时间
国务院办公厅转发国资委关于推进国有资本调整和国有企业重组指导意见的通知	国办发〔2006〕97号	国务院办公厅	2006年12月5日
国务院办公厅关于做好贯彻实施修订后的公司法和证券法有关工作的通知	国办发〔2005〕62号	国务院办公厅	2005年12月23日

附表 2 部门规章

部门	文件名称	文号	发文单位	实施时间
发改委	《外商投资产业指导目录（2017 年修订）》	中华人民共和国国家发展和改革委员会中华人民共和国商务部令第 4 号	国家发展改革委、商务部	2017 年 6 月 28 日
	国家发展改革委关于印发《传统基础设施领域实施政府和社会资本合作项目工作导则》的通知	发改投资〔2016〕2231 号	国家发展改革委	2016 年 10 月 24 日
	国家发展改革委关于切实做好传统基础设施领域政府和社会资本合作有关工作的通知	发改投资〔2016〕1744 号	国家发展改革委	2016 年 8 月 10 日
	国家发展改革委办公厅关于发挥政府出资产业投资基金引导作用推进市场化银行债权转股权相关工作的通知	发改办财金〔2017〕1238 号	国家发展改革委办公厅	2017 年 7 月 15 日
	国家发展改革委办公厅关于开展 2016 年度备案创业投资企业年检工作的通知	发改办财金〔2016〕1791 号	国家发展改革委办公厅	2016 年 8 月 5 日
	国家发展改革委办公厅关于印发《各地促进民间投资典型经验和做法》的通知	发改办投资〔2016〕1722 号	国家发展改革委办公厅	2016 年 7 月 25 日
	财政部发展改革委关于进一步共同做好政府和社会资本合作（PPP）有关工作的通知	财金〔2016〕32 号	财政部 发展改革委	2016 年 5 月 28 日
	《承担国家发展改革委委托投资咨询评估任务的咨询机构名单》	国家发展和改革委员会公告 2015 年第 30 号	国家发展改革委	2015 年 11 月 27 日
	国家发展改革委关于印发委托投资咨询评估管理办法（2015 年修订）的通知	发改投资〔2015〕1761 号	国家发展改革委	2015 年 7 月 31 日
	关于进一步鼓励和扩大社会资本投资建设铁路的实施意见	发改基础〔2015〕1610 号	国家发展改革委、财政部、国土资源部、银监会、国家铁路局	2015 年 7 月 10 日
	外商投资产业指导目录	国家发展和改革委员会、商务部令 2015 年第 22 号	国家发展改革委、商务部	2015 年 4 月 10 日
	关于鼓励和引导社会资本参与重大水利工程建设运营的实施意见	发改农经〔2015〕488 号	国家发展改革委、财政部、水利部	2015 年 3 月 17 日
	国家发展改革委国家开发银行关于推进开发性金融支持政府和社会资本合作有关工作的通知	发改投资〔2015〕445 号	国家发展改革委、国家开发银行	2015 年 3 月 10 日

续表

部门	文件名称	文号	发文单位	实施时间
发改委	国家发展改革委、中央编办关于一律不得将企业经营自主权事项作为企业投资项目核准前置条件的通知	发改投资〔2014〕2999号	国家发展改革委、中央编办	2014年12月31日
	国家发展改革委关于修改《境外投资项目核准和备案管理办法》和《外商投资项目核准和备案管理办法》有关条款的决定	国家发展和改革委员会令第20号	国家发展改革委	2014年12月27日
	国家发展改革委关于开展政府和社会资本合作的指导意见	发改投资〔2014〕2724号	国家发展改革委	2014年12月2日
	国家发展改革委关于印发《中央政府投资项目后评价管理办法》和《中央政府投资项目后评价报告编制大纲（试行）》的通知	发改投资〔2014〕2129号	国家发展改革委	2014年9月21日
	外商投资项目核准和备案管理办法	发改投资〔2014〕12号	国家发展改革委	2014年6月17日
	政府核准投资项目管理办法	发改投资〔2014〕11号	国家发展改革委	2014年6月14日
	国家发改委关于实施《境外投资项目核准和备案管理办法》有关事项的通知	发改外资〔2014〕947号	国家发展改革委	2014年5月14日
	国家发改委办公厅关于进一步做好支持创业投资企业发展相关工作的通知	发改办财金〔2014〕1044号	国家发展改革委	2014年5月13日
	中央预算内直接投资项目管理办法	发改投资〔2014〕7号	国家发展改革委	2014年3月1日
	关于改进规范投资项目核准行为加强协同监管的通知	发改投资〔2013〕2662号	国家发改委、国土资源部、环境保护部、住房城乡建设部、银监会	2013年12月28日
	国家发改委关于加强小微企业融资服务支持小微企业发展的指导意见	发改财金〔2013〕1410号	国家发展改革委	2013年7月23日
	中西部地区外商投资优势产业目录（2013年修订）	发改委、商务部令1号	国家发展改革委	2013年6月10日
	国家发展改革委办公厅关于进一步做好股权投资企业备案管理工作的通知	发改办财金〔2013〕694号	国家发展改革委办公厅	2013年3月18日
	关于印发鼓励和引导民营企业积极开展境外投资的实施意见的通知	发改外资〔2012〕1905号	国家发展改革委、外交部、工业和信息化部、财政部、商务部、人民银行、海关总署、工商总局、之间爱你总局、银监会、证监会、保监会、外汇局	2012年6月29日

续表

部门	文件名称	文号	发文单位	实施时间
发改委	关于印发鼓励和引导民营企业积极开展境外投资的实施意见的通知	发改外资〔2012〕1905号	国家发展改革委	2012年6月29日
	国家发展改革委、财政部关于安排政府性资金对民间投资主体同等对待的通知	发改投资〔2012〕1580号	国家发展改革委、财政部	2012年6月1日
	关于鼓励和引导民间投资进入物流领域的实施意见	发改经贸〔2012〕1619号	国家发展改革委、公安部、财政部、国土资源部、交通运输部、铁道部、商务部、人民银行、税务总局、工商总局、银监会、证监会	2012年5月31日
	国家发展改革委关于做好民间投资监测分析和信息引导工作的通知	发改投资〔2012〕1483号	国家发展改革委	2012年5月18日
	国家发展改革委办公厅关于促进股权投资企业规范发展的通知	发改办财金〔2011〕2864号	国家发展改革委办公厅	2011年11月23日
	国家发展改革委关于印发鼓励和引导民营企业发展战略性新兴产业的实施意见的通知	发改高技〔2011〕1592号	国家发展改革委	2011年7月23日
	《国家发展改革委办公厅关于做好2011年度备案创业投资企业年检工作和中国创业投资行业发展报告（2011）编纂工作的通知》	发改办财金〔2011〕846号	国家发展改革委	2011年4月18号
	国家发展改革委关于做好境外投资项目下放核准权限工作的通知	发改外资〔2011〕235号	国家发展改革委	2011年2月14日
	国家发展改革委办公厅关于进一步规范试点地区股权投资企业发展和备案管理工作的通知	发改办财金〔2011〕253号	国家发展改革委	2011年1月31日
	关于支持循环经济发展的投融资政策措施意见的通知	发改环资〔2010〕801号	国家发展改革委、人民银行、银监会、证监会	2010年4月19日
	国家发展改革委财政部关于实施新兴产业创投计划、开展产业技术研究与开发资金参股设立创业投资基金试点工作的通知	发改高技〔2009〕2743号	国家发展改革委、财政部	2009年10月29日
	国家发展和改革委关于加强创业投资企业备案管理严格规范创业投资企业募资行为的通知	发改财金〔2009〕1827号	国家发展改革委	2009年7月10日

续表

部门	文件名称	文号	发文单位	实施时间
发改委	境外投资的实施意见的通知	发改外资〔2009〕1479 号	国家发展改革委	2009 年 6 月 8 日
	国家发展改革委关于进一步加强和规范外商投资项目管理的通知	发改外资〔2008〕1773 号	国家发展改革委	2008 年 7 月 8 日
	国家发展改革委关于做好备案创业投资企业年度检查工作的通知	发改财金〔2008〕851 号	国家发展改革委	2008 年 3 月 26 日
	国家发展改革委关于配合财税部门做好创业投资企业税收优惠政策实施工作的通知	发改财金〔2007〕609 号	国家发展改革委	2007 年 3 月 20 日
	创业投资企业管理暂行办法	国家发改委等十部委令 2005 年第 39 号	国家发展改革委、科学技术部、财政部、商务部、人民银行、税务总局、工商总局、银监会、证监会、国家外汇管理局	2006 年 3 月 1 日
	境外投资项目核准暂行管理办法	国家发改委令 2004 年第 21 号	国家发展改革委	2004 年 10 月 9 日
	企业投资项目核准暂行办法	国家发改委令 2004 年第 19 号	国家发展改革委	2004 年 9 月 15 日
	自由贸易试验区外商投资准入特别管理措施（负面清单）(2018 年版)	发展改革委 商务部令 2018 年第 19 号	国家发展改革委、商务部	2018 年 7 月 30 日
	外商投资准入特别管理措施（负面清单）(2018 年版)	发展改革委 商务部令 2018 年第 18 号	国家发展改革委、商务部	2018 年 7 月 28 日
	关于修改〈外商投资企业设立及变更备案管理暂行办法〉的决定	商务部令 2017 年第 2 号	商务部	2017 年 7 月 30 日
	关于外商投资企业设立及变更备案管理有关事项的公告	商务部公告 2017 年第 37 号	商务部	2017 年 7 月 30 日
	外商投资企业设立及变更备案管理暂行办法	商务部令 2016 年第 3 号	商务部	2016 年 10 月 8 日
	港澳服务提供者在内地投资备案管理办法（试行）	商务部公告 2016 年第 20 号	商务部	2016 年 6 月 1 日
	关于外商投资设立营利性养老机构有关事项的公告	商务部民政部公告 2014 年第 81 号	商务部民政部	2014 年 11 月 24 日
	关于做好取消鼓励类外商投资企业项目确认审批后续工作的通知	商资函〔2015〕160 号	商务部	2015 年 4 月 13 日

续表

部门	文件名称	文号	发文单位	实施时间
商务部	境外投资管理办法	商务部令 2014 年第 3 号	商务部	2014 年 10 月 6 日
	商务部关于改进外资审核管理工作的通知	商资函〔2014〕314 号	商务部	2014 年 6 月 17 日
	关于跨境人民币直接投资有关问题的公告	商务部公告 2013 年第 87 号	商务部	2013 年 12 月 3 日
	商务部关于 2013 年全国吸收外商投资工作的指导意见	商资发〔2013〕82 号	商务部	2013 年 3 月 14 日
	台湾投资者经第三地转投资认定暂行办法	商务部公告 2013 年第 12 号	商务部、国务院台湾事务办公室	2013 年 2 月 20 日
	商务部关于涉及外商投资企业股权出资的暂行规定	商务部令 2012 年第 8 号	商务部	2012 年 10 月 22 日
	商务部关于完善外商投资创业投资企业备案管理的通知	商资函〔2012〕269 号	商务部	2012 年 5 月 7 日
	商务部外汇局关于进一步完善外商投资性公司有关管理措施的通知	商资函〔2011〕1078 号	商务部、外汇局	2011 年 12 月 8 日
	商务部关于跨境人民币直接投资有关问题的通知	商资函〔2011〕889 号	商务部	2011 年 10 月 12 日
	商务部实施外国投资者并购境内企业安全审查制度的规定	商务部公告 2011 年第 53 号	商务部	2011 年 9 月 1 日
	关于外商投资管理工作有关问题的通知	商资函〔2011〕72 号	商务部	2011 年 2 月 25 日
	关于外国投资者并购境内企业的规定	商务部令 2009 年第 6 号	商务部	2009 年 6 月 22 日
	商务部关于下放外商投资举办投资性公司审批权限的通知	商资函〔2009〕8 号	商务部	2009 年 3 月 6 日
	关于外商投资创业投资企业、创业投资管理企业审批事项的通知	商资函〔2009〕9 号	商务部	2009 年 3 月 5 日
	商务部关于省级商务主管部门和国家级经济技术开发区负责审核管理部分服务业外商投资企业审批事项的通知	商资函〔2008〕64 号	商务部	2008 年 10 月 30 日

续表

部门	文件名称	文号	发文单位	实施时间
商务部	商务部办公厅对《关于 < 中华人民共和国企业所得税法 > 公布后企业适用税收法律问题的通知》的意见	商办法函〔2007〕59 号	商务部	2007 年 4 月 23 日
	关于外商投资举办投资性公司的补充规定	商务部令 2006 年第 3 号	商务部	2006 年 7 月 1 日
	关于外商投资举办投资性公司的补充规定	商务部令 2006 年第 3 号	商务部	2006 年 7 月 1 日
	关于印发《企业境外并购事项前期报告制度》的通知	商合发〔2005〕131 号	商务部	2005 年 5 月 1 日
	关于外商投资举办投资性公司的规定	商务部令 2004 年第 22 号	商务部	2004 年 12 月 17 日
	外商投资创业投资企业管理规定	对外贸易经济合作部第 11 次部务会议	商务部	2003 年 3 月 1 日
	关于外商投资企业境内投资的暂行规定	外经贸部〔2000〕第 6 号	对外贸易经济合作部、国家工商行政管理局	2000 年 9 月 1 日
	外商投资企业投资者股权变更的若干规定	外经贸法发〔1997〕第 267 号	对外贸易经济合作部、国家工商行政管理局	1997 年 5 月 28 日
	关于设立外商投资股份有限公司若干问题的暂行规定	外经贸部令 1995 年第 1 号	对外贸易经济合作部	1995 年 1 月 10 日
财政部国家税务总局	关于创业投资企业和天使投资个人税收政策有关问题的公告	国家税务总局公告 2018 年第 43 号	国家税务总局	2018 年 7 月 1 日
	关于创业投资企业和天使投资个人有关税收政策的通知	财税〔2018〕55 号	财政部、国家税务总局	2018 年 7 月 1 日
	关于创业投资企业和天使投资个人税收试点政策有关问题的公告	国家税务总局公告 2017 年第 20 号	国家税务总局	2017 年 7 月 1 日
	关于创业投资企业和天使投资个人有关税收试点政策的通知	财税〔2017〕38 号	财政部、国家税务总局	2017 年 1 月 1 日
	关于境外投资者以分配利润直接投资暂不征收预提所得税政策有关执行问题的公告	国家税务总局公告 2018 年第 3 号	国家税务总局	2017 年 1 月 1 日

续表

部门	文件名称	文号	发文单位	实施时间
财政部国家税务总局	关于有限合伙制创业投资企业法人合伙人企业所得税有关问题的公告	国家税务总局公告2015年第81号	国家税务总局	2015年10月1日
	关于非货币性资产投资企业所得税有关征管问题的公告	国家税务总局公告2015年第33号	国家税务总局	2015年5月8日
	关于个人非货币性资产投资有关个人所得税征管问题的公告	国家税务总局公告2015年第20号	国家税务总局	2015年4月8日
	关于在公共服务领域深入推进政府和社会资本合作工作的通知	财金〔2016〕90号	财政部	2016年10月11日
	关于股权激励和技术入股所得税征管问题的公告	国家税务总局公告2016年第62号	国家税务总局	2016年9月28日
	关于印发《普惠金融发展专项资金管理办法》的通知	财金〔2016〕85号	财政部	2016年9月24日
	关于印发《政府和社会资本合作项目财政管理暂行办法》的通知	财金〔2016〕92号	财政部	2016年9月24日
	关于完善股权激励和技术入股有关所得税政策的通知	财税〔2016〕101号	财政部国家税务总局	2016年9月1日
	关于股权激励和技术入股所得税征管问题的公告	财税〔2016〕101号	财政部国家税务总局	2016年9月1日
	关于印发《金融企业绩效评价办法》的通知	财金〔2016〕35号	财政部	2016年6月2日
	关于进一步共同做好政府和社会资本合作（PPP）有关工作的通知	财金〔2016〕32号	财政部、国家发展改革委	2016年5月28日
	关于实施政府和社会资本合作项目以奖代补政策的通知	财金〔2015〕158号	财政部	2016年1月1日
	关于财政资金注资政府投资基金支持产业发展的指导意见	财建〔2015〕1062号	财政部	2015年12月25日
	关于规范政府和社会资本合作（PPP）综合信息平台运行的通知	财金〔2015〕166号	财政部	2015年12月18日
	关于股权奖励和转增股本个人所得税征管问题的公告	国家税务总局公告2015年第80号	国家税务总局	2015年11月16日

续表

部门	文件名称	文号	发文单位	实施时间
财政部国家税务总局	关于有限合伙制创业投资企业法人合伙人企业所得税有关问题的公告	国家税务总局公告2015年第81号	国家税务总局	2015年11月16日
	关于印发《政府投资基金暂行管理办法》的通知	财预〔2015〕210号	财政部	2015年11月12日
	关于将国家自主创新示范区有关税收试点政策推广到全国范围实施的通知	财税〔2015〕116号	财政部国家税务总局	2015年10月23日
	关于贯彻落实进一步扩大小型微利企业减半征收企业所得税范围有关问题的公告	国家税务总局公告2015年第61号	国家税务总局	2015年9月10日
	关于认真做好小型微利企业所得税优惠政策贯彻落实工作的通知	税总发〔2015〕108号	国家税务总局	2015年9月9日
	关于取消豁免国有创业投资机构和国有创业投资引导基金国有股转持义务审批事项后有关管理工作的通知	财资〔2015〕39号	财政部	2015年8月11日
	关于进一步做好政府和社会资本合作项目示范工作的通知	财金〔2015〕57号	财政部	2015年6月25日
	关于做好居民企业报告境外投资和所得信息工作的通知	税总函〔2015〕327号	国家税务总局	2015年6月18日
	关于资产（股权）划转企业所得税征管问题的公告	国家税务总局公告2015年第40号	国家税务总局	2015年5月27日
	关于进一步做好小微企业税收优惠政策贯彻落实工作的通知	税总发〔2015〕35号	国家税务总局	2015年3月13日
	关于发布《股权转让所得个人所得税管理办法（试行）》的公告	国家税务总局公告2014年第67号	国家税务总局	2015年1月1日
	关于小型微利企业所得税优惠政策的通知	财税〔2015〕34号	财政部国家税务总局	2015年1月1日
	《政府和社会资本合作项目政府采购管理办法》	财库〔2014〕215号	财政部	2014年12月31日
	关于规范政府和社会资本合作合同管理工作的通知	财金〔2014〕156号	财政部	2014年12月30日
	关于对小微企业免征有关政府性基金的通知	财税〔2014〕122号	财政部国家税务总局	2014年12月23日

续表

部门	文件名称	文号	发文单位	实施时间
财政部国家税务总局	关于进一步支持小微企业增值税和营业税政策的通知	财税〔2014〕71 号	财政部国家税务总局	2014 年 10 月 1 日
	关于小微企业免征增值税和营业税有关问题的公告	国家税务总局公告 2014 年第 57 号	国家税务总局	2014 年 10 月 1 日
	关于实施全国中小企业股份转让系统挂牌公司股息红利差别化个人所得税政策有关问题的通知	财税〔2014〕48 号	财政部国家税务总局证监会	2014 年 7 月 1 日
	关于在全国中小企业股份转让系统转让股票有关证券（股票）交易印花税政策的通知	财税〔2014〕47 号	财政部国家税务总局	2014 年 6 月 1 日
	关于小型微利企业所得税优惠政策有关问题的通知	财税〔2014〕34 号	财政部国家税务总局	2014 年 1 月 1 日
	关于促进企业重组有关企业所得税处理问题的通知	财税〔2014〕109 号	财政部国家税务总局	2014 年 1 月 1 日
	关于居民企业报告境外投资和所得信息有关问题的公告	国家税务总局公告 2014 年第 38 号	国家税务总局	2014 年 9 月 1 日
	关于进一步明确国有金融企业直接股权投资有关资产管理问题的通知	财金〔2014〕31 号	财政部	2014 年 6 月 6 日
	关于进一步明确金融企业国有股转持有关问题的通知	财金〔2013〕78 号	财政部	2013 年 8 月 14 日
	关于个人投资者收购企业股权后将原盈余积累转增股本个人所得税问题的公告	国家税务总局公告 2013 年第 23 号	国家税务总局	2013 年 5 月 7 日
	关于进一步贯彻落实税收政策促进民间投资健康发展的意见	国税发〔2012〕53 号	国家税务总局	2012 年 5 月 29 日
	关于小型微利企业预缴企业所得税有关问题的公告	国家税务总局公告 2012 年第 14 号	国家税务总局	2012 年 1 月 1 日
	关于促进科技和金融结合加快实施自主创新战略的若干意见	国科发财〔2011〕540 号	科技部、财政部、中国人民银行、国务院国资委、国家税务总局、中国银监会、中国保监会、中国证监会	2011 年 10 月 20 日
	关于纳税人资产重组有关营业税问题的公告	国家税务总局公告 2011 年第 51 号	国家税务总局	2011 年 10 月 1 日
	关于贯彻执行修改后的个人所得税法有关问题的公告	国家税务总局公告 2011 年第 46 号	国家税务总局	2011 年 9 月 1 日

续表

部门	文件名称	文号	发文单位	实施时间
财政部国家税务总局	关于调整个体工商户业主个人独资企业和合伙企业自然人投资者个人所得税费用扣除标准的通知	财税〔2011〕62号	财政部、国家税务总局	2011年9月1日
	关于印发《新兴产业创投计划参股创业投资基金管理暂行办法》的通知	财建〔2011〕668号	财政部、国家发展改革委	2011年8月17日
	关于印发《国家科技成果转化引导基金管理暂行办法》的通知	财教〔2011〕289号	财政部、科技部	2011年7月4日
	关于豁免国有创业投资机构和国有创业投资引导基金国有股转持义务有关审核问题的通知	财企〔2011〕14号	财政部	2011年2月22日
	关于深入实施西部大开发战略有关企业所得税问题的公告	国家税务总局公告2012年第12号	国家税务总局	2011年1月1日
	财政部、科技部关于印发《科技型中小企业创业投资引导基金股权投资收入收缴暂行办法》的通知	财企〔2010〕361号	财政部、科技部	2010年12月9日
	关于豁免国有创业投资机构和国有创业投资引导基金国有股转持义务有关问题的通知	财企〔2010〕278号	财政部、国资委、证监会、社保基金会	2010年10月13日
	关于进一步明确企业所得税过渡期优惠政策执行口径问题的通知	国税函〔2010〕157号	国家税务总局	2010年4月21日
	关于贯彻落实企业所得税法若干税收问题的通知	国税函〔2010〕79号	国家税务总局	2010年2月22日
	关于印发《中关村国家自主创新示范区企业股权和分红激励实施办法》的通知	财企〔2010〕8号	财政部、科技部	2010年2月1日
	关于企业股权投资损失所得税处理问题的公告	国家税务总局公告2010年第6号	国家税务总局	2010年1月1日
	关于股权激励有关个人所得税问题的通知	国税函〔2009〕461号	国家税务总局	2009年8月14日
	关于企业所得税若干优惠政策的通知	财税〔2008〕1号	财政部、国家税务总局	2008年2月22日
	关于印发《新企业所得税法精神宣传提纲》的通知	国税函〔2008〕159号	国家税务总局	2008年2月5日

续表

部门	文件名称	文号	发文单位	实施时间
财政部国家税务总局	财政部国家税务总局关于合伙企业合伙人所得税问题的通知	财税〔2008〕159号	财政部、国家税务总局	2008年1月1日
	关于实施创业投资企业所得税优惠问题的通知	国税发〔2009〕87号	国家税务总局	2008年1月1日
	关于企业重组业务企业所得税处理若干问题的通知	财税〔2009〕59号	财政部、国家税务总局	2008年1月1日
	关于执行企业所得税优惠政策若干问题的通知	财税〔2009〕69号	财政部、国家税务总局	2008年1月1日
	科技型中小企业创业投资引导基金管理暂行办法	财企〔2007〕128号	财政部、科技部	2007年7月6日
	关于产业技术研究与开发资金试行创业风险投资的若干指导意见	财建〔2007〕8号	财政部、国家发展改革委	2007年1月30日
	关于促进创业投资企业发展有关税收政策的通知	财税〔2007〕31号	财政部、国家税务总局	2006年1月1日
	关于外国投资者并购境内企业股权有关税收问题的通知	国税发〔2003〕60号	国家税务总局	2003年3月2日
	财政部国家税务总局关于股权转让有关营业税问题的通知	财税〔2002〕191号	财政部、国家税务总局	2003年1月1日
	财政部国家税务总局关于印发《关于个人独资企业和合伙企业投资者征收个人所得税的规定》的通知	财税〔2000〕91号	财政部、国家税务总局	2001年1月1日
国有资产监督管理委员会	关于进一步推进中央企业创新发展的意见	国科发资〔2018〕19号	科技部、国资委	2018年4月19日
	企业国有资产交易监督管理办法	国务院国资委财政部令第32号	国务院国资委财政部	2016年7月1日
	关于印发《国有科技型企业股权和分红激励暂行办法》的通知	财资〔2016〕4号	财政部科技部国资委	2016年2月26日
	关于鼓励上市公司兼并重组、现金分红及回购股份的通知	证监发〔2015〕61号	证监会、财政部、国资委、银监会	2015年8月31日
	关于印发《关于推动国有股东与所控股上市公司解决同业竞争规范关联交易的指导意见》的通知	国资发产权〔2013〕202号	国资委、证监会	2013年8月20日
	关于印发《企业国有资产评估项目备案工作指引》的通知	国资发产权〔2013〕64号	国资委	2013年5月10日
	关于国有企业改制重组中积极引入民间投资的指导意见	国资发产权〔2012〕80号	国有资产监督管理委员会	2012年5月23日

续表

部门	文件名称	文号	发文单位	实施时间
国有资产监督管理委员会	中央企业境外投资监督管理暂行办法	国资委令第 28 号	国有资产监督管理委员会	2012 年 5 月 1 日
	中央企业境外国有产权管理暂行办法	国资委令第 27 号	国有资产监督管理委员会	2011 年 7 月 1 日
	中央企业境外国有资产监督管理暂行办法	国资委令第 26 号	国有资产监督管理委员会	2011 年 7 月 1 日
	关于规范国有股东与上市公司进行资产重组有关事项的通知	国资发产权〔2009〕124 号	国有资产监督管理委员会	2009 年 6 月 24 日
	企业国有产权无偿划转工作指引	国资发产权〔2009〕25 号	国有资产监督管理委员会	2009 年 2 月 16 日
	中央企业投资监督管理暂行办法	国资委令第 16 号	国有资产监督管理委员会	2006 年 7 月 1 日
	关于规范金融机构资产管理业务的指导意见	银发〔2018〕106 号	中国人民银行、中国银行保险监督管理委员会、中国证监会、国家外汇管理局	2018 年 4 月 27 日
	中国银监会关于鼓励和引导民间资本参与农村信用社产权改革工作的通知	银监发〔2014〕45 号	银监会	2014 年 11 月 24 日
	关于 2015 年小微企业金融服务工作的指导意见	银监发〔2015〕8 号	银监会	2015 年 3 月 3 日
	关于支持银行业金融机构加大创新力度开展科创企业投贷联动试点的指导意见	银监发〔2016〕14 号	中国银监会科技部、中国人民银行	2016 年 4 月 15 日
	中国银监会关于进一步做好小微企业金融服务工作的指导意见	银监发（2013）37 号	中国银行业监督管理委员会	2013 年 8 月 29 日
	中国银监会关于鼓励和引导民间资本进入银行业的实施意见	银监发〔2012〕27 号	中国银行业监督管理委员会	2012 年 5 月 26 日
	关于高风险农村信用社并购重组的指导意见	银监发〔2010〕71 号	中国银行业监督管理委员会	2010 年 8 月 6 日
	关于进一步做好中小企业金融服务工作的若干意见	银发〔2010〕193 号	中国人民银行、中国银行业监督管理委员会、中国证券监督管理委员会	2010 年 6 月 21 日
	关于金融支持文化产业振兴和发展繁荣的指导意见	银发〔2010〕94 号	中央宣传部、中国人民银行、财政部、文化部、广电总局、新闻出版总署、银监会、证监会、保监会	2010 年 3 月 19 日

续表

部门	文件名称	文号	发文单位	实施时间
	商业银行并购贷款风险管理指引	银监发〔2008〕84 号	中国银行业监督管理委员会	2008 年 12 月 6 日
	信托公司私人股权投资信托业务操作指引	银监发〔2008〕45 号	中国银行业监督管理委员会	2008 年 6 月 25 日
	信托公司管理办法	中国银监会令 2007 年第 2 号	中国银行业监督管理委员会	2007 年 3 月 1 日
	信托公司集合资金信托计划管理办法	中国银行业监督管理委员会令 2009 年第 1 号	中国银行业监督管理委员会	2007 年 3 月 1 日
	关于信托投资公司开展集合资金信托业务创新试点有关问题的通知	银监发〔2006〕65 号	中国银行业监督管理委员会	2006 年 8 月 15 日
中国保险业监督管理委员会	中国保监会财政部关于加强保险资金运用管理 支持防范化解地方政府债务风险的指导意见	保监发〔2018〕6 号	财政部、中国保监会	2018 年 1 月 8 日
	关于保险公司在全国中小企业股份转让系统挂牌有关事项的通知	保监发〔2016〕71 号	中国保险业监督管理委员会	2016 年 8 月 10 日
	保险资金间接投资基础设施项目管理办法	保监会令 2016 年第 2 号	中国保险业监督管理委员会	2016 年 8 月 1 日
	关于设立保险私募基金有关事项的通知	保监发〔2015〕89 号	中国保险业监督管理委员会	2015 年 9 月 10 日
	关于调整保险资金境外投资有关政策的通知	保监发〔2015〕33 号	中国保险业监督管理委员会	2015 年 3 月 27 日
	关于保险资金投资创业投资基金有关事项的通知	保监发〔2014〕101 号	中国保险业监督管理委员会	2014 年 12 月 12 日
	关于保险资金投资优先股有关事项的通知	保监发〔2014〕80 号	中国保险业监督管理委员会	2014 年 10 月 17 日
	中国保险监督管理委员会关于修改《保险公司股权管理办法》的决定	保监会令 2014 年第 4 号	中国保险业监督管理委员会	2014 年 6 月 1 日
	中国保险监督管理委员会关于修改《保险资金运用管理暂行办法》的决定	保监会令 2014 年第 3 号	中国保险业监督管理委员会	2014 年 5 月 1 日
	关于规范有限合伙式股权投资企业投资入股保险公司有关问题的通知	保监发〔2013〕36 号	中国保险业监督管理委员会	2013 年 4 月 17 日
	关于印发《保险资金境外投资管理暂行办法实施细则》的通知	保监发〔2012〕93 号	中国保险业监督管理委员会	2012 年 10 月 12 日

续表

部门	文件名称	文号	发文单位	实施时间
中国保险业监督管理委员会	关于保险资金投资股权和不动产有关问题的通知	保监发〔2012〕59号	中国保险业监督管理委员会	2012年7月16日
	关于印发《保险资金委托投资管理暂行办法》的通知	保监发〔2012〕60号	中国保险业监督管理委员会	2012年7月16日
	保险资金运作管理暂行办法	中国保险监督管理委员会令2010年第9号	中国保险业监督管理委员会	2010年8月31日
	保险资金投资股权暂行办法	保监发〔2010〕79号	中国保险业监督管理委员会	2010年7月31日
	保险资金投资不动产暂行办法	保监发〔2010〕80号	中国保险业监督管理委员会	2010年7月31日
	关于调整保险资金投资政策有关问题的通知	保监发〔2010〕66号	中国保险业监督管理委员会	2010年7月31日
	保险公司股权管理办法	中国保险监督管理委员会令2010年第6号	中国保险业监督管理委员会	2010年6月10日
	保险资金境外投资管理暂行办法	中国保险监督管理委员、中国人民银行、国家外汇管理局令2007年第2号	中国保险监督管理委员、中国人民银行、国家外汇管理局	2007年6月28日
中国证券业监督管理委员会	上市公司创业投资基金股东减持股份的特别规定	中国证券监督管理委员会公告〔2018〕4号	中国证券业监督管理委员会	2018年6月2日
	关于证券投资基金估值业务的指导意见	中国证券监督管理委员会公告〔2017〕13号	中国证券业监督管理委员会	2017年9月5日
	证券期货投资者适当性管理办法	中国证券监督管理委员会令第130号	中国证券业监督管理委员会	2017年7月1日
	上市公司股东、董监高减持股份的若干规定	中国证券监督管理委员会公告〔2017〕9号	中国证券业监督管理委员会	2017年5月26日
	区域性股权市场监督管理试行办法	中国证券监督管理委员会令第132号	中国证券业监督管理委员会	2017年7月1日
	上市公司重大资产重组管理办法（2016年修订）	中国证券监督管理委员会令第127号	中国证券业监督管理委员会	2016年9月8日
	关于修改《首次公开发行股票并在创业板上市管理办法》的决定	中国证券监督管理委员会令第123号	中国证券业监督管理委员会	2016年1月1日
	关于修改《首次公开发行股票并上市管理办法》的决定	中国证券监督管理委员会令第122号	中国证券业监督管理委员会	2016年1月1日
	关于修改《上市公司收购管理办法》的决定	证监会令第108号	中国证券业监督管理委员会	2014年11月23日

续表

部门	文件名称	文号	发文单位	实施时间
中国证券业监督管理委员会	上市公司重大资产重组管理办法	证监会令第 109 号	中国证券业监督管理委员会	2014 年 11 月 23 日
	私募投资基金监督管理暂行办法	证监会令第 105 号	中国证券业监督管理委员会	2014 年 8 月 21 日
	创业板上市公司证券发行管理暂行办法	证监会令第 100 号	中国证券业监督管理委员会	2014 年 5 月 14 日
	关于修改《证券发行与承销管理办法》的决定	证监会令第 98 号	中国证券业监督管理委员会	2014 年 3 月 21 日
	优先股试点管理办法	证监会令第 97 号	中国证券业监督管理委员会	2014 年 3 月 21 日
	中国证监会关于进一步推进新股发行体制改革的意见	证监会公告〔2013〕42 号	中国证券业监督管理委员会	2013 年 11 月 30 日
	全国中小企业股份转让系统有限责任公司管理暂行办法	证监会令第 89 号	中国证券业监督管理委员会	2013 年 1 月 31 日
	关于进一步提高首次公开发行股票公司财务信息披露质量有关问题的意见	证监会公告〔2012〕14 号	中国证券业监督管理委员会	2012 年 5 月 23 日
	关于修改《证券发行与承销管理办法》的决定	证监会令第 78 号	中国证券业监督管理委员会	2012 年 5 月 18 日
	关于进一步深化新股发行体制改革的指导意见	证监会公告〔2012〕10 号	中国证券业监督管理委员会	2012 年 4 月 28 日
	上市公司监管指引第 1 号——上市公司实施重大资产重组后存在未弥补亏损情形的监管要求	证监会公告〔2012〕6 号	中国证券业监督管理委员会	2012 年 3 月 23 日
	关于修改《上市公司收购管理办法》第六十二条及第六十三条的决定	证监会令第 77 号	中国证券业监督管理委员会	2012 年 3 月 15 日
	关于修改上市公司重大资产重组与配套融资相关规定的决定	证监会令第 73 号	中国证券业监督管理委员会	2011 年 9 月 1 日
	《上市公司重大资产重组管理办法》第十二条上市公司在 12 个月内连续购买、出售同一或者相关资产的有关比例计算的适用意见——证券期货法律适用意见第 11 号	证监会公告〔2011〕5 号	中国证券业监督管理委员会	2011 年 1 月 17 日
	《上市公司重大资产重组管理办法》第三条有关拟购买资产存在资金占用问题的适用意见——证券期货法律适用意见第 10 号	证监会公告〔2011〕4 号	中国证券业监督管理委员会	2011 年 1 月 17 日

续表

部门	文件名称	文号	发文单位	实施时间
中国证券业监督管理委员会	《上市公司收购管理办法》第七十四条有关通过集中竞价交易方式增持上市公司股份的收购完成时点认定的适用意见——证券期货法律适用意见第9号	证监会公告〔2011〕3号	中国证券业监督管理委员会	2011年1月17日
	关于填报《上市公司并购重组财务顾问专业意见附表》的规定	证监会公告〔2010〕31号	中国证券业监督管理委员会	2011年1月1日
	关于修改《证券登记结算管理办法》的决定	证监会令第65号	中国证券业监督管理委员会	2009年12月21日
	关于修改《证券发行上市保荐业务管理办法》的决定	证监会令第63号	中国证券业监督管理委员会	2009年6月14日
	关于修改《中国证券监督管理委员会发行审核委员会办法》的决定	证监会令第62号	中国证券业监督管理委员会	2009年6月14日
	首次公开发行股票并在创业板上市管理暂行办法	证监会令第61号	中国证券业监督管理委员会	2009年5月1日
	上市公司并购重组财务顾问业务管理办法	证监会令第54号	中国证券业监督管理委员会	2008年8月4日
	上市公司重大资产重组管理办法	证监会令第53号	中国证券业监督管理委员会	2008年5月18日
	关于规范上市公司重大资产重组若干问题的规定	证监会公告〔2008〕14号	中国证券业监督管理委员会	2008年4月16日
	证券登记结算管理办法	证监会令第29号	中国证券业监督管理委员会	2006年7月1日
科技部	关于印发《专业化众创空间建设工作指引》及公布首批国家专业化众创空间示范名单的通知	国科发高〔2016〕231号	科技部	2016年7月28日
	关于确定第二批促进科技和金融结合试点的通知	国科发资〔2016〕183号	科技部、中国人民银行、中国银监会、中国证监会、中国保监会	2016年5月30日
	关于组织申报第二批促进科技和金融结合试点的通知	国科办资〔2015〕67号	科技部、中国人民银行、中国银监会、中国证监会、中国保监会	2015年12月2日
	关于开展2015年度全国创业风险投资机构统计调查的通知	国科办资〔2015〕65号	科技部	2015年12月2日
	科技部关于印发《发展众创空间工作指引》的通知	国科发火〔2015〕297号	科技部	2015年9月8日

续表

部门	文件名称	文号	发文单位	实施时间
科技部	关于进一步推动科技型中小企业创新发展的若干意见	国科发高〔2015〕3号	科技部	2015年1月10日
	关于开展2014年度全国创业风险投资机构统计调查的通知	国科办资〔2014〕60号	科技部	2014年12月19日
	关于印发《国家科技成果转化引导基金设立创业投资子基金管理暂行办法》的通知	国科发财〔2014〕229号	科技部、财政部	2014年8月8日
	关于2014年度中小企业发展专项资金科技创新、科技服务和引导基金项目立项的通知	国科发计〔2014〕166号	科技部、财政部	2014年6月18日
	关于2013年度科技型中小企业创业投资引导基金阶段参股项目立项的通知	国科发计〔2013〕647号	科技部、财政部	2013年11月8日
	科技部关于进一步促进科技型中小企业创新发展的若干意见	国科发政〔2011〕178号	科学技术部	2011年5月12日
	关于印发促进科技和金融结合试点实施方案的通知	国科发财〔2010〕720号	科技部、中国人民银行、中国银监会、中国证监会、中国保监会	2010年12月16日
	关于做好外商投资企业实行备案管理后有关登记注册工作的通知	工商企注字〔2016〕189号	国家工商行政管理总局	2016年9月30日
	关于废止《外商投资广告企业管理规定》的决定	国家工商行政管理总局令第75号	国家工商行政管理总局	2015年6月29日
	公司注册资本登记管理规定	国家工商行政管理总局令第64号	国家工商行政管理总局	2014年3月1日
	公司债权转股权登记管理办法	国家工商行政管理总局令第57号	国家工商行政管理总局	2012年1月1日
	外商投资合伙企业登记管理规定	国家工商行政管理总局令第47号	国家工商行政管理总局	2010年3月1日
	关于充分发挥工商行政管理职能作用进一步做好服务外商投资企业发展工作的若干意见	工商外企字〔2010〕94号	国家工商行政管理总局	2010年5月7号
	关于切实做好外商投资合伙企业登记管理信息化建设工作的通知	工商明电〔2010〕4号	国家工商行政管理总局	2010年2月5号
	关于外国投资者通过股权并购举办外商投资广告企业有关问题的通知	工商广字〔2006〕99号	国家工商行政管理总局	2006年4月11号

续表

部门	文件名称	文号	发文单位	实施时间
	关于做好《外国企业或者个人在中国境内设立合伙企业管理办法》贯彻实施工作的通知	工商外企字〔2010〕31号	国家工商总局外资局	2010年2月10日
	工商行政管理机关股权出质登记办法	国家工商行政管理总局令第32号	国家工商行政管理总局	2008年10月1日
	国家工商行政管理总局关于启用新版《合伙企业营业执照》和《合伙企业分支机构营业执照》的通知	工商个字〔2007〕107号	国家工商行政管理总局	2007年6月1日
	国家工商行政管理总局关于做好合伙企业登记管理工作的通知	工商个字〔2007〕108号	国家工商行政管理总局	2007年5月29日
	《公司注册资本登记管理规定》	国家工商行政管理总局令第22号	国家工商行政管理总局	2006年1月1日
	《关于实施关于外商投资的公司审批登记管理法律适用若干问题的执行意见的通知》	工商外企字〔2006〕81号	国家工商总局外资局	2006年1月1日
国家外汇管理局	国家外汇管理局关于进一步推进外汇管理改革完善真实合规性审核的通知	汇发〔2017〕3号	国家外汇管理局	2017年1月26日
	关于进一步简化和改进直接投资外汇管理政策的通知	汇发〔2015〕13号	国家外汇管理局	2015年2月13日
	关于境内居民通过特殊目的公司境外投融资及返程投资外汇管理有关问题的通知	汇发〔2014〕37号	国家外汇管理局	2014年7月4日
	关于印发《外国投资者境内直接投资外汇管理规定》及配套文件的通知	汇发〔2013〕21号	国家外汇管理局	2013年5月10日
	关于进一步改进和调整直接投资外汇管理政策的通知	汇发〔2012〕59号	国家外汇管理局	2012年11月19日
	国家外汇管理局关于鼓励和引导民间投资健康发展有关外汇管理问题的通知	汇发〔2012〕33号	国家外汇管理局	2012年7月1日
	国家外汇管理局关于印发《境内居民通过境外特殊目的公司融资及返程投资外汇管理操作规程》的通知	汇发〔2011〕19号	国家外汇管理局	2011年5月20日
	国家外汇管理局关于境内银行境外直接投资外汇管理有关问题的通知	汇发〔2010〕31号	国家外汇管理局	2010年9月1日
	国家外汇管理局关于调整部分资本项目外汇业务审批权限的通知	汇发〔2010〕29号	国家外汇管理局	2010年7月1日

续表

部门	文件名称	文号	发文单位	实施时间
国家外汇管理局	国家外汇管理局关于发布《境内机构境外直接投资外汇管理规定》的通知	汇发〔2009〕30号	国家外汇管理局	2009年8月1日
	关于外商投资创业投资企业资本金结汇进行境内股权投资有关问题的批复	汇综复〔2008〕125号	国家外汇管理局	2008年11月14日
	关于完善外商投资企业外汇资本金支付结汇管理有关业务操作问题的通知	汇综发〔2008〕142号	国家外汇管理局综合司	2008年8月29日

附表3　地方政策

地区	文件名称	文号	发文单位	实施时间
北京	中共北京市委 北京市人民政府印发《关于推进文化创意产业创新发展的意见》的通知		中共北京市委、北京市人民政府	2018年6月21日
	中共北京市委 北京市人民政府印发《关于深化投融资体制改革的实施意见》的通知		中共北京市委、北京市人民政府	2018年1月23日
	中共北京市委 北京市人民政府印发《关于率先行动改革优化营商环境实施方案》的通知	京发〔2017〕20号	中共北京市委、北京市人民政府	2017年9月16日
	北京市人民政府印发《关于推进供给侧结构性改革进一步做好民间投资工作的措施》的通知	京政发〔2016〕29号	北京市人民政府	2016年7月23日
	北京市人民政府关于印发《北京市政府核准的投资项目目录（2015年本)》的通知	京政发〔2015〕21号	北京市人民政府	2015年4月2日
	北京市人民政府关于创新重点领域投融资机制鼓励社会投资的实施意见	京政发〔2015〕14号	北京市人民政府	2015年3月20日
	北京市人民政府关于进一步促进科技成果转化和产业化的指导意见	京政发〔2011〕12号	北京市人民政府	2011年3月15日
	北京市人民政府关于推进首都科技金融创新发展的意见	京政发〔2010〕32号	北京市人民政府	2010年10月21日
	北京市人民政府关于金融促进首都经济发展的意见	京政发〔2009〕7号	北京市人民政府	2009年3月21日
	中共北京市委北京市人民政府关于促进首都金融业发展的意见	京发〔2008〕8号	中共北京市委、北京市人民政府	2008年4月30日
	关于进一步促进高新技术产业发展的若干规定	京政发〔2001〕38号	北京市人民政府	2002年11月1日
	北京市人民政府办公厅关于印发《北京市互联网金融风险专项整治工作实施方案》的通知	京政办发〔2016〕24号	北京市人民政府办公厅	2016年5月30日
	北京市人民政府办公厅关于进一步支持企业上市发展的意见	京政办发〔2018〕21号	北京市人民政府办公厅	2018年5月19日
	北京市人民政府办公厅关于印发《北京市互联网金融风险专项整治工作实施方案》的通知	京政办发〔2016〕24号	北京市人民政府办公厅	2016年5月30日

续表

地区	文件名称	文号	发文单位	实施时间
北京	北京市人民政府办公厅关于印发《北京市进一步做好防范和处置非法集资工作的管理办法》的通知	京政办发〔2016〕2 号	北京市人民政府办公厅	2016 年 1 月 21 日
	北京市人民政府办公厅印发《关于进一步加强金融支持小微企业发展的若干措施》的通知	京政办发〔2014〕58 号	北京市人民政府办公厅	2014 年 11 月 7 日
	北京市人民政府办公厅印发关于进一步鼓励和引导民间资本投资文化创意产业若干政策的通知	京政办发〔2013〕52 号	北京市人民政府办公厅	2013 年 10 月 1 日
	北京市人民政府关于进一步推进本市投资项目审批制度改革的意见	京政发〔2013〕25 号	北京市人民政府	2013 年 8 月 26 日
	关于印发《关于构建首都绿色金融体系的实施办法》的通知	京金融〔2017〕152 号	北京市金融工作局	2017 年 9 月 11 日
	北京市金融工作局印发《北京市交易场所管理办法实施细则》	京金融〔2016〕27 号	北京市金融工作局	2016 年 3 月 1 日
	关于防范私募股权投资类企业从事非法集资活动的意见	京金融〔2015〕97 号	北京市金融工作局、中国证券监督管理委员会北京监管局、北京市工商行政管理局	2015 年 6 月 9 日
	北京市“十二五”时期金融业发展规划		北京市金融工作局、北京市发展和改革委员会	2011 年至 2015 年
	关于印发金融支持本市中小微企业发展若干意见的通知	京金融〔2011〕314 号	北京市金融工作局、人民银行营业管理部、北京银监局、北京证监局、北京保监局	2011 年 12 月 30 日
	在京设立外商投资股权投资基金管理企业暂行办法	京金融〔2009〕163 号	北京市金融工作局、北京市商务委员会、北京市工商行政管理局、北京市发展和改革委员会	2009 年 12 月 22 日
	关于促进股权投资基金业发展意见部分内容调整地通知	京金融〔2009〕9 号	北京市金融工作局、北京市财政局、北京市国家税务局、北京市地方税务局、北京市工商行政管理局	2009 年 4 月 15 日

续表

地区	文件名称	文号	发文单位	实施时间
北京	关于促进股权投资基金业发展的意见	京金融办〔2009〕5号	北京市金融服务工作领导小组办公室、北京市财政局、北京市国家税务局、北京市地方税务局、北京市工商行政管理局	2009年01月19日
	中关村国家自主创新示范区重大科技成果转化和产业化股权投资暂行办法	京科发〔2009〕574号	北京市科学技术委员会、北京市财政局、北京市发展改革委、北京市经济和信息委员会、中关村科技园区管理委员会、北京经济技术开发区管理委员会	2010年1月2日
	关于印发《北京市中小企业发展基金管理办法》的通知	京财经一〔2015〕305号	北京市财政局、北京市经济和信息化委员会	2015年4月5日
	关于非货币性资产投资企业所得税政策问题的通知	京财税〔2015〕249号	北京市财政局、北京市国家税务局、北京市地方税务局	2014年1月1日
	北京市财政局、北京市国税局、北京市地税局、中关村科技园区管理委员会转发财政部、国家税务总局关于中关村国家自主创新示范区有限合伙制创业投资企业法人合伙人企业所得税试点政策的通知	京财税〔2013〕2295号	北京市财政局、北京市国家税务局、北京市地方税务局、中关村科技园区管理委员会	2013年11月12日
	转发财政部 国家税务总局关于促进创业投资企业发展有关税收政策的通知	京财税〔2007〕1216号	北京市财政局、北京市国家税务局、北京市地方税务局	2007年7月18日
	北京市地方税务局转发国家税务总局关于实施创业投资企业所得税优惠问题的通知	京地税企〔2009〕220号	北京市地方税务局	2009年9月21日
	关于公开征集2016年国家新兴产业创业投资引导基金北京市参股基金方案的通知	发改办高技〔2016〕1509号	北京市发展改革委	2016年6月27日
	关于促进首都金融产业发展的意见实施细则	京发改〔2005〕2736号	北京市发展改革委	2005年2月1日

续表

地区	文件名称	文号	发文单位	实施时间
北京	北京创造·战略性新兴产业创业投资引导基金管理暂行办法	京发改〔2012〕694号	北京市发展改革委	2012年5月12日
	北京市中小企业创业投资引导基金实施暂行办法	京发改〔2008〕1167号	北京市发展改革委、北京市财政局	2008年8月3日
	关于印发《北京市国有企业投资项目后评价管理暂行办法》的通知	京国资发〔2012〕11号	北京市国资委	2012年4月24日
	股权投资登记管理办法	京工商发〔2004〕12号	北京市工商行政管理局	2004年2月15日
	北京市西城区财政局 北京市西城区旅游发展委员会关于印发《西城区旅游产业专项引导资金管理办法》的通知	西财政法〔2015〕10号	北京市西城区财政局、北京市西城区旅游发展委员会	2015年1月26日
	中关村科技园区西城园管理委员会关于印发《西城园中关村现代服务业中小企业创业孵化试点项目资金管理办法》的通知	西科管发〔2016〕1号	中关村科技园区西城园管理委员会	2016年5月16日
	海淀区促进股权投资企业发展支持办法	海行规发〔2010〕10号	北京市海淀区人民政府	2010年7月21日
	海淀区创业投资引导基金管理暂行办法	海行规发〔2009〕21号	北京市海淀区人民政府	2009年6月3日
	北京市海淀区创业投资引导基金资金使用管理暂行规定	海政发〔2007〕23号	北京市海淀区人民政府	2007年2月15日
	北京市海淀区人民政府办公室转发区金融办《海淀区创业投资引导基金管理实施细则》的通知	海政办发〔2013〕3号	北京市海淀区人民政府办公室	2013年2月6日
	关于海淀区促进股权投资基金业发展的落实措施	海金融〔2009〕6号	北京市海淀区金融服务办公室	2009年4月15日
	《海淀区初创期企业股权投资基金跟进和联合投资操作指南》的通知	海园发〔2015〕15号	海淀园管委会办公室	2015年7月28日
	关于印发《海淀区初创期企业股权投资基金实施细则》的通知	海园发〔2013〕4号	海淀园管委会办公室	2013年2月16日
	关于印发《海淀区初创期企业股权投资基金实施细则》的通知	海园发〔2013〕4号	北京市中关村科技园区海淀园管理委员会	2013年2月16日
	石景山区促进现代金融产业发展的意见	石政发〔2011〕13号	北京市石景山区人民政府	2011年3月31日

续表

地区	文件名称	文号	发文单位	实施时间
北京	石景山区促进现代金融产业发展暂行办法	石政发〔2011〕14号	北京市石景山区人民政府	2011年3月31日
	石景山区鼓励股权投资业发展暂行办法	石政发〔2011〕15号	北京市石景山区人民政府	2011年3月31日
	北京市石景山区人民政府办公室关于印发《"创新创业石景山"启航工程》及《石景山区关于支持大众创新创业的暂行办法》的通知	石政办发〔2015〕11号	北京市石景山区人民政府办公室	2015年7月3日
	北京市石景山区"十三五"时期现代金融产业发展规划		北京市石景山区金融办、北京市石景山区发展改革委	2016年9月1日
	《石景山区鼓励股权投资业发展暂行办法》实施细则	石金融〔2011〕14号	北京市石景山区金融服务办公室	2011年10月14日
	《石景山区促进现代金融产业发展暂行办法》实施细则	石金融〔2011〕13号	北京市石景山区金融服务办公室	2011年9月19日
	北京市文化创意产业创业投资引导基金管理暂行办法	京文创办发〔2009〕7号	北京市文化创意产业领导小组办公室	2009年8月12日
	关于印发《〈中关村国家自主创新示范区促进科技金融深度融合创新发展支持资金管理办法〉实施细则（试行）》的通知	中科园发〔2017〕38号	中关村科技园区管理委员会	2017年9月15日
	关于支持中关村示范区中小微企业利用中关村股权交易服务集团创新发展的意见	中科园发〔2015〕11号	中关村管委会	2015年3月26日
	关于印发《中关村国家自主创新示范区天使投资和创业投资支持资金管理办法》的通知	中科园发〔2014〕41号	中关村管委会	2014年9月1日
	中关村国家自主创新示范区天使投资和创业投资支持资金管理办法	中科园发〔2014〕41号	北京市中关村科技园区管理委员会	2014年10月1日
	北京市属国有创投企业持有和转让所持中关村国家自主创新示范区创业企业股权管理办法（试行）	中科园发〔2013〕51号	中关村科技园区管理委员会、北京市发展改革委、北京市财政局、北京市人民政府国有资产监督管理委员会、北京市金融工作局	2014年1月24日

续表

地区	文件名称	文号	发文单位	实施时间
北京	中关村科技园区创业投资发展资金管理办法	中科园发〔2007〕34 号	北京市中关村科技园区管理委员会	2007 年 3 月 15 日
	中关村科技园区小企业创新创业孵化支持资金管理办法	中科园发〔2006〕21 号	北京市中关村科技园区管理委员会	2006 年 9 月 30 日
	关于鼓励中关村科技园区创业投资发展的试行办法	中科园发〔2006〕30 号	中关村科技园区管理委员会、北京市发展改革委、北京市财政局、北京市科学技术委员会、北京市人事局	2007 年 1 月 1 日
	北京经济技术开发区科技创新投资引导基金实施细则	京技管〔2016〕37 号	北京经济技术开发区管委会	2016 年 8 月 5 日
	北京经济技术开发区鼓励社会资本投资经营基础设施项目暂行办法	京技管〔2003〕103 号	北京经济技术开发区管委会	2003 年 8 月 1 日
天津	天津市人民政府关于推进政府和社会资本合作的指导意见	津政发〔2015〕10 号	天津市人民政府	2015 年 5 月 21 日
	天津市人民政府印发关于发展众创空间推进大众创新创业政策措施的通知	津政发〔2015〕9 号	天津市人民政府	2015 年 5 月 11 日
	天津市人民政府关于印发进一步促进科技型中小企业发展政策措施的通知	津政发〔2012〕22 号	天津市人民政府	2012 年 12 月 10 日
	关于鼓励和促进我市民间投资健康发展的实施意见	津政发〔2011〕25 号	天津市人民政府	2011 年 8 月 19 号
	关于进一步促进我市中小企业发展的意见	津政发〔2011〕17 号	天津市人民政府	2011 年 5 月 1 号
	天津市促进股权投资基金业发展办法	津政发〔2009〕45 号	天津市人民政府	2009 年 9 月 8 日
	天津市人民政府办公厅转发市金融局等八部门关于支持我市企业上市融资加快发展有关政策的通知	津政办发〔2017〕77 号	天津市人民政府办公厅	2017 年 6 月 20 日
	天津市人民政府办公厅关于转发市金融局拟定的天津市金融改革创新三年行动计划（2016—2018 年）的通知	津政办发〔2015〕88 号	天津市人民政府办公厅	2015 年 11 月 13 日
	天津市人民政府办公厅转发市金融局天津证监局关于进一步促进企业利用资本市场加快发展实施意见的通知	津政办发〔2015〕38 号	天津市人民政府办公厅	2015 年 6 月 9 日
	关于印发支持知名、规范的股权投资企业办理工商年检、备案等业务的通知	津发改财金〔2013〕198 号	天津市发展和改革委员会、天津市工商局、天津市金融办	2013 年 3 月 18 日

续表

地区	文件名称	文号	发文单位	实施时间
天津	关于印发加强股权投资企业托管规范管理的通知	津发改财金〔2012〕1135号	天津市发展改革委、人民银行天津分行、天津市金融办、天津银监局	2013年3月18日
	关于印发加强股权投资企业和股权投资管理机构监管工作的通知	津发改财金〔2012〕1047号	天津市发展改革委、天津市金融办	2013年3月18日
	关于股权投资企业的单个出资人最低出资、首期实际出资和自然人出资有关问题的通知	津发改财金〔2012〕822号	天津市发展改革委、市金融办、市工商局、市商务委、市财政局	2012年8月1日
	天津股权投资企业和股权投资管理机构管理办法补充通知	津发改财金〔2012〕146号	天津市发展改革委、市金融办、市工商局、市商务委、市财政局	2012年3月5日
	天津股权投资企业和股权投资管理机构管理办法	津发改财金〔2011〕675号	天津产业（股权）投资基金发展与备案管理办公室	2011年9月1日
	天津股权投资基金和股权投资基金管理公司（企业）登记备案管理试行办法	津发改财经〔2008〕813号	天津市发展改革委、天津市工商行政管理局、天津市地方税务局、天津市发改委、天津市商务委员会、天津市人民政府金融办公室	2008年11月10日
	关于印发股权投资方式设立集团登记管理试行办法的通知	津工商许字〔2012〕24号	天津市工商局	2012年8月28日
	天津市公司股权出资登记管理试行办法	津工商企注字〔2008〕16号	天津市工商局	2008年9月16日
	关于合伙企业合伙人分别缴纳所得税有关问题的补充通知	津地税所〔2008〕14号	天津市地方税务局、天津市国家税务局	2008年3月26日
	关于合伙企业合伙人分别缴纳所得税有关问题的补充通知	津地税所〔2008〕14号	天津市地方税务局、天津市国家税务局	2008年3月26日
	天津市地方税务局关于合伙企业合伙人分别缴纳所得税有关问题的补充通知	津地税所〔2008〕1号	天津市地方税务局	2008年1月2日
	天津市关于私募股权投资基金、私募股权投资基金管理公司（企业）进行工商登记的意见		天津市发展改革委	2007年11月16日

续表

地区	文件名称	文号	发文单位	实施时间
天津	关于受理股权投资机构申请投资初创期、成长期科技型中小企业奖励的通知	津科金〔2014〕10 号	天津市科学技术委员会	2014 年 2 月 8 日
	关于印发《天津市鼓励股权投资企业投资初创期和成长期科技型中小企业补贴办法（试行）》的通知	津科财〔2013〕084 号	天津市科学技术委员会	2014 年 5 月 10 日
	关于合伙企业合伙人分别缴纳所得税有关问题的通知	津地税所〔2007〕17 号	天津市地方税务局办公室	2007 年 10 月 24 日
	中共河西区委河西区人民政府关于促进金融业加快发展的意见	津西委〔2016〕38 号	中共河西区委 河西区人民政府	2016 年 7 月 29 日
	鼓励创业投资的暂行规定	天津经济技术开发区管理委员会令第 128 号	天津经济技术开发区管理委员会	2008 年 1 月 1 日
	天津滨海新区创业风险投资引导基金管理暂行办法		天津滨海新区管理委员会	2008 年 3 月 12 日
	天津新技术产业园区鼓励投融资发展暂行办法	津园区管发〔2009〕13 号	天津新技术产业园区管理委员会	2009 年 4 月 12 日
上海	上海市人民政府关于批转市发展改革委、市财政局制订的《上海市创业投资引导基金管理办法》的通知	沪府发〔2017〕81 号	上海市人民政府	2017 年 10 月 26 日
	上海市人民政府关于印发《上海市科技创新“十三五”规划》的通知	沪府发〔2016〕59 号	上海市人民政府	2016 年 8 月 5 日
	上海市人民政府印发关于进一步促进本市融资担保行业持续健康发展若干意见的通知	沪府发〔2015〕65 号	上海市人民政府	2015 年 12 月 1 日
	上海市人民政府印发关于加快上海创业投资发展若干意见的通知	沪府发〔2014〕43 号	上海市人民政府	2014 年 7 月 2 日
	上海市人民政府办公厅关于印发《上海市鼓励创业带动就业专项行动计划（2018－2022 年）》的通知	沪府办发〔2018〕24 号	上海市人民政府办公厅	2018 年 6 月 25 日
	上海市人民政府办公厅关于加快本市融资租赁业发展的实施意见	沪府办发〔2016〕32 号	上海市人民政府办公厅	2016 年 8 月 15 日
	上海市人民政府办公厅印发《关于促进金融服务创新支持上海科技创新中心建设的实施意见》的通知	沪府办〔2015〕76 号	上海市人民政府办公厅	2015 年 8 月 21 日
	上海市人民政府办公厅印发关于加强金融服务促进本市经济转型和结构调整若干意见的通知	沪府办发〔2010〕32 号	上海市人民政府办公厅	2010 年 8 月 9 日

续表

地区	文件名称	文号	发文单位	实施时间
上海	关于印发《上海市天使投资风险补偿管理暂行办法》的通知	沪科合〔2015〕27号	上海市科学技术委员会、上海市财政局、上海市发展和改革委员会	2016年2月1日
	市国资委关于印发《本市国有企业混合所有制改制操作指引（试行）》的通知	沪国资委改革〔2016〕26号	上海市国有资产监督管理委员会	2016年1月22日
	关于本市股权投资企业工商登记等事项的通知（修订）	沪金融办通〔2008〕3号	上海市金融服务办公室、上海市工商行政管理局、上海市财政局、上海市地方税务局	2011年6月3日
	上海市发展改革委关于执行《上海市外商投资项目核准和备案管理办法》有关事项的通知	沪发改外资〔2015〕10号	上海市发展改革委	2015年1月28日
	关于印发《上海市天使投资引导基金管理实施细则》的通知	沪发改财金〔2014〕49号	上海市发展改革委	2014年12月16日
	关于印发《上海市吸收外资和境外投资"十二五"规划》的通知	沪发改外资〔2012〕010号	上海市发展改革委、上海市商务委员会	2012年2月27日
	关于对本市股权投资企业实施备案管理的通知	沪发改财金〔2011〕045号	上海市发展改革委、上海市金融服务办公室	2011年7月18日
	上海市工商局关于积极支持企业创新驱动、转型发展的若干意见		上海市工商行政管理局	2011年2月9日
	关于本市开展外商投资股权投资企业试点工作的实施办法	沪金融办通〔2010〕38号	上海市金融服务办公室、上海市商务委员会、上海市工商行政管理局	2011年1月24日
	上海市金融服务办公室、上海市商务委员会、上海市工商行政管理局关于印发《关于本市开展外商投资股权投资企业试点工作的实施办法》的通知	沪金融办通〔2010〕38号	上海市工商行政管理局、上海市金融服务办公室、上海市商务委员会	2011年1月23日
	关于下发《上海市国有创业投资企业股权转让管理暂行办法》的通知	沪发改财金〔2010〕050号	上海市发展改革委、上海市国有资产监督管理委员会	2010年11月18日
	关于下发《上海市国有创业投资企业股权转让管理暂行办法》的通知	沪发改财金〔2010〕050号	上海市发展改革委、上海市国有资产监督管理委员会	2010年11月18日

续表

地区	文件名称	文号	发文单位	实施时间
上海	上海市创业投资引导基金管理暂行办法	沪府发〔2010〕37号	上海市发展改革委、上海市财政局	2010年10月26日
	关于转发《国家税务总局关于实施创业投资企业所得税优惠问题的通知》及本市贯彻实施意见的通知	沪国税所〔2009〕58号	上海市国家税务局、上海市地方税务局	2009年6月3日
新疆	关于大力推进大众创业万众创新若干政策措施的实施意见	新政发〔2016〕88号	新疆维吾尔自治区人民政府	2016年8月1日
	新疆维吾尔自治区人民政府关于创新重点领域投融资机制鼓励社会投资的实施意见	新政发〔2015〕46号	新疆维吾尔自治区人民政府	2015年5月25日
	新疆维吾尔自治区人民政府关于发布政府核准的投资项目目录（2015年本）的通知	新政发〔2015〕45号	新疆维吾尔自治区人民政府	2015年5月21日
	批转自治区发展改革委关于2011年自治区深化经济体制改革工作意见的通知	新政发〔2011〕61号	新疆维吾尔自治区人民政府	2011年7月11日
	关于鼓励和引导民间投资健康发展的实施意见	新政发〔2011〕52号	新疆维吾尔自治区人民政府	2011年5月6日
	新疆维吾尔自治区促进股权投资类企业发展暂行办法	新政办发〔2010〕187号	新疆维吾尔自治区人民政府	2010年8月25日
	关于印发自治区非上市公司股权集中登记托管工作指导意见的通知	新政办发〔2010〕70号	新疆维吾尔自治区人民政府	2010年3月29日
	关于进一步激发民间有效投资活力促进经济持续健康发展的实施意见	新政办发〔2018〕50号	新疆维吾尔自治区人民政府办公厅	2018年5月31日
	关于进一步激发社会领域投资活力的实施意见	新政办发〔2017〕212号	新疆维吾尔自治区人民政府办公厅	2017年12月27日
	新疆维吾尔自治区关于在公共服务领域加快推行政府和社会资本合作模式的指导意见	新政办发〔2015〕127号	新疆维吾尔自治区人民政府办公厅	2015年9月6日
	关于发展众创空间推进大众创新创业的实施意见	新政办发〔2015〕115号	新疆维吾尔自治区人民政府办公厅	2015年8月22日
	关于提高股权投资类企业政府服务水平若干问题解释的函	新金函〔2011〕173号	新疆维吾尔自治区金融工作办公室	2011年6月24日
	关于鼓励股权投资类企业迁入我区的通知	新金函〔2010〕87号	新疆维吾尔自治区金融工作办公室	2010年11月29日

续表

地区	文件名称	文号	发文单位	实施时间
安徽	安徽省人民政府关于促进创业投资持续健康发展的实施意见	皖政〔2017〕28 号	安徽省人民政府	2017 年 2 月 28 日
	安徽省人民政府关于创新重点领域投融资机制鼓励社会投资的实施意见	皖政〔2015〕123 号	安徽省人民政府	2015 年 12 月 13 日
	安徽省人民政府关于金融支持服务实体经济发展的意见	皖政〔2015〕87 号	安徽省人民政府	2015 年 9 月 20 日
	安徽省人民政府关于发布安徽省地方政府核准的投资项目目录（2014 年本）的通知	皖政〔2014〕28 号	安徽省人民政府	2014 年 4 月 12 日
	安徽省人民政府关于进一步鼓励台湾同胞投资兴业促进皖台合作发展的若干意见	皖政〔2011〕68 号	安徽省人民政府	2011 年 8 月 4 日
	安徽省鼓励和引导民间投资的若干意见	皖政〔2000〕27 号	安徽省人民政府	2000 年 7 月 20 日
	关于进一步激发民间有效投资活力促进经济持续健康发展的实施意见	皖政办〔2017〕98 号	安徽省人民政府办公厅	2018 年 1 月 7 日
	安徽省人民政府关于推进普惠金融发展的实施意见	皖政〔2016〕47 号	安徽省人民政府办公厅	2016 年 6 月 1 日
	安徽省人民政府关于进一步做好防范和处置非法集资工作的实施意见	皖政〔2016〕4 号	安徽省人民政府办公厅	2016 年 1 月 8 日
	安徽省人民政府关于充分利用多层次资本市场着力调结构转方式促升级的意见	皖政〔2015〕90 号	安徽省人民政府办公厅	2015 年 9 月 23 日
	安徽省人民政府关于充分发挥投资关键作用深入推进项目工作的意见	皖政〔2015〕56 号	安徽省人民政府办公厅	2015 年 5 月 20 日
	安徽省人民政府关于金融支持经济结构调整促进转型升级的指导意见	皖政〔2013〕64 号	安徽省人民政府办公厅	2013 年 10 月 10 日
	安徽省人民政府办公厅关于促进股权投资类企业规范发展的意见	皖政办〔2013〕36 号	安徽省人民政府办公厅	2013 年 9 月 13 日
	安徽省人民政府办公厅关于印发安徽省战略性新兴产业发展引导资金项目管理办法的通知	皖政办〔2011〕19 号	安徽省人民政府办公厅	2011 年 3 月 31 日
	安徽省创业（风险）投资引导基金实施办法（试行）	皖政办〔2009〕19 号	安徽省人民政府办公室	2009 年 3 月 24 日
	合肥市人民政府办公厅关于印发合肥市大学生创业创新引导资金管理暂行办法的通知	合政办〔2016〕41 号	合肥市人民政府	2016 年 9 月 30 日

续表

地区	文件名称	文号	发文单位	实施时间
安徽	关于印发《合肥市高科技风险投资基金管理办法（试行）》的通知	合政〔2000〕49号	安徽省合肥市人民政府	2000年8月29日
	合肥市发展改革委关于备案创业和股权投资企业非法集资问题专项整治活动的报告	合发改财金〔2015〕915号	安徽省合肥市发展和改革委员会	2015年9月2日
	安徽省池州市人民政府关于印发《池州市股权投资机构引进及企业上市激励政策》的通知	池政〔2010〕126号	安徽省池州市人民政府	2011年1月6日
	池州市人民政府关于印发《池州市本级产业发展基金股权投资管理办法（试行）》的通知	池政秘〔2016〕143号	安徽省池州市人民政府办公室	2016年7月20日
	黄山市人民政府关于印发黄山市引荐外来投资奖励暂行办法的通知	黄政〔2006〕11号	安徽省黄山市人民政府	2006年5月21日
	芜湖市促进股权投资基金业发展办法	芜政〔2011〕39号	安徽省芜湖市人民政府	2012年4月6日
	宣城市创业（风险）投资引导基金管理暂行办法		安徽省宣城市人民政府办公室	2011年4月18日
江苏	省政府关于促进创业投资持续健康发展的实施意见	苏政发〔2017〕101号	江苏省人民政府	2017年7月17日
	省政府关于进一步促进民间投资发展的意见	苏政发〔2016〕161号	江苏省人民政府	2016年12月12日
	省政府关于创新重点领域投融资机制鼓励社会投资的实施意见	苏政发〔2015〕86号	江苏省人民政府	2015年7月19日
	省政府关于促进互联网金融健康发展的意见	苏政发〔2015〕142号	江苏省人民政府	2015年11月9日
	省政府关于发布江苏省政府核准的投资项目目录（2015年本）的通知	苏政发〔2015〕4号	江苏省人民政府	2015年1月6日
	省政府关于金融支持制造业发展的若干意见	苏政发〔2016〕122号	江苏省人民政府	2016年9月5日
	省政府关于在公共服务领域推广政府和社会资本合作模式的实施意见	苏政发〔2015〕101号	江苏省人民政府	2015年9月5日
	省政府办公厅关于进一步激发社会领域投资活力的实施意见	苏政办发〔2017〕103号	江苏省人民政府办公厅	2017年7月17日
	省政府办公厅关于加快融资租赁业发展的实施意见	苏政办发〔2016〕32号	江苏省人民政府办公厅	2016年4月8日
	省政府办公厅关于做好投资项目在线审批监管平台建设工作的通知	苏政办发〔2015〕95号	江苏省人民政府办公厅	2015年9月28日

续表

地区	文件名称	文号	发文单位	实施时间
江苏	江苏省政府办公厅转发省科技厅省财政厅关于鼓励和引导天使投资支持科技型中小企业发展意见的通知	苏政办发〔2012〕146号	江苏省人民政府办公厅	2012年11月21日
	江苏省政府办公厅关于转发省发展改革委江苏省2012年经济体制改革要点的通知	苏政办发〔2012〕78号	江苏省人民政府办公厅	2012年5月2日
	江苏省政府办公厅转发省科技厅等部门关于加快促进科技和金融结合若干意见的通知	苏政办发〔2011〕68号	江苏省人民政府办公厅	2011年5月21日
	江苏省新兴产业创业投资引导基金管理办法	苏政办发〔2010〕153号	江苏省人民政府办公厅	2010年10月27日
	江苏省政府办公厅转发省发展改革委关于加快创业投资发展若干意见的通知	苏政办发〔2008〕141号	江苏省人民政府办公厅	2010年10月27日
	江苏省政府关于鼓励和引导民间投资健康发展的实施意见	苏政发〔2010〕130号	江苏省人民政府	2010年10月20日
	江苏省科技型中小企业创业投资引导资金管理暂行办法	苏财企〔2007〕132号	江苏省财政厅、江苏省科技厅	2007年8月6日
	江苏省创业投资企业税收优惠政策管理办法	苏财税〔2007〕095号	江苏省财政厅、省国税局、省地税局和省发改委	2007年12月28日
	江苏省地税局关于认真落实税收优惠政策扶持中小企业发展的通知	苏地税发〔2009〕3号	江苏省地方税务局	2009年1月12日
	常州市创业投资引导基金管理暂行办法	常财企〔2008〕29号 常发改〔2008〕167号	江苏省常州市财政局、常州市发改委	2008年5月9日
	南京市政府关于进一步加快全市金融业改革创新发展的若干意见	宁政发〔2011〕73号	江苏省南京市人民政府	2011年4月6日
	南京市政府创业投资引导基金管理办法（试行）	宁政发〔2009〕314号	江苏省南京市人民政府	2009年12月23日
	南京市加快人才科技资金向现代农业园区集聚的实施意见	宁政发〔2012〕78号	江苏省南京市人民政府办公厅	2012年3月30日
	关于《促进南京市股权投资发展实施细则》的补充通知		江苏省南京市金融办	2016年8月26日
	常州市关于支持常州科教城股权投资企业和股权投资管理企业发展的意见	常政发〔2012〕31号	江苏省常州市人民政府	2012年3月9日
	常州市政府关于加快创新创业投资发展的若干意见	常政发〔2007〕88号	江苏省常州市人民政府	2007年5月21日

续表

地区	文件名称	文号	发文单位	实施时间
江苏	连云港市人民政府关于加快推进资本市场发展的指导意见	连政发〔2008〕104 号	江苏省连云港市人民政府	2008 年 9 月 8 日
	南通市政府关于促进全市创业投资和股权投资发展的若干意见（试行）	通政发〔2012〕007 号	江苏省南通市人民政府	2012 年 2 月 3 日
	南通市新兴产业创业投资引导基金管理办法（试行）	通政办发〔2012〕10 号	江苏省南通市人民政府	2012 年 2 月 3 日
	市发改委关于做好股权投资企业发展和备案管理工作的通知	通政发通发改财金〔2011〕100 号	江苏省南通市发改委	
	《市政府关于促进全市创业投资和股权投资发展的若干意见（试行）》实施细则	通发改财金〔2012〕86 号	江苏省南通市发改委、南通市财政局	2012 年 3 月 8 日
	关于加快苏州市创业投资发展的若干意见（试行）	苏府〔2008〕61 号	江苏省苏州市人民政府	2008 年 5 月 15 日
	市政府办公室关于转发苏州市区创业引导性资金使用管理办法的通知	苏府办〔2016〕46 号	江苏省苏州市人民政府	2016 年 3 月 30 日
	苏州工业园区创业投资引导基金管理暂行办法	苏园管〔2010〕49 号	江苏省苏州工业园区管理委员会	2010 年 11 月 22 日至 2013 年 12 月 31 日
	关于苏州工业园区股权投资企业备案的通知	苏园管〔2011〕25 号	江苏省苏州工业园区管理委员会	2011 年 8 月 29 日
	关于促进苏州工业园区股权投资产业发展的若干意见	苏园管〔2010〕48 号	江苏省苏州工业园区管理委员会	2010 年 11 月 22 日至 2013 年 12 月 31 日
	宿迁市政府关于加快创业投资发展的若干意见	宿政发〔2009〕52 号	江苏省宿迁市人民政府	2009 年 5 月 26 日
	关于加快泰州市创业投资发展的若干意见（试行）		江苏省泰州市人民政府	2011 年 7 月 20 日
	无锡市政府关于鼓励和引导民间投资健康发展的实施意见	锡政发〔2011〕5 号	江苏省无锡市人民政府	2011 年 1 月 17 日
	无锡市政府关于支持金融业发展的若干政策意见	锡政发〔2008〕36 号	江苏省无锡市人民政府	2008 年 2 月 15 日
	无锡市政府关于加快产业转型升级促进经济又好又快发展的政策意见	锡政发〔2012〕64 号	江苏省无锡市人民政府办公室	2012 年 3 月 8 日
	无锡市种子资金管理办法	锡科计〔2012〕33 号 锡财工贸〔2012〕13 号	江苏省无锡市科学技术局、无锡市财政局	2012 年 1 月 1 日至 2016 年 12 月 31 日
	徐州市政府关于加快创业投资发展的意见	徐政发〔2011〕111 号	江苏省徐州市人民政府	2011 年 9 月 20 日

续表

地区	文件名称	文号	发文单位	实施时间
江苏	徐州市政府关于鼓励和引导民间投资健康发展的意见	徐政发〔2010〕136号	江苏省徐州市人民政府	2010年10月25日
	市政府办公室关于印发徐州市产业发展基金管理办法的通知	徐政办发〔2016〕134号	江苏省徐州市人民政府办公室	2016年8月5日
	市政府办公室关于印发徐州市产业发展基金管理暂行办法和徐州市产业发展基金设立产业子基金管理暂行办法的通知	徐政办发〔2015〕114号	江苏省徐州市人民政府办公室	2015年7月13日
	徐州市新兴产业创业投资引导基金管理暂行办法		江苏省徐州市发展和改革委员会	2012年3月30日
	市政府办公室关于印发《南通市产业发展引导基金管理办法（试行）》的通知	通政办发〔2015〕060号	江苏省南通市人民政府办公室	2015年5月7日
	淮安市创业投资引导基金运作方案	淮政办发〔2012〕135号	江苏省淮安市人民政府办公室	2012年11月20日
	扬州市政府关于加快创业投资发展的若干意见	扬府发〔2010〕201号	江苏省扬州市人民政府	2010年11月2日
	江都市服务业发展引导资金管理办法		江苏省扬州市发展和改革委员会	2010年
	张家港市创业投资引导基金管理暂行办法	张政办〔2007〕54号	江苏省张家港市人民政府	2010年8月1日
浙江	浙江省人民政府关于促进创业投资持续健康发展的实施意见	浙政发〔2017〕12号	浙江省人民政府	2017年4月19日
	浙江省人民政府关于大力推进大众创业万众创新的实施意见	浙政发〔2015〕37号	浙江省人民政府	2015年11月30日
	浙江省人民政府办公厅关于促进小微企业创新发展的若干意见	浙政办发〔2018〕59号	浙江省人民政府办公厅	2018年6月17日
	关于支持和引导上市公司开展并购重组的若干意见	浙政办发〔2010〕139号	浙江省人民政府办公厅	2010年10月26日
	关于促进股权投资基金发展的若干意见	浙政办发〔2009〕57号	浙江省人民政府办公厅	2009年5月8日
	浙江省创业风险投资引导基金管理办法	浙政办发〔2009〕24号	浙江省人民政府	2009年3月18日
	浙江省鼓励发展风险投资的若干意见的通知	浙政〔2000〕8号	浙江省人民政府	2000年10月20日
	浙江省财政厅关于省属文化企业直接股权投资有关资产管理问题的通知	浙财文资〔2016〕20号	浙江省财政厅	2016年12月26日

续表

地区	文件名称	文号	发文单位	实施时间
浙江	浙江省财政厅关于印发浙江省政府产业基金投资退出管理暂行办法的通知	浙财企〔2016〕93 号	浙江省财政厅	2016 年 9 月 9 日
	浙江省财政厅关于印发浙江省政府产业基金投资退出管理暂行办法的通知	浙财企〔2016〕93 号	浙江省财政厅	2016 年 8 月 23 日
	浙江省财政厅关于印发浙江省基础设施投资（含 PPP）基金管理办法的通知	浙财建〔2016〕44 号	浙江省财政厅	2016 年 4 月 15 日
	浙江省财政厅关于修订浙江省创新强省产业基金管理办法的通知	浙财企〔2016〕25 号	浙江省财政厅	2016 年 2 月 26 日
	浙江省财政厅关于印发浙江省天使梦想基金操作管理办法的通知	浙财企〔2015〕81 号	浙江省财政厅	2015 年 7 月 22 日
	浙江省财政厅关于规范政府产业基金运作与管理的指导意见	浙财企〔2015〕70 号	浙江省财政厅	2015 年 5 月 20 日
	浙江省股权投资企业、股权投资管理企业登记办法	浙工商企〔2010〕3 号	浙江省工商行政管理局	2010 年 4 月 27 日
	浙江省国资委关于加强省属企业基金投资风险管理的通知	浙国资财评〔2018〕5 号	浙江省国资委	2018 年 4 月 4 日
	杭州市人民政府关于推动政府产业基金发展促进产业转型升级的实施意见	杭政函〔2016〕116 号	浙江省杭州市人民政府	2016 年 8 月 11 日
	杭州市人民政府办公厅关于印发促进我市股权投资业发展实施办法的通知	杭政办〔2010〕11 号	浙江省杭州市人民政府办公厅	2010 年 7 月 16 日
	杭州市人民政府办公厅关于进一步促进我市股权投资业发展的补充意见	杭政办〔2012〕134 号	浙江省杭州市人民政府办公厅	2012 年 5 月 2 日
	杭州高新开发区（滨江）创业投资引导基金管理暂行办法	区办〔2008〕68 号	浙江省杭州高新开发区（滨江）管委会	2008 年 9 月 9 日
	慈溪市新兴产业发展投资引导基金管理暂行办法	慈政办发〔2010〕195 号	浙江省慈溪市人民政府办公室	2010 年 12 月 6 日
	嘉兴市创业投资引导基金管理暂行办法	嘉政办发〔2009〕107 号	浙江省嘉兴市人民政府办公室	2009 年 8 月 21 日
	宁波市人民政府关于促进宁波创业投资发展的意见	甬政发〔2007〕131 号	浙江省宁波市人民政府	2007 年 12 月 10 日
	宁波市人民政府办公厅关于印发宁波市政府与社会资本合作投资基金组建方案的通知	甬政办发〔2016〕49 号	浙江省宁波市人民政府办公厅	2016 年 3 月 28 日
	宁波市人民政府办公厅关于印发宁波市产业发展基金直接投资管理暂行办法的通知	甬政办发〔2015〕206 号	浙江省宁波市人民政府办公厅	2015 年 10 月 29 日

续表

地区	文件名称	文号	发文单位	实施时间
浙江	宁波市关于股权投资企业发展的若干意见	甬金办〔2008〕9号	浙江省宁波市人民政府金融工作办公室	2008年10月17日
	宁波市北仑区（开发区）创业投资引导基金管理暂行办法	仑政办〔2008〕27号	浙江省宁波市北仑区人民政府办公室	2008年2月3日
	衢州市创业投资引导基金管理暂行办法	衢政发〔2009〕35号	浙江省衢州市人民政府	2009年8月3日
	绍兴市人民政府办公室关于转发市财政局《绍兴市创业投资引导基金业务流程》的通知	绍政办发〔2010〕163号	浙江省绍兴市人民政府办公室	2010年11月22日
	关于进一步完善绍兴市创业投资引导基金管理暂行办法的通知	绍政办发〔2009〕157号	浙江省绍兴市人民政府办公室	2009年9月17日
	绍兴市人民政府办公室关于鼓励市区企业并购重组的意见	绍政办发〔2008〕148号	浙江省绍兴市人民政府办公室	2008年9月16日
	绍兴市创业投资引导基金管理暂行办法	绍政办发〔2008〕103号	浙江省绍兴市人民政府办公室	2008年6月27日
	浙江省温州市金融综合改革实验区总体方案		国务院	2012年3月28日
	温州市人民政府关于鼓励和引导民间投资健康发展的实施意见	温政发〔2010〕74号	浙江省温州市人民政府	2010年12月12日
	温州市人民政府办公室转发市财政局关于实施温州市政府产业基金财政鼓励政策意见的通知	温政办〔2016〕75号	浙江省温州市人民政府办公室	2016年8月9日
	温州市人民政府办公室关于印发温州市科技创新创业投资基金管理办法（试行）的通知	温政办〔2016〕61号	浙江省温州市人民政府办公室	2016年7月6日
	温州经济技术开发区创业投资引导基金管理暂行办法	温开发〔2010〕170号	浙江省温州经济技术开发区管委会	2010年9月25日
	湖州市人民政府关于创新财政支持经济发展方式加快建立产业基金的意见	湖政发〔2015〕16号	浙江省湖州市人民政府	2015年5月29日
	温州经济技术开发区创业投资引导基金管理暂行办法	温开发〔2010〕170号	浙江省温州经济技术开发区管委会	2010年9月25日

续表

地区	文件名称	文号	发文单位	实施时间
福建	福建省人民政府办公厅关于印发《福建省区域性股权市场监督管理实施细则（试行）》的通知	闽政办〔2017〕113号	福建省人民政府办公厅	2017年9月28日
	福建省人民政府办公厅关于印发《福建省产业股权投资基金暂行管理办法》的通知	闽政办〔2016〕102号	福建省人民政府办公厅	2016年6月29日
	福建省人民政府办公厅转发省发展改革委省工商局关于《福建省股权投资企业管理暂行办法》的通知	闽政办〔2011〕217号	福建省人民政府办公厅	2011年10月17日
	福建省发展和改革委员会关于公开征选创投管理机构组建省级创投基金的通知	闽发改高技〔2016〕100号	福建省发展和改革委员会	2016年2月5日
	福建省发展和改革委员会关于征集参与组建新兴产业创投基金的创投管理机构的通知	闽发改高技〔2013〕1011号	福建省发展和改革委员会	2013年12月27日
	福建省财政厅、福建省经济贸易委员会关于《福建省创业投资引导资金管理实施办法（试行）》补充规定的通知	闽财企〔2010〕17号	福建省经济贸易委员会、福建省财政厅	2010年3月22日
	福建省经济贸易委员会、福建省财政厅、福建省人民政府国有资产监督管理委员会关于印发《福建省省级创业投资资金管理办法（试行）》的通知	闽经贸企业〔2009〕331号	福建省经济贸易委员会、福建省财政厅、福建省人民政府国有资产监督管理委员会	2009年5月22日
	福建省财政厅、福建省经济贸易委员会关于印发《福建省创业投资引导资金管理实施办法（试行）》的通知	闽财企〔2008〕57号	福建省经济贸易委员会、福建省财政厅	2008年7月22日
	福州市人民政府办公厅关于印发福州市产业股权投资引导基金管理办法（试行）的通知	榕政办〔2015〕207号	福建省福州市人民政府办公厅	2015年11月11日
	福建省厦门市人民政府关于印发促进股权投资类企业发展若干规定的通知	厦府〔2013〕355号	福建省厦门市人民政府	2013年12月20日
	福建省厦门市人民政府办公厅转发市政府金融办、市工商局、市财政局《关于促进股权投资类企业发展的若干规定实施细则》的通知	厦府办〔2012〕49号	福建省厦门市人民政府办公厅	2012年2月23日
	福建省厦门市思明区人民政府关于印发《促进股权投资基金业发展办法》的通知	厦思政〔2011〕32号	福建省厦门市思明区人民政府	2011年5月10日

续表

地区	文件名称	文号	发文单位	实施时间
福建	厦门火炬高技术产业开发区关于加快股权投资产业发展的实施办法（试行）		福建省厦门火炬高技术产业开发区	2011 年 4 月 27 日
	厦门市促进风险投资发展若干试行规定	厦府〔2001〕综 1 号	福建省厦门市人民政府	2001 年 1 月 2 日
	泉州市人民政府办公室关于印发泉州市产业股权投资基金管理规定（试行）的通知	泉政办〔2015〕90 号	福建省泉州市人民政府办公室	2015 年 9 月 6 日
	三明市人民政府办公室关于印发三明市中小企业创业创新发展风险基金设立方案的通知	明政办〔2016〕35 号	福建省三明市人民政府办公室	2016 年 4 月 25 日
	三明市人民政府办公室关于印发产业发展基金设立方案的通知	明政办〔2015〕82 号	福建省三明市人民政府办公室	2015 年 8 月 26 日
	漳州市人民政府办公室关于印发漳州市创业投资引导基金管理办法的通知	漳政办〔2014〕83 号	漳州市人民政府办公室	2014 年 5 月 16 日
江西	江西省人民政府办公厅关于进一步激发社会领域投资活力的实施意见	赣府厅发〔2017〕81 号	江西省人民政府	2017 年 9 月 29 日
	江西省人民政府关于做好当前和今后一段时期就业创业工作的实施意见	赣府发〔2017〕33 号	江西省人民政府	2017 年 9 月 13 日
	江西省人民政府办公厅关于促进区域性股权市场规范发展的通知	赣府厅发〔2017〕33 号	江西省人民政府办公厅	2017 年 6 月 6 日
	江西省人民政府关于大力推进大众创业万众创新若干政策措施的实施意见	赣府发〔2015〕36 号	江西省人民政府办公厅	2015 年 7 月 18 日
	江西省人民政府关于开展政府和社会资本合作的实施意见	赣府发〔2015〕25 号	江西省人民政府	2015 年 5 月 16 日
	江西省人民政府关于创新重点领域投融资机制鼓励社会投资的实施意见	赣府发〔2015〕20 号	江西省人民政府	2015 年 4 月 20 日
	江西省人民政府办公厅转发省财政厅省发改委人行南昌中心支行关于在公共服务领域推广政府和社会资本合作模式实施意见的通知	赣府厅发〔2015〕51 号	江西省人民政府办公厅	2015 年 9 月 14 日
	江西省战略性新兴产业投资引导资金管理暂行办法	赣府厅发〔2012〕16 号	江西省人民政府办公厅	2012 年 03 月 27 日
	江西省吉安市人民政府办公室关于认真学习贯彻国务院《关于鼓励和引导民间投资健康发展若干意见》的通知		江西省吉安市人民政府办公室	2010 年 6 月 23 日

续表

地区	文件名称	文号	发文单位	实施时间
江西	江西省吉安市人民政府印发《关于进一步鼓励和扩大民间投资的意见》的通知	吉府发〔2009〕17 号	江西省吉安市人民政府	2009 年 11 月 11 日
广东	广东省人民政府关于印发广东省加快促进创业投资持续健康发展实施方案的通知	粤府〔2017〕62 号	广东省人民政府	2017 年 5 月 17 日
	广东省人民政府关于大力推进大众创业万众创新的实施意见	粤府〔2016〕20 号	广东省人民政府	2016 年 3 月 10 日
	关于进一步鼓励和引导民间投资的若干意见	粤府〔2011〕19 号	广东省人民政府	2011 年 2 月 24 日
	关于大力发展广东资本市场的实施意见	粤府〔2004〕66 号	广东省人民政府	2004 年 6 月 23 日
	广东省人民政府办公厅关于印发广东省建设大众创业万众创新示范基地实施方案的通知	粤府办〔2016〕108 号	广东省人民政府办公厅	2016 年 10 月 11 日
	广东省人民政府办公厅关于省财政经营性资金实施股权投资管理的意见（试行）	粤府办〔2013〕16 号	广东省人民政府办公厅	2013 年 4 月 25 日
	广东省促进创业投资发展暂行规定	粤府办〔2003〕11 号	广东省人民政府办公厅	2003 年 3 月 1 日
	广东省发展改革委关于做好政府出资产业投资基金信用信息登记工作的通知	粤发改财金函〔2017〕1955 号	广东省发展改革委	2017 年 4 月 18 日
	关于印发《广东省农业供给侧结构性改革基金股权投资项目申报指南》的通知	粤农函〔2018〕316 号	广东省农业厅	2018 年 3 月 23 日
	广东省科学技术厅关于征集广东省引进科技创新创业团队开展科技成果投融资对接项目的通知		广东省科学技术厅	2016 年 9 月 19 日
	广东省创业风险投资资金管理暂行办法	粤财工〔2011〕410 号	广东省财政厅	2011 年 9 月 13 日
	广东省战略性新兴产业创业投资引导资金管理暂行办法	粤财工〔2011〕409 号	广东省财政厅	2011 年 9 月 13 日
	深圳经济特区金融发展促进条例	2008 年深圳市人民代表大会常务委员会公告第 72 号公布	广东省深圳市第四届人民代表大会	2008 年 6 月 1 日
	市政府《印发关于促进股权投资基金业发展的若干规定的通知》	深府〔2010〕103 号	广东省深圳市人民政府	2010 年 7 月 3 日

续表

地区	文件名称	文号	发文单位	实施时间
广东	深圳市支持金融业发展若干规定实施细则	深府〔2009〕06号	广东省深圳市人民政府	2008年12月31日
广东	关于加快深圳金融业改革创新发展的若干意见		广东省深圳市人民政府	2006年1月4日
广东	深圳市金融业发展“十二五”规划	深府办〔2011〕113号	广东省深圳市人民政府办公厅	2011年12月29日
广东	深圳市人民政府办公厅关于进一步支持股权投资基金业发展有关事项的通知	深府办〔2010〕100号	广东省深圳市人民政府办公厅	2010年12月4日
广东	深圳市市场监督管理局关于鼓励社会投资促进经济发展方式转变的若干实施意见	深府办〔2010〕111号	广东省深圳市人民政府办公厅	2010年12月23日
广东	关于印发《深圳市股权投资基金业发展资金申请操作规程》的通知	深府金发〔2011〕5号	广东省深圳市人民政府金融服务办公室、深圳市财政委员会	2011年8月16日
广东	关于印发《光明新区关于促进股权投资基金业发展的若干规定》的通知	深光管〔2012〕12号	广东省深圳市光明新区	2012年2月27日
海南	海南省人民政府关于大力推进大众创业万众创新的实施意见	琼府〔2016〕48号	海南省人民政府	2016年5月17日
海南	海南省人民政府关于创新重点领域投融资机制鼓励社会投资的实施意见	琼府〔2015〕120号	海南省人民政府	2015年12月31日
海南	海南省人民政府关于鼓励在公共服务领域推广政府和社会资本合作模式的实施意见	琼府〔2015〕95号	海南省人民政府	2015年11月12日
海南	关于印发海南省支持资本市场发展的若干政策的通知	琼府〔2011〕55号	海南省人民政府	2011年7月22日
海南	海南省产业发展引导资金管理暂行办法	琼府〔2010〕2号	海南省人民政府	2010年1月16日
海南	海南省财政厅关于印发《海南省财政专项资金股权投资管理操作规程（试行）》的通知	琼财企〔2014〕381号	海南省财政厅	2014年4月9日
海南	海南省工业和信息化厅海南省财政厅关于向社会公开征集海南省工业和信息产业投资基金子基金合作投资机构的通告	琼工信办〔2018〕313号	海南省工业和信息化厅	2018年8月27日
海南	海南省工业和信息化厅海南省财政厅关于开展海南省互联网产业天使投资和股权投资工作的通知	琼工信信产〔2018〕88号	海南省工业和信息化厅	2018年3月21日

续表

地区	文件名称	文号	发文单位	实施时间
云南	云南省人民政府关于印发云南省促进民间投资健康发展政策措施的通知	云政发〔2017〕22号	云南省人民政府办公厅	2017年4月19日
	云南省人民政府关于促进创业投资持续健康发展的实施意见	云政发〔2017〕23号	云南省人民政府办公厅	2017年4月19日
	云南省人民政府办公厅关于发展众创空间推进大众创新创业的实施意见	云政办发〔2015〕48号	云南省人民政府办公厅	2015年6月20日
	云南省人民政府办公厅关于大力发展股权投资基金的意见	云政办发〔2011〕159号	云南省人民政府办公厅	2011年8月12日
	云南省股权投资政府引导基金管理办法	云政办发〔2011〕149号	云南省人民政府办公厅	2011年9月1日
	云南省人民政府关于进一步扩大民间投资的决定	云政发〔2003〕46号	云南省人民政府	2003年4月5日
	云南省工业和信息化委员会 云南省财政厅关于印发《云南省民营经济转型发展引导基金管理办法》的通知	云工信中小〔2014〕728号	云南省工业和信息化委员会云南省财政厅	2014年9月4日
	云南省股权投资类企业管理暂行办法	云金办〔2011〕515号	云南省人民政府金融办公室	2011年11月16日
	云南省发展和改革委员会关于《云南省股权投资基金备案管理试行办法》的公告		云南省发展和改革委员会	2010年8月1日
	昆明市促进股权投资基金发展管理暂行办法	昆明市人民政府公告第67号	云南省昆明市人民政府	2011年3月11日
	云南省昆明市人民政府办公厅关于印发《关于设立昆明市创业投资引导基金的工作方案》的通知	昆政办〔2009〕146号	云南省昆明市人民政府办公厅	2009年11月9日
	云南省昆明市人民政府关于印发《昆明市创业投资引导基金管理暂行办法》的通知	昆政发〔2009〕75号	云南省昆明市人民政府	2009年11月9日
四川	四川省人民政府关于印发四川省省级产业发展投资引导基金管理办法的通知	川府发〔2015〕49号	四川省人民政府	2015年9月30日
	四川省人民政府关于全面推进大众创业、万众创新的意见	川府发〔2015〕27号	四川省人民政府	2015年5月5日
	四川省人民政府关于做好当前和今后一段时期就业创业工作的实施意见	川府发〔2017〕53号	四川省人民政府办公厅	2017年9月26日
	四川省人民政府关于进一步促进民间投资健康发展的意见	川府发〔2016〕38号	四川省人民政府办公厅	2016年9月2日

续表

地区	文件名称	文号	发文单位	实施时间
四川	关于规范全省股权投资企业发展的通知	川发改财金〔2012〕493号	四川省发展和改革委员会、四川省工商局	2012年7月2日
	关于股权投资基金企业和股权投资基金管理企业登记管理的实施意见	成工商发〔2011〕33号	四川省成都市工商行政管理局	2011年3月1日
	关于促进我市股权投资基金业发展的意见	成办发〔2010〕112号	四川省成都市人民政府办公厅	2011年1月30日
重庆	重庆市人民政府关于做好当前和今后一段时期就业创业工作的实施意见	渝府发〔2017〕41号	重庆市人民政府	2017年10月18日
	重庆市人民政府关于大力发展民营经济的意见	渝府发〔2012〕62号	重庆市人民政府	2012年6月6日
	重庆市股权登记托管管理暂行办法	渝府发〔2010〕69号	重庆市人民政府	2010年7月1日
	重庆市人民政府关于促进重庆金融业加快发展的若干意见	渝府发〔2006〕114号	重庆市人民政府	2006年1月1日
	重庆市人民政府办公厅关于进一步激发社会领域投资活力的实施意见	渝府办发〔2017〕80号	重庆市人民政府办公厅	2017年6月17日
	重庆市人民政府办公厅关于印发重庆市产业引导股权投资基金管理办法的通知	渝府办发〔2017〕32号	重庆市人民政府办公厅	2017年3月22日
	重庆市人民政府办公厅关于加快构建大众创业万众创新支撑平台的实施意见	渝府办发〔2016〕163号	重庆市人民政府办公厅	2016年8月19日
	重庆市人民政府办公厅关于加快重庆创业投资发展的意见	渝府办发〔2015〕155号	重庆市人民政府办公厅	2015年10月8日
	重庆市人民政府办公厅关于印发重庆市产业引导股权投资基金管理暂行办法的通知	渝府办发〔2014〕39号	重庆市人民政府办公厅	2014年4月11日
	重庆市人民政府办公厅关于印发重庆市进一步促进股权投资类企业发展实施办法的通知	渝办发〔2012〕307号	重庆市人民政府办公厅	2012年11月17日
	重庆市人民政府办公厅关于进一步加强金融服务民营经济的实施意见	渝办发〔2012〕183号	重庆市人民政府办公厅	2012年6月6日
	重庆市人民政府办公厅关于进一步明确鼓励和支持民营经济发展财税政策的意见	渝办发〔2012〕182号	重庆市人民政府办公厅	2012年6月5日
	重庆市重大高新技术产业创业投资资金管理暂行办法	渝办〔2005〕16号	重庆市人民政府办公厅	2005年3月31日
	关于促进创业投资企业发展有关税收政策的通知	渝财税〔2007〕117号	重庆市财政局、重庆市国家税务局、重庆市地方税务局	2007年9月17日

续表

地区	文件名称	文号	发文单位	实施时间
湖南	关于进一步加快发展资本市场的若干意见	湘政发〔2010〕1 号	湖南省人民政府	2010 年 1 月 13 日
	湖南省人民政府关于进一步支持中小企业融资的意见	湘政发〔2009〕10 号	湖南省人民政府	2009 年 3 月 4 日
	湖南省人民政府办公厅关于印发《湖南省促进民间投资六大专项行动》的通知	湘政办发〔2016〕89 号	湖南省人民政府办公厅	2016 年 11 月 23 日
	湖南省人民政府办公厅关于进一步激发社会领域投资活力的实施意见	湘政办发〔2018〕4 号	湖南省人民政府办公厅	2018 年 1 月 16 日
	湖南省人民政府办公厅关于推进区域性股权市场规范发展的意见	湘政办发〔2017〕10 号	湖南省人民政府办公厅	2017 年 3 月 6 日
	湖南省人民政府办公厅关于印发《湖南省战略性新兴产业与新型工业化专项资金管理办法》的通知	湘政办发〔2016〕4 号	湖南省人民政府办公厅	2016 年 1 月 7 日
	湖南省人民政府办公厅关于印发《湖南省新兴产业发展基金管理办法（试行）》的通知	湘政办发〔2015〕93 号	湖南省人民政府办公厅	2015 年 10 月 30 日
	湖南省人民政府办公厅关于印发《湖南省大众创业万众创新行动计划（2015—2017 年）》的通知	湘政办发〔2015〕89 号	湖南省人民政府办公厅	2015 年 10 月 20 日
	湖南省人民政府办公厅关于印发《湖南省发展众创空间推进大众创新创业实施方案》的通知	湘政办发〔2015〕74 号	湖南省人民政府办公厅	2015 年 9 月 11 日
	湖南省人民政府办公厅关于鼓励和支持民间资本参与公共领域投资的若干意见	湘政办发〔2014〕66 号	湖南省人民政府办公厅	2014 年 8 月 8 日
	湖南省人民政府办公厅关于扩大市州和国家级开发区外商投资企业设立和变更核准权限的通知	湘政办函〔2014〕22 号	湖南省人民政府办公厅	2014 年 3 月 11 日
	关于鼓励和促进民间投资健康发展的实施意见	湘政发〔2010〕21 号	湖南省人民政府办公厅	2010 年 8 月 25 日
	湖南省财政厅关于印发《湖南省省级政府性投资基金暂行管理办法》的通知	湘财预〔2016〕30 号	湖南省财政厅	2016 年 4 月 18 日
	湖南省财政厅关于印发《湖南省新兴产业发展基金受托管理机构招募和管理办法》的通知	湘财企〔2015〕72 号	湖南省财政厅	2015 年 12 月 22 日
	湖南省财政支持产业发展专项资金股权投资管理办法	湘财企〔2011〕14 号	湖南省财政厅	2011 年 5 月 31 日

续表

地区	文件名称	文号	发文单位	实施时间
湖南	关于印发《湖南省股权投资企业备案管理暂行办法》的通知	湘发改财贸〔2013〕30号	湖南省发展和改革委员会	2013年2月6日
	湖南省人民政府金融工作办公室 湖南省工商行政管理局印发《关于促进私募股权投资行业规范发展的暂行办法》的通知	湘政金发〔2017〕9号	湖南省政府金融工作办公室	2017年3月15日
	长沙市人民政府办公厅关于印发《长沙市产业投资基金管理办法》的通知	长政办发〔2015〕61号	湖南省长沙市人民政府办公厅	2015年12月18日
	长沙市人民政府办公厅关于印发《鼓励股权投资类企业发展办法》的通知	长政办发〔2013〕24号	湖南省长沙市人民政府办公厅	2013年7月23日
	湘潭高新区鼓励扶持企业利用资本市场发展暂行办法	潭高办发〔2012〕16号	湖南省湘潭高新区管委会办公室	2012年5月23日
	关于鼓励私募股权投资基金业发展的若干意见	郴政办发〔2010〕6号	湖南省郴州市金融证券办、市人民银行、郴州银监分局、市发改委、市财政局、市公安局、市房产局、市国税局、市地税局、市工商局	2010年3月3日
	株洲市股权投资企业和股权投资管理企业管理试行办法	株政办发〔2010〕26号	湖南省株洲市人民政府办公室	2010年10月11日
湖北	省人民政府关于促进创业投资持续健康发展的实施意见	鄂政发〔2018〕11号	湖北省人民政府	2018年3月5日
	省人民政府办公厅关于促进区域性股权市场规范创新发展的通知	鄂政办发〔2018〕30号	湖北省人民政府	2018年6月19日
	省人民政府关于加快构建大众创业万众创新支撑平台的实施意见	鄂政发〔2016〕45号	湖北省人民政府	2016年9月7日
	省人民政府关于加快股权投资基金业发展的意见	鄂政发〔2016〕11号	湖北省人民政府	2016年3月26日
	关于促进股权投资类企业发展的若干意见	鄂政发〔2011〕23号	湖北省人民政府	2011年5月6日
	省人民政府办公厅关于印发《湖北省长江经济带产业基金管理办法》《湖北省长江经济带产业基金政府出资管理办法》的通知	鄂政办发〔2016〕17号	湖北省人民政府办公厅	2016年3月31日

续表

地区	文件名称	文号	发文单位	实施时间
湖北	省人民政府办公厅关于印发湖北省省级股权投资引导基金设立与运作实施方案（试行）和湖北省省级股权投资引导基金管理试行办法的通知	鄂政办发〔2015〕47号	湖北省人民政府办公厅	2015年6月23日
	湖北省人民政府办公厅关于印发湖北省创业投资引导基金管理暂行办法的通知	鄂政办发〔2011〕107号	湖北省人民政府办公厅	2011年10月18日
	湖北省股权投资企业和股权投资管理企业备案管理暂行办法	鄂发改财贸〔2012〕1434号	湖北省发展和改革委员会	2012年12月28日
	湖北省试点地区股权投资企业规范发展和备案管理实施细则（试行）	鄂发改财贸〔2011〕851号	湖北省发改委、湖北省金融服务办公室	2011年6月17日
	市人民政府关于印发武汉市战略性新兴产业发展引导基金管理暂行办法的通知	武政规〔2014〕18号	湖北省武汉市人民政府	2014年9月7日
	市人民政府办公厅关于印发武汉市科技创业天使投资基金暨种子基金管理暂行办法的通知	武政办〔2013〕125号	湖北省武汉市人民政府办公厅	2013年9月4日
	武汉市人民政府办公厅关于印发促进资本特区股权投资产业发展实施办法的通知	武政办〔2011〕110号	湖北省武汉市人民政府办公厅	2011年6月22日
	武汉市科技创业投资引导基金管理暂行办法	武科〔2008〕190号	湖北省武汉市科技局、武汉市财政局	2008年9月25日
	黄冈市人民政府关于印发《黄冈市创业投资引导基金管理暂行办法》的通知	黄政规〔2014〕1号	黄冈市人民政府	2014年2月14日
河南	河南省促进创业投资发展暂行办法	河南省人民政府令第86号	河南省人民政府	2005年1月1日
	河南省人民政府关于大力推进大众创业万众创新的实施意见	豫政〔2016〕31号	河南省人民政府	2016年5月18日
	河南省人民政府关于推广运用政府和社会资本合作模式的指导意见	豫政〔2014〕89号	河南省人民政府	2014年11月27日
	河南省人民政府办公厅关于促进创业投资持续健康发展的实施意见	豫政办〔2017〕29号	河南省人民政府办公厅	2017年2月10日
	河南省人民政府办公厅关于规范发展区域性股权市场的通知	豫政办〔2017〕95号	河南省人民政府办公厅	2017年8月22日
	河南省人民政府办公厅关于转发郑洛新国家自主创新示范区科技成果转化引导基金实施方案的通知	豫政办〔2016〕224号	河南省人民政府办公厅	2016年12月28日

续表

地区	文件名称	文号	发文单位	实施时间
河南	河南省人民政府办公厅关于转发河南省股权投资引导基金管理暂行办法的通知	豫政办〔2012〕156号	河南省人民政府办公厅	2012年11月6日
	河南省人民政府办公厅转发省科技厅省财政厅关于发展众创空间推进创新创业工作政策措施和关于推进金融资本与科技创新相结合政策措施的通知	豫政办〔2016〕15号	河南省人民政府办公厅	2016年2月17日
	河南省人民政府办公厅关于促进创业投资和产业投资基金发展的通知	豫政办〔2015〕160号	河南省人民政府办公厅	2015年12月28日
	河南省人民政府办公厅关于促进创业投资和产业投资基金健康发展的意见	豫政办〔2014〕56号	河南省人民政府办公厅	2014年5月15日
	河南省股权投资引导基金管理暂行办法实施细则	豫财金〔2013〕15号	河南省财政厅	2013年3月29日
	河南省国家税务局关于进一步规范外商投资企业所得税征管工作的通知	豫国税函〔2008〕366号	河南省国家税务局	2008年11月4日
	财政部、国家税务总局关于全国社会保障基金股权投资收益企业所得税问题的通知	财税〔2005〕27号	河南省国家税务局	
	河南省郑州市人民政府关于建立郑州市风险投资机制的意见	郑政文〔2009〕256号	河南省郑州市人民政府	2009年10月21日
	驻马店市人民政府办公室关于促进创业投资持续健康发展的实施意见	驻政办〔2017〕42号	驻马店市人民政府	2017年4月26日
	平顶山市人民政府办公室关于促进创业投资持续健康发展的实施意见	平政办〔2017〕92号	平顶山市人民政府	2017年11月1日
	安阳市人民政府办公室关于转发安阳市产业引导股权投资基金管理暂行办法的通知	安政办〔2016〕96号	安阳市人民政府	2016年10月21日
河北	河北省人民政府关于促进创业投资持续健康发展的实施意见	冀政发〔2017〕2号	河北省人民政府	2017年1月19日
	河北省人民政府办公厅关于印发河北省促进股权投资基金业发展办法的通知	冀政办字〔2016〕186号	河北省人民政府	2016年12月5日
	河北省人民政府关于创新重点领域投融资机制 鼓励社会投资的实施意见	冀政发〔2015〕32号	河北省人民政府	2015年5月30日
	河北省人民政府关于进一步鼓励和引导民间投资健康发展的实施意见	冀政〔2011〕93号	河北省人民政府	2011年8月7日

续表

地区	文件名称	文号	发文单位	实施时间
河北	河北省财政厅关于印发《河北省股权投资基金业发展奖励资金管理办法》的通知	冀财金〔2016〕44号	河北省财政厅	2016年7月29日
	关于开展我省股权与创业投资基金规范运作风险排查工作的通知	冀发改财金〔2016〕581号	河北省发展和改革委员会	2016年5月5日
	关于进一步做好股权投资基金及管理企业备案管理工作的通知	冀发改财金〔2013〕499号	河北省发展和改革委员会	2013年4月3日
	河北省发展和改革委员会关于做好全省股权投资基金业发展管理工作的通知	冀发改财金〔2011〕326号	河北省发展和改革委员会	2011年3月29日
	河北省发展和改革委员会关于进一步完善创业投资企业备案程序的通知		河北省发展和改革委员会	2011年3月21日
	河北省唐山市发展和改革委员会关于转发《河北省发展和改革委员会关于做好全省股权投资基金业发展管理工作的通知》的通知	唐发改财金〔2011〕215号	河北省唐山市发展和改革委员会	2011年4月22日
山东	山东省人民政府办公厅关于印发山东省省级股权投资引导基金管理暂行办法的通知	鲁政办发〔2014〕44号	山东省人民政府	2014年11月19日
	山东省人民政府关于贯彻国发〔2014〕60号文件创新重点领域投融资机制鼓励社会投资的实施意见	鲁政发〔2015〕12号	山东省人民政府	2015年5月27日
	山东省人民政府关于鼓励和引导民间投资健康发展的实施意见	鲁政发〔2012〕32号	山东省人民政府	2012年9月12日
	山东省人民政府关于金融支持山东半岛蓝色经济区发展的意见	鲁政发〔2011〕50号	山东省人民政府	2011年11月25日
	山东省人民政府关于促进和支持民间投资发展的意见	鲁政发〔2009〕68号	山东省人民政府	2009年5月21日
	山东省人民政府办公厅转发省科技厅关于加快推进大众创新创业的实施意见的通知	鲁政办发〔2015〕36号	山东省人民政府办公厅	2015年8月22日
	山东省人民政府办公厅关于印发山东省省级股权投资引导基金管理暂行办法的通知	鲁政办发〔2014〕44号	山东省人民政府办公厅	2014年11月19日
	山东省金融工作办公室 山东省财政厅关于做好股权投资基金登记备案工作的通知	鲁金办发〔2015〕13号	山东省金融工作办公室山东省财政厅	2015年5月15日

续表

地区	文件名称	文号	发文单位	实施时间
山东	关于促进股权投资发展的意见	鲁金办发〔2011〕5号	山东省人民政府金融服务办公室	2011年1月28日
	山东省财政厅关于印发《山东省省级股权投资引导基金绩效评价管理暂行办法》的通知	鲁财预〔2015〕57号	山东省财政厅	2015年11月15日
	山东省省级创业投资引导基金管理暂行办法	鲁财企〔2009〕68号	山东省财政厅、山东省发展改革委员会、山东省科技厅、山东省中小企业办	2009年9月18日
	关于加快股权投资发展的意见	青政发〔2012〕4号	山东省青岛市人民政府	2012年1月17日
	转发市金融工作办关于加快基金业集聚发展意见的通知	青政办字〔2015〕65号	山东省青岛市人民政府办公厅	2015年7月30日
	青岛高新区创业投资引导基金设立方案	青政办发〔2010〕11号	山东省青岛市人民政府办公厅	2010年4月2日
	烟台市人民政府办公室关于印发烟台市市级股权投资引导基金管理暂行办法的通知	烟政办发〔2015〕3号	山东省烟台市人民政府办公室	2015年1月21日
	烟台高新区创业投资引导基金管理暂行办法	烟高办〔2010〕7号	山东省烟台高新区财政局	2010年8月11日
山西	山西省人民政府关于促进外资增长的若干意见	晋政发〔2018〕6号	山西省人民政府	2018年3月9日
	山西省人民政府关于印发山西省促进创业投资持续健康发展若干政策措施的通知	晋政发〔2017〕32号	山西省人民政府	2017年7月19日
	山西省人民政府关于加快股权投资基金业发展的若干意见	晋政发〔2017〕19号	山西省人民政府	2017年5月10日
	山西省人民政府关于印发山西省大力推进大众创业万众创新实施方案的通知	晋政发〔2015〕49号	山西省人民政府	2015年12月28日
	山西省人民政府关于创新重点领域投融资机制鼓励社会投资的实施意见	晋政发〔2015〕20号	山西省人民政府	2015年6月29日
	山西省风险投资企业管理暂行办法	晋政发〔2002〕25号	山西省人民政府	2002年11月16日
	山西省人民政府办公厅关于印发山西省民营企业创新转型投资基金设立方案的通知	晋政办发〔2015〕86号	山西省人民政府办公厅	2015年9月28日

续表

地区	文件名称	文号	发文单位	实施时间
山西	山西省人民政府办公厅关于发展众创空间推进大众创新创业的实施意见	晋政办发〔2015〕83 号	山西省人民政府办公厅	2015 年 9 月 14 日
	创业投资扶持资金管理暂行办法	晋发改财金发〔2010〕15 号	山西省发展和改革委员会	2010 年 1 月 7 日
	山西省发展改革委、省科技厅、省财政厅关于促进创业风险投资发展的若干意见	晋政办发〔2007〕107 号	山西省财政厅、省发展改革委、省科技厅	2007 年 8 月 25 日
	太原市人民政府关于鼓励股权投资企业和股权投资管理企业发展的意见	并政发〔2012〕46 号	山西省太原市人民政府办公厅	2012 年 11 月 29 日
	太原市科技风险投资专项资金管理暂行办法	并政发〔2009〕30 号	山西省太原市人民政府	2009 年 6 月 25 日
	晋城市人民政府关于印发晋城市鼓励股权投资基金业发展办法（试行）的通知	晋市政发〔2012〕26 号	山西省晋城市人民政府	2012 年 10 月 20 日
陕西	陕西省人民政府关于加快推动创业投资发展的实施意见	陕政发〔2017〕53 号	陕西省人民政府	2017 年 11 月 9 日
	陕西省人民政府关于进一步促进民间投资健康发展的若干意见	陕政发〔2016〕37 号	陕西省人民政府	2016 年 9 月 9 日
	陕西省人民政府关于大力推进大众创业万众创新工作的实施意见	陕政发〔2016〕10 号	陕西省人民政府	2016 年 3 月 20 日
	陕西省人民政府关于创新重点领域投融资机制鼓励社会资本投资的实施意见	陕政发〔2015〕42 号	陕西省人民政府	2015 年 8 月 22 日
	陕西省人民政府办公厅关于印发《陕西省产业发展基金管理办法》的通知	陕政办发〔2015〕107 号	陕西省人民政府办公厅	2016 年 1 月 1 日
	陕西省人民政府办公厅关于印发《陕西省创业投资引导基金管理暂行办法》的通知	陕政办发〔2008〕139 号	陕西省人民政府办公厅	2008 年 12 月 30 日
内蒙古	内蒙古自治区人民政府关于做好当前和今后一段时期就业创业工作的实施意见	内政发〔2017〕132 号	内蒙古自治区人民政府	2018 年 4 月 20 日
	内蒙古自治区人民政府关于大力推进大众创业万众创新若干政策措施的实施意见	内政发〔2015〕120 号	内蒙古自治区人民政府	2015 年 10 月 26 日
	内蒙古自治区人民政府关于推进区域性股权市场发展的若干意见	内政发〔2015〕118 号	内蒙古自治区人民政府	2015 年 10 月 10 日
	内蒙古自治区人民政府关于进一步推进多层次资本市场融资的若干意见	内政发〔2014〕54 号	内蒙古自治区人民政府	2014 年 5 月 21 日

续表

地区	文件名称	文号	发文单位	实施时间
内蒙古	内蒙古自治区人民政府办公厅关于印发培育发展绿色基金工作方案的通知	内政办发〔2016〕143号	内蒙古自治区人民政府办公厅	2016年9月30日
	内蒙古自治区人民政府办公厅关于加快发展众创空间的实施意见	内政办发〔2015〕124号	内蒙古自治区人民政府办公厅	2015年11月16日
	内蒙古自治区人民政府办公厅关于印发自治区私募股权投资基金培育方案的通知	内政办发〔2015〕107号	内蒙古自治区人民政府办公厅	2015年10月10日
	内蒙古自治区人民政府办公厅关于金融支持小微企业发展的实施意见	内政办发〔2014〕11号	内蒙古自治区人民政府办公厅	2014年2月16日
	内蒙古自治区人民政府办公厅关于印发自治区股权投资企业和股权投资管理机构管理办法（试行）的通知	内政办发〔2012〕111号	内蒙古自治区人民政府办公厅	2012年9月19日
	内蒙古自治区创业投资引导基金管理办法（试行）	内政办发〔2009〕42号	内蒙古自治区人民政府办公厅	2009年7月9日
	鄂尔多斯市人民政府关于鼓励股权投资类企业发展的若干意见	鄂府发〔2011〕29号	内蒙古自治区鄂尔多斯市人民政府	2011年5月25日
青海	青海省人民政府办公厅 转发省金融办关于促进区域性股权 交易市场发展若干意见的通知	青政办〔2013〕289号	青海省人民政府	2013年11月4日
	青海省人民政府关于在公共服务领域推广政府和社会资本合作模式的实施意见	青政〔2016〕43号	青海省人民政府	2016年6月11日
	青海省科技型中小企业创业投资引导基金管理暂行办法		青海省财政厅、省科技厅	2009年9月17日
吉林省	吉林省人民政府关于强化实施创新驱动发展战略进一步推进大众创业万众创新深入发展的实施意见	吉政发〔2017〕35号	吉林省人民政府	2017年12月24日
	吉林省人民政府关于缓解企业融资难融资贵若干措施的通知	吉政发〔2017〕8号	吉林省人民政府	2017年3月5日
	吉林省人民政府办公厅关于印发吉林省金融业发展“十三五”规划的通知	吉政办发〔2017〕20号	吉林省人民政府	2017年3月2日
	吉林省人民政府办公厅印发关于促进创业投资持续健康发展若干政策措施的通知	吉政办发〔2017〕17号	吉林省人民政府	2017年2月16日
	吉林省人民政府办公厅关于强化金融服务支持科技创新的实施意见	吉政办发〔2016〕20号	吉林省人民政府	2016年4月7日

续表

地区	文件名称	文号	发文单位	实施时间
吉林省	吉林省人民政府关于推进大众创业万众创新若干政策措施的实施意见	吉政发〔2015〕54 号	吉林省人民政府	2015 年 12 月 13 日
	吉林省人民政府关于创新重点领域投融资机制鼓励社会投资的实施意见	吉政发〔2015〕24 号	吉林省人民政府	2015 年 6 月 3 日
	吉林省人民政府关于进一步强化金融服务小型微型企业发展的指导意见	吉政发〔2012〕30 号	吉林省人民政府	2012 年 7 月 31 日
	吉林省人民政府关于进一步促进小型微型企业发展的意见	吉政发〔2012〕22 号	吉林省人民政府	2012 年 6 月 11 日
	吉林省人民政府关于鼓励和引导民间投资健康发展的实施意见	吉政发〔2011〕25 号	吉林省人民政府	2011 年 6 月 29 日
	吉林省人民政府办公厅关于加快构建大众创业万众创新支撑平台的实施意见	吉政办发〔2016〕48 号	吉林省人民政府办公厅	2016 年 6 月 28 日
	吉林省人民政府办公厅关于金融支持民营经济和小微企业发展的实施意见	吉政办发〔2013〕49 号	吉林省人民政府办公厅	2013 年 12 月 31 日
	吉林市人民政府印发《吉林市人民政府关于鼓励外商投资的若干规定》的通知	吉市政发〔2003〕17 号	吉林市人民政府	2003 年 9 月 19 日
	关于印发《吉林省股权投资基金管理暂行办法》的通知		吉林省金融服务办公室、吉林省发展和改革委员会、吉林省工业和信息化厅、吉林省财政厅、吉林省国土资源厅、吉林省住房和城乡建设厅、吉林省地方税务局、吉林省工商行政管理局、吉林省国家税务局、吉林省中国人民银行长春中心支行、吉林省银行业监督管理局、吉林省证券监督管理局、吉林省保险监督管理局	2010 年 6 月 24 日
	吉林省鼓励和促进民间投资的若干意见		吉林省发展计划委员会	2002 年 3 月 1 日
	关于认真落实税收优惠政策促进经济平稳较快发展的意见	吉地税发〔2012〕61 号	吉林省地方税务局	2012 年 7 月 3 日

续表

地区	文件名称	文号	发文单位	实施时间
辽宁	辽宁省人民政府办公厅关于印发辽宁省大力推广支持创新相关改革举措实施方案的通知	辽政办发〔2018〕23号	辽宁省人民政府	2018年6月11日
	辽宁省人民政府关于印发辽宁省促进创业投资持续健康发展若干政策措施的通知	辽政发〔2016〕74号	辽宁省人民政府	2016年12月5日
	辽宁省人民政府关于印发国有企业参与设立产业（创业）投资基金若干政策措施的通知	辽政发〔2016〕29号	辽宁省人民政府	2016年4月27日
	辽宁省人民政府办公厅关于印发辽宁省产业（创业）投资引导基金直接投资科技创新项目管理办法的通知	辽政办发〔2016〕158号	辽宁省人民政府	2016年12月25日
	辽宁省人民政府关于加快构建大众创业万众创新支撑平台的实施意见	辽政发〔2016〕14号	辽宁省人民政府	2016年1月20日
	辽宁省人民政府印发关于推进大众创业万众创新若干政策措施的通知	辽政发〔2015〕61号	辽宁省人民政府	2015年11月27日
	辽宁省人民政府关于印发辽宁省产业（创业）投资引导基金设立方案的通知	辽政发〔2015〕50号	辽宁省人民政府	2015年10月23日
	辽宁省人民政府关于大力推进中小微企业创业基地建设的指导意见	辽政发〔2015〕44号	辽宁省人民政府	2015年9月29日
	辽宁省人民政府关于发展产业金融的若干意见	辽政发〔2015〕43号	辽宁省人民政府	2015年9月29日
	辽宁省人民政府关于推广运用政府和社会资本合作模式的实施意见	辽政发〔2015〕37号	辽宁省人民政府	2015年8月22日
	辽宁省人民政府关于进一步促进投资增长的若干意见	辽政发（2014）18号	辽宁省人民政府	2014年7月4日
	辽宁省人民政府关于鼓励和引导民间投资健康发展的实施意见	辽政发〔2011〕39号	辽宁省人民政府	2011年12月5日
	辽宁省人民政府办公厅关于印发辽宁省产业（创业）投资引导基金相关管理制度的通知	辽政办发〔2015〕104号	辽宁省人民政府办公厅	2015年12月5日
	辽宁省人民政府办公厅关于发展众创空间推进大众创新创业的实施意见	辽政办发〔2015〕94号	辽宁省人民政府办公厅	2015年11月11日
	辽宁省人民政府办公厅转发省政府金融办关于加快发展科技金融推进科技创新实施意见的通知	辽政办发〔2013〕38号	辽宁省人民政府办公厅	2013年7月15日

续表

地区	文件名称	文号	发文单位	实施时间
辽宁	关于加快私募股权投资发展的实施意见	辽金办发〔2009〕69 号	辽宁省人民政府金融服务办公室、辽宁省工商行政管理局、辽宁省国家税务局、辽宁省地方税务局	2009 年 12 月 18 日
	沈阳市人民政府关于大力推进大众创业万众创新的实施意见	沈政发〔2015〕40 号	辽宁省沈阳市人民政府	2015 年 8 月 25 日
	沈阳市财政专项资金股权投资管理办法（试行）	沈政发〔2013〕45 号	辽宁省沈阳市人民政府	2013 年 10 月 29 日
	沈阳市人民政府关于用好用活财政资金促进经济平稳较快发展的实施意见	沈政发〔2013〕38 号	辽宁省沈阳市人民政府	2013 年 9 月 14 日
	沈阳市加快东北区域金融中心建设若干政策措施	沈政发〔2012〕61 号	辽宁省沈阳市人民政府	2013 年 1 月 13 日
	沈阳市人民政府办公厅关于印发 2016 年沈阳市推进大众创业万众创新工作要点的通知	沈政办发〔2016〕61 号	辽宁省沈阳市人民政府办公厅	2016 年 5 月 24 日
	大连市人民政府关于创新重点领域投融资机制鼓励社会投资的实施意见	大政发〔2016〕60 号	辽宁省大连市人民政府	2016 年 7 月 27 日
	大连市创新发展科技金融实施方案	大政发〔2013〕51 号	辽宁省大连市人民政府	2013 年 9 月 27 日
	大连市人民政府关于加快发展多层次资本市场的实施意见	大政发〔2012〕15 号	辽宁省大连市人民政府	2012 年 3 月 1 日
	关于加快股权投资业发展的实施意见	大政发〔2011〕21 号	辽宁省大连市人民政府	2011 年 2 月 25 日
	大连市股权投资企业管理暂行办法	大金局发〔2011〕69 号	辽宁省大连市金融发展局	2011 年 4 月 19 日
	关于扶持企业上市融资发展的若干政策	抚政发〔2013〕12 号	辽宁省抚顺市人民政府	2013 年 12 月 17 日
黑龙江	哈尔滨市科技风险基金管理暂行办法		黑龙江省哈尔滨市人民政府	1999 年 12 月 14 日

附表4　交易所文件

发文单位	文件名称	文号	实施时间
中国证券登记结算有限责任公司	关于加强私募投资基金等产品账户管理有关事项的通知	中国结算发字〔2018〕10号	2018年1月29日
	关于私募基金管理人开立证券账户有关事项的通知		2016年4月21日
	关于私募投资基金开户和结算有关问题的通知		2014年3月25日
	合伙企业等非法人组织证券账户开立业务操作指引		2009年12月21日
	中国证券登记结算有限责任公司证券登记规则		2006年7月25日
上海证券交易所	关于发布《上海证券交易所上市公司创业投资基金股东减持股份实施细则》的通知	上证发〔2018〕9号	2018年6月2日
	关于发布《上市公司与私募基金合作投资事项信息披露业务指引》的通知	上证发〔2015〕76号	2015年9月11日
	关于发布《上海证券交易所股票上市规则（2014年修订)》的通知	上证发〔2014〕65号	2014年10月17日
	关于发布《上海证券交易所沪港通试点办法》和《上海证券交易所港股通投资者适当性管理指引》的通知	上证发〔2014〕60号	2014年9月26日
	上海证券交易所优先股业务试点管理办法	上证发〔2014〕31号	2014年5月9日
	上海证券交易所合格境外机构投资者和人民币合格境外机构投资者证券交易实施细则	上证发〔2014〕12号	2014年3月19日
	上海证券交易所证券上市审核实施细则	上证发〔2013〕28号	2013年12月27日
	上海证券交易所证券发行上市业务指引（2013年修订）	上证发〔2013〕27号	2013年12月27日
	上海证交易所股票上市规则（2013年修订）	上证发〔2013〕26号	2013年12月27日

续表

发文单位	文件名称	文号	实施时间
深圳证券交易所	关于发布《深圳证券交易所试点创新企业股票或存托凭证上市交易实施办法》的通知	深证上〔2018〕284 号	2018 年 6 月 15 日
	深圳证券交易所股票上市规则（2018 年修订）	深证上〔2018〕166 号	2018 年 4 月 20 日
	上市公司要约收购业务指引（2016 年修订）	深证上〔2016〕68 号	2016 年 2 月 19 日
	深圳证券交易所退市公司重新上市实施办法（2015 年修订）	深证上〔2015〕46 号	2015 年 2 月 11 日
	深圳证券交易所股票上市规则（2014 年修订）	深证上〔2014〕378 号	2014 年 10 月 19 日
	深圳证券交易所优先股试点业务实施细则	深证上〔2014〕204 号	2014 年 6 月 12 日
	深圳证券交易所首次公开发行股票与上市指南		2014 年 4 月 30 日
	深圳证券交易所交易规则（2013 年修订）	深证会〔2013〕35 号	2013 年 11 月 30 日
	深圳证券交易所创业板股票上市规则（2012 年修订）	深证上〔2012〕77 号	2012 年 5 月 1 日
	深圳证券交易所中小企业板保荐工作指引		2010 年 12 月
	深圳证券交易所主板上市公司规范运作指引	深证上〔2010〕243 号	2010 年 9 月 1 日
	深圳证券交易所中小企业板上市公司规范运作指引	深证上〔2010〕243 号	2010 年 9 月 1 日
	深圳证券交易所创业板上市公司规范运作指引	深证上〔2009〕106 号	2009 年 10 月 15 日
	深圳证券交易所中小企业板块上市公司特别规定	深证会〔2004〕93 号	2004 年 5 月 21 日

续表

发文单位	文件名称	文号	实施时间
全国中小企业股份转让系统	全国中小企业股份转让系统股票挂牌条件适用基本标准指引		2017年10月13日
	关于发布《全国中小企业股份转让系统挂牌公司分层管理办法（试行）》的公告	股转系统公告〔2016〕37号	2016年5月27日
	全国中小企业股份转让系统非上市公众公司重大资产重组业务指引（试行）		2014年7月25日
	全国中小企业股份转让系统优先股业务指引（试行）		2013年12月30日
	关于境内企业挂牌全国中小企业股份转让系统有关事项的公告		2013年12月30日
	全国中小企业股份转让系统业务规则（试行）	股转系统公告〔2013〕2号	2013年2月8日
	全国中小企业股份转让系统投资者适当性管理细则（试行）	股转系统公告〔2013〕2号	2013年2月8日
	全国中小企业股份转让系统挂牌公司信息披露细则		
	全国中小企业股份转让系统股票转让细则（试行）		2013年12月30日
	全国中小企业股份转让系统股票发行业务细则（试行）		2013年12月30日
	全国中小企业股份转让系统股票挂牌条件适用基本标准指引（试行）		2013年6月20日

附表5 中国证券基金业协会自律规则

发文单位	文件名称	文号	实施时间
基金募集机构投资者适当性 管理实施指引（试行）	中基协发〔2017〕4号	中国证券投资基金业协会	2017年7月1日
私募投资基金服务业务管理办法（试行）		中国证券投资基金业协会	2017年3月1日
私募投资基金募集行为管理办法	—	中国证券投资基金业协会	2016年7月15日
关于进一步规范私募基金管理人登记若干事项的公告	中基协发〔2016〕4号	中国证券投资基金业协会	2016年2月5日
私募投资基金信息披露管理办法	—	中国证券投资基金业协会	2016年2月4日
私募投资基金管理人内部控制指引	—	中国证券投资基金业协会	2016年2月1日
私募投资基金管理人登记和基金备案办法	中基协发〔2014〕1号	中国证券投资基金业协会	2014年2月7日

附表 6 国际主要行业规则

序号	规 则
1	Private Fund Investment Advisers Registration Act, United States 2010①
2	The Institutional Limited Partners Association, The Private Equity Principles (version 2. 0)②
3	The British Private Equity and Venture Capital Association, Private Equity Performance Measurement③
4	The British Private Equity and Venture Capital Association, Limited Partner Advisory Committees④
5	The British Private Equity and Venture Capital Association, The Code of Conduct⑤
6	The British Private Equity and Venture Capital Association, A Guide to Private Equity⑥
7	European Venture Capital Fund Regulation (EuVECA)⑦
8	Alternative Investment Fund Managers Directive (AIFMD)⑧
9	Invest Europe, Professional Standard Handbook⑨
10	The European Private Equity & Venture Capital Association, The Code of Conduct⑩
11	The Australian Private Equity & Venture Capital Association Limited, The Code of Conduct[11]
12	The global industry association for private capital in emerging markets, EMPEA Guildlines[12]
13	Hong Kong Venture Capital and Private Equity Association, Corporate Governance Guideline[13]
14	The IPEV Association, International Private Equity and Venture Capital Valuation Guidelines[14]

---

① 《2010 私募基金投资顾问注册法案》，2009 年 7 月 15 日由美国财政部颁布第一版。

② 《私募股权投资原则》，机构有限合伙人协会于 2011 年修订。

③ 《私募股权投资业绩评估》，由英国私募股权与风险投资协会 2015 年春发布。

④ 《有限合伙人顾问委员会》，由英国私募股权与风险投资协会 2014 年夏发布。

⑤ 《行为规范》，由英国私募股权与风险投资协会发布。

⑥ 《私募股权投资指引》，由英国私募股权与风险投资协会于 2010 年 2 月发布。

⑦ 《欧洲风险投资基金规则》，由欧盟发布实施。

⑧ 《另类投资基金经理指令》，2013 年 7 月 22 日起在欧盟实施。

⑨ 《职业标准手册》，由投资欧洲（前身欧洲私募股权与风险投资协会）2015 年发布。

⑩ 《行为规范》，由欧洲私募股权与风险投资协会发布。

⑪ 《行为规范》，由澳大利亚私募股权与风险投资协会发布。

⑫ 《EMPEA 指引》，由全球新兴市场股权投资协会发布的关于私募股权投资行业法律和税务的关键要点。

⑬ 《公司管理指引》，由香港创业及私募投资协会发布。

⑭ 《国际私募股权和风险投资估值指引》，由国际私募股权和风险投资估值理事会发布。

附录2　北京股权投资基金协会简介

北京股权投资基金协会（简称“北京PE协会”，英文：Beijing Private Equity Association，缩写为BPEA）是在北京市政府大力推动下，由北京市金融工作局为指导单位，股权投资行业人士自愿联合发起成立的非营利性社会团体法人机构。协会成立于2008年6月20日。

协会致力于：

促进行业环境建设，建立自律监管机制；

维护会员合法权益，研究行业发展动向；

培养相关专业人员，组织内外交流合作。

1. BPEA研究板块

1）《中国股权投资基金手册》

协会自2011年起出版的中国股权投资基金行业指导原则，已于2012年、2014年、2016年分别改版3次。

2）《中国母基金实践指引白皮书》

协会自2017年首次印刷出版的中国母基金实践指引，第一次大规模组织访谈了北京、上海、深圳等全国22家母基金的掌舵人和高管，深入实务操作，揭示了他们管理母基金的核心思路和实践经验。

3）北京地区私募股权投资行业发展指数

北京PE指数以2013年上半年为基期，每半年编制发布一期，截止到2018年4月已发布10期。

4）《北京地区股权投资行业报告》

协会已连续多年出版的以北京地区为主的股权投资行业报告，于每年的5月份出版。

5）《中国PE与VC专刊》

协会自创办之初发行的内部周刊，于每周一以电子版形式发送，截止到2018年3月底已发行430余刊。

2. BPEA 培训活动

1）BPEA 月度培训

针对 PE/VC 法律、税务、行业动态培训，每月中下旬举办，已举办 70 余期。

2）BPEA 管理系列培训

为实操型 PE 培训课程，涉及 PE 募集、投资、管理、退出、法律和税务六个环节，每期四天，每半年举办一次，已举办 10 余期。

3）专题培训活动

依据行业热点、难点展开培训，已组织退出系列培训（共 4 期）、一带一路系列培训（共 5 期）等。

3. BPEA 其他活动

1）“投投适道”

项目对接会，每月中下旬举办。

2）行业交流酒会

BPEA 季度活动。

3）PE 走进高新区系列活动

带领投资机构走进地方高新区，为不定期活动。

4）各专委会活动

已成立文化、特殊资产、跨境投融资、新三板、LP、并购、军民融合等专业投资委员会，各专委会每月举行一次交流活动。

4. 基金服务

为基金机构提供注册、备案、法律文件拟定、政策优惠落实等服务。

5. 全球 PE 北京论坛

BPEA 年度活动，每年 12 月初举办。

联系方式：

北京市海淀区彩和坊路 11 号华一控股大厦 13 层（100080）
传真：010 - 88086229
Email ：bpea@ bpea. net. cn
网址：www. bpea. net. cn
官方微信账号：bpea - bpea

会员部：

联系人：杨小姐
联系方式： +86 - 10 - 88087229　　+86 - 10 - 88087035
Email：yyang@ bpea. net. cn

附录3　编委会名录

总 顾 问： 吴晓灵

名誉主编： 项怀诚、邵秉仁

主　　编： 方风雷、衣锡群

总顾问简介

吴晓灵　全国人大财政经济委员会副主任委员，中国金融学会常务副会长，中国金融会计学会会长，清华大学五道口金融学院理事长，中国金融博物馆学术委员会主席。历任国家外汇管理局局长、中国人民银行上海分行行长、中国人民银行副行长等职。在清华大学五道口金融学院等高校任兼职教授、博导。

主编简介

项怀诚　北京股权投资基金协会荣誉会长，财政部前部长。曾任国家税务总局党组书记、全国社会保障基金理事会理事长。

邵秉仁　北京股权投资基金协会荣誉会长，全国政协人口资源环境委员会副主任。曾任国家经济体制改革委员会副主任、国家电力监管委员会副主席；主持或参与了国家多项经济改革方案的设计和管理工作。

方风雷　北京股权投资基金协会副会长，北京股权投资基金协会会长、厚朴投资董事长、高盛高华证券董事长。曾先后担任中国国际金融公司副总裁、中国国际金融（香港）公司总裁、中银国际执行总裁、工商东亚执行总裁。

衣锡群　北京股权投资基金协会副会长，京城企业协会会长。曾任北京市市长助理、北京控股集团有限公司董事长。

行业规则委员会委员：

鲍　治　奋迅律师事务所合伙人，也是奋迅反垄断业务部主管。主要执业领域包括外商直接投资、并购、私募股权以及反垄断。在加入奋迅之前，曾在中国商务部从事以上执业领域的工作超过七年，此后，在另外一家中国领先的律师事务所工作多年。在中国商务部工作期间，曾作为主管审查众多并购交易相关企业的外国直接投资、跨境并购和反垄断申报，还主要负责起草中国及海外公司重组、上市及非上市中国目标企业跨境并购交易和基金相关主要法规。作为奋迅的合伙人，为客户开创了将境外所有权架构成功转化为境内所有权架构的独特方法，并且获得了监管机构的批准和认可。曾为众多跨国公司提供监管方面的法律服务，包括但不限于跨境并购反垄断申报和国家安全审查，以及商业活动相关的监管风险。

柳宇华　奋迅律师事务所合伙人，执业领域侧重于资产管理领域。就私募投资基金的设立和运营、并购、股权发售、公开上市，以及其他涉及投资管理公司的交易活动，为客户提供全面而广泛的法律服务。在加入奋迅之前，曾在美国世达律师事务所工作，并主要致力于对冲基金和私募基金的构建和筹资，以及基金管理公司的并购和首次公开发行相关事宜。在加入美国世达律师事务所之前，就职于美国凯腾律师事务所的纽约总部，主要就证券发行和交换、上市公司私募投资，以及企业并购等事宜提供法律服务。

王　曼　2006 年加入君合律师事务所，在北京总部执业。执业专注于私募股权基金募集设立、公司与并购、保险资金运用、股权激励等领域。在私募基金募集设立领域，代表各类知名基金管理人和机构投资人参与了股权基金、母基金、夹层基金、地产基金、二手份额基金等各种结构形式的基金的筹建、投资项目，并擅长设计高效、灵活的基金组织和投资架构以及团队激励机制。服务的客户包括境内外知名的股权和创业投资基金、政府主权基金、政府引导基金及其管理机构，包括证券公司、银行、保险公司在内的大型知名金融机构及金融投资/控股平台，高端财富管理机构，以及医疗、互联网、高科技、教育、房地产领域的知名企业等。

黄　海　环球律师事务所北京总部资深合伙人。在 2007 年加入环球律师事务所之前，在两家著名国际律师事务所的上海、纽约和北京办公室工作，拥有中国和美国纽约州的执业资格，在跨境兼并和收购、股权融资以及国际资本市场运作方面有丰富的经验。曾被 China Law & Practice 评为亚太地区杰出私募律师。

陈　填　方达律师事务所合伙人。2009 年加入方达。加入方达前，在一家华尔街律师事务所纽约办公室执业。主要执业领域包括私募股权、投资管理。在代表境内外发起人设立私募投资基金和投资人投资基金方面具有丰富经验，主要客户包括摩根士丹利、KKR、凯雷、黑石博裕资本、中金资本、中信证券、中国人寿、新华保险、硅谷银行、日本国际协力银行等。除 PE 基金设立领域，他还提供其他投资管理领域的法律服务，包括资产证券化、对冲基金设立以及包括基金管理公司、保险公司在内的受监管金融机构的资产管理业务等。最近的著述是《资产管理概览/中国篇》（“The Asset Management Review/China Chapter”）（合著）第三、四、五、六版，由法律商业研究公司（Law Business Research Ltd.）出版。

龚牧龙　金杜律师事务所金融资本部及基金业务负责合伙人。2001 年加入金杜律师事务所，主要执业领域包括境内外私募股权基金的设立、募集和投资，企业改制，境内外上市，收购兼并等。曾为多个天使基金、风险投资基金、私募股权基金、并购基金以及专项基金的设立和募集提供过法律服务，曾经代表过多家大型金融机构及保险公司投资于多个人民币及外币基金。曾为近百个投资并购项目提供过法律服务，形式包括境内直接投资、红筹结构投资、境外并购、上市公司并购、私有化及红筹回归等，并为数十个企业境内外上市项目提供法律服务，涉及互联网、金融、消费、医疗、制造、传媒、教育等多个行业。此外，还担任中国证监会创业板发行部第三届发审委委员、北京市青年联合会常委以及央行青联委员。

曹　蕾　柯杰律师事务所合伙人，其主要业务领域为基金设立、私募融资和投资、兼并和收购以及证券发行和资本市场；涉及的行业领域包括互联网和电子商务、新零售、房地产、教育、广告、娱乐和传媒、船运、矿业、证券、半导体、汽车及零部件、农业等。从业经验超过 13 年，参与过众多国家和地方级产业基金、政府引导基金、私募股权投资基金的组建和投资项目；其他领域的代表性项目还包括：吉利并购沃尔沃、北京卓越并购美国豪客比奇、京西重工并购德尔福部分资产和业务、京芯半导体并购摩托罗拉和飞思卡尔无线移动技术、国美并购大中、山西证券并购格林期货、中德证券合资项目等。

张　方　柯杰律师事务所合伙人，主要业务领域为基金设立、私募融资和投资、兼并和收购以及证券发行和资本市场，涉及的行业领域主要包括半导体、装备制造、娱乐和传媒、航空、汽车及零部件、房地产、矿业、证券、医药、环保、旅游、互联网和电子商务、新零售农业等。从业经验超过10年，为中国国有企业结构调整基金、先进制造产业投资基金、国投创新投资基金管理有限公司、诚通基金管理有限公司、中合盛资本管理有限公司等众多的基金和基金管理公司提供过服务。其他领域的代表性项目还包括：北京卓越并购美国豪客比奇、京西重工并购德尔福部分资产和业务、京芯半导体并购摩托罗拉和飞思卡尔无线移动技术等。

陈标冲　金诚同达律师事务所高级合伙人，执业领域为私募股权投资及并购、信托及资产管理、公司常年法律服务、政府法律事务。在加入金诚同达之前，陈律师曾在五矿信托工作，参与各个类型的数百个信托项目。在加入五矿信托之前，陈律师曾在君合律师事务所工作，参与基础设施领域的众多外商投资及并购项目。

陈　新　美国谢尔曼·思特灵律师事务所大中华区主管合伙人，同时也是该所亚洲区资产管理及投资基金业务负责人。在纽约和亚洲私募基金领域拥有近18年经验，可为跨境交易从独特的视角提供宝贵的意见和建议。作为亚洲地区基金设立领域最为资深的国际律师之一，代表的投资机构包括主权财富基金、银行、私募股权基金、财富管理公司、家族公司和创业公司。在亚洲的基金领域享有很高声誉，连年被各独立行业评级机构列为杰出律师。

古军华　毕马威中国税务合伙人、私募股权主管合伙人。主要专注于为中国私募股权投资基金进行的各类并购交易、融资和外国直接投资交易提供税务建议，服务范围包括并购、零售与分销、结构性融资以及金融服务行业等。拥有提供企业并购、跨境交易及私募基金建立等税务建议的丰富经验。曾经为众多的投资中国的私募股权基金、融资方案、租赁、企业并购及合资项目交易提供税务建议。协助 PE 协会向各地政府及税务机关争取给私募股权基金合理的税务待遇。

程海良　毕马威中国金融服务合伙人、中国注册会计师协会执业会员。拥有丰富的金融行业审计及咨询服务经验，对股权投资基金的业务及会计、审计问题非常熟悉，负责多个股权投资基金的审计、财务尽职调查和咨询项目。曾供职于毕马威执业技术部，专责研究金融工具相关会计准则，对金融工具的分类、计量要求以及实务中的会计处理问题具有深入的了解。

工作小组负责人：

郭薇、高晶晶

中国股权投资基金行业指导原则 2018 年修订版起草人和参与讨论者：

鲍　治　奋迅律师事务所合伙人
柳宇华　奋迅律师事务所合伙人
赵　琰　奋迅律师事务所律师
王　曼　君合律师事务所合伙人
裴　斐　君合律师事务所律师
凌穗宁　君合律师事务所律师
黄　海　环球律师事务所北京总部资深合伙人
罗小丹　环球律师事务所律师
陈　瑱　方达律师事务所合伙人
李蕾婉秋　方达律师事务所律师
龚牧龙　金杜律师事务所合伙人
万敏秀　金杜律师事务所律师
张　燕　金杜律师事务所律师
曹　蕾　柯杰律师事务所合伙人
张　方　柯杰律师事务所合伙人
陈标冲　金诚同达律师事务所合伙人

陈　新　谢尔曼·思特灵律师事务所合伙人
赵　培　谢尔曼·思特灵律师事务所律师
王　源　谢尔曼·思特灵律师事务所律师
古军华　毕马威中国税务合伙人、私募股权主管合伙人
程海良　毕马威中国金融服务合伙人
李瑞丛　毕马威中国会计师事务所审计经理
刘意威　毕马威中国会计师事务所助理经理
郭　薇　北京股权投资基金协会秘书长
高晶晶　北京股权投资基金协会研究部主管
霍　荣　北京股权投资基金协会研究部
北京股权投资基金协会
苏州股权投资基金协会
云南股权投资基金协会
湖南省股权投资协会
广东股权投资协会
陕西省创业投资协会
重庆市科技创业投资协会

基金架构图和法律文本要点提供机构

奋迅律师事务所　Fenxun Partners
君合律师事务所　Jun He Law Offices
环球律师事务所　Global Law Office
方达律师事务所　Fangda Partners
金杜律师事务所　King & Wood Mallesons
柯杰律师事务所　Cathay Associates
金诚同达律师事务所　Jincheng Tongda & Neal
美国凯易国际律师事务所　Kirkland & Ellis International LLP

最佳实践指导原则提供机构

柯杰律师事务所　Cathay Associates

毕马威会计师事务所　KPMG

税务考虑要点、国际股权投资和创业投资估值指引中文翻译版提供机构

古军华　毕马威中国税务合伙人、私募股权主管合伙人

程海良　毕马威中国金融服务合伙人

李瑞丛　毕马威中国会计师事务所审计经理

刘意威　毕马威中国会计师事务所助理经理